반경환 명시감상 ❷

국립중앙도서관 출판시도서목록(CIP)

반경환 명시감상. 2 / 지은이: 반경환. -- 개정판. -- 대전 : 지혜, 2013
   p. ;   cm. -- (반경환 문학전집 ; 08)

ISBN 978-89-97386-46-8 04810 : ₩15000
ISBN 978-89-97386-44-4(세트) 04810

한국 현대시[韓國 現代詩]
평론[評論]

811.709-KDC5
895.715-DDC21   CIP2013000748

반경환 명시감상 ②

이 '명시감상'을
사랑하는 나의 아내, 딸 송림과 아들 기림에게
그리고 우리 한국인들에게 바칩니다

발표된 모든 시는 독자의 몫이라서, 독자는 자기 안목으로 읽고 감상할 권리와 자유가 있다. 『애지』에 연재되는 반경환 형의 명시감상도 그렇게 읽고 있다. 집요하고 끈질긴 깊은 공부를 한시도 놓지 않는 반경환 형의 박학다식함과 시에 대한 남다른 애정의 폭과 깊이가 그대로 전달되는 명시감상에서 독자들은 물론 시를 쓴 시인 자신도 놀랄거라 생각하며 읽어왔다. 시공부를 하는 예비시인들은 물론 시인 자신들도 아찔하고 깜짝스런 놀라움으로 멍멍해지는 행복에 빠질 것이다. 하느님은 인간이 행복해지기를 바라시지만, 숭고함에 이르기를 더 바라시는 것 같다는 생각을, 왜 반경환의 명시감상을 읽으면서 하게 되는지 나도 모르겠다. 아마도 시를 통해서 숭고함에 이를 수 있다고 믿기 때문이리라.

— 유안진 시인·전 서울대 교수

　그는 허수虛手 아비로 거론되는 평단의 기수가 아니라 실명實名으로 거론되는 反骨의 표본적 인물이다. 1990년대부터 이 땅에 논쟁문화를 일으켰고, 낙천주의 사상을 시에 끌어들인 최초의 평론가다. 특히 계간시전문지 『애지愛知』를 창간하면서 철학과 인문과학을 토대로 시분석법에 독자적인 코드를 사용하여 '시의 지형학'에 새로운 지평을 열고 있어 주목된다.

— 송수권 시인·순천대 교수

우리 시대의 비판 논객인 반경환이 우리 시에 담긴 종교적, 축제적 요소들을 발견하고 해석하고 평가한 시 해설서를 낸다. 메타 차원에서는 가차없는 논쟁자의 면모를 보였던 그가, 텍스트 차원에서는 개개 작품에 대한 한없는 매혹을 스스럼없이 보여준다. 이처럼 좋은 시편들 앞에서 그는, 순한 독자가 되어, 시신詩神들이 던져주는 목소리를 우리에게 즐겁게 들려준다. 그래서 이 책은 한 사람의 비평가 안에 무기와 악기가 공존할 수 있음을 뚜렷이 보여주는 첨예한 물증이 될 것이다.

— 유성호 문학평론가·한양대 교수

시의 바다, 그 푸른 망망대해를 항해하는 가난한 배 한 척, 그 배에 홀로 앉아 외로운 힘으로 시의 그물을 힘껏 던지는 시인 반경환! 이 책은 그가 시의 바다에 그물을 던지고 밤새워 부표를 확인하고 끌어올린 만선이라는 이름의 시집이다. 시집이 도착한 부두길 어디를 걸어가도 살아 펄펄 뛰는 물고기들의 노랫소리가 들린다. 당신의 영혼은 지금 배가 고픈가. 그렇다면 오늘 아침은 반경환 시인이 우리의 가난한 밥상에 정성껏 차려 올린 싱싱한 시의 생선을 맛있게 배불리 먹고 스스로 행복하라.

— 정호승 시인

이 책의 교정본을 읽다보니 머리에 이런 말들이 두서없이 떠올랐다. 비평 문장의 화려한 축제, 슬픈 영혼을 달래주는 진혼곡, 시와 지적 사유를 향한 편애의 극치, 애지중지, 반경환이라는 이름을 단 연애편지, 욕망의 전차…….

― 안도현 시인·원광대 교수

반경환이 읽어주는 '명시'엔 한 가지 특별한 점이 있다. 좋은 시를 '찜'하되, 달콤한 주례사만 잔뜩 발라놓는 것이 아니라 소금 같은 쓴 소리도 거침없이 간 쳐 놓는다는 것이다. 이는, 그의 시에 대한 진정한 애정이자, 독자를 위한 올바른 길라잡이의 태도라 할 수 있을 것이다.

― 문인수 시인

나는 그를 이렇게 말하고 싶다. "비판, 비판, 그리고 또 비판!" 혹은 "반경환은 비판한다, 고로 존재한다!" 비판은 그의 사랑이고 그의 열정이고 그의 인생이다. 사람들아, 온갖 잡물들로 뒤엉킨 바다를 뒤집어엎는 성난 태풍의 파란을 보아라. 물무늬나 물거품은 대수가 아니니 정결한 세계를 꿈꾸는 파도의 영혼을 보면 그만이다.

― 이형권 문학평론가·충남대 교수

천마 페가수스처럼 날아올라 사자의 마음으로 글을 쓰는 우리 시대의 낙천주의자 반경환 형이 최근의 시 70편을 애지의 숲으로 초대하여 사색과 탐색의 향연을 펼쳐냈다. 간단한 한 편의 시가 그의 숲으로 들어가자 시 속에 숨어 있던 치유의 기능이 되살아나 우리들 마음의 아픔을 달래주고 오래된 상처를 어루만져 주는가 하면 하늘로 솟아올라 환희의 기쁨에 가슴 터지게 하고 팽팽한 장력으로 생의 의지를 끌어올리니, 종국에는 황홀한 영생불사의 꿈까지 만방에 퍼지게 하니, 그런 기적이 애지의 제국에 일어날 줄 누가 알았겠는가. 그가 알고 있는 모든 사상과 이론을 총동원하여 각각의 시 한 편을 이 세상 유일 절대의 시로 만들어 그 시인이 아니면 어느 누구도 쓸 수 없는 종교적 극치의 세계로 부양시키는 그의 전력투구의 글쓰기는, 일찍이 이 세상에서 유래를 찾아보기 힘든 전지전능한 왕좌王座에 놓인 것임을 말하지 않을 수 없다.

— 이숭원 문학평론가·서울여대 교수

반경환의 시 읽기는 바람 부는 벌판에서 참숯으로 구워 먹는 고기 맛이다.
그의 시 읽기는 무엇에 기댐이 없이 홀로 생생하게 이루어지기 때문이다.
무엇에도 기대지 않아 그의 시 읽기에서는 시의 결과 숨결을 느낄 수 있다.
예술품의 결과 살을 잘 비추어내는 정교한 카메라라고나 할까.
이 책은 진정한 시 읽기가 어떠해야 하는가를 보여주는 전범이라 할 수 있다.

— 김재혁 시인·고려대 독문과 교수

반경환은 내가 알기에 한국의 어느 평론가보다도 순수한 열정을 지닌 사람이다. 그는 단순한 문학평론가이기를 넘어서서 철학사상가로 우뚝 서있다. 그리고 누구보다 공부를 많이 하는 내 친구 중의 하나이다. 그의 명시감상에는 순수한 열정과 넘쳐나는 학식이 협력하여 하나의 문학적 진경이 나타난다. 막힘이 없이 강물처럼 도도하게 흘러가는 문장이 그걸 증명한다. 그의 명시감상에는 논리적인 틀, 다시 말해 사상적인 틀만 크고 확고한 것이 아니라, 작품을 읽어내는 미세한 감성이 살아있다. 그리고 문단에서 아직 크게 알려져 있지 않은 숨겨진 보물들을 발굴하여 내는 탁월한 미덕을 지니고 있다.

— 최서림 시인·서울산업대 교수

반경환은 한국문단의 돈키호테이다. 그는 단기필마로 아무도 범접하지 못한 철옹성을 향해 날카로운 비평의 창을 겨눈다. 거칠 것 없는 용기와 도전정신으로 빗발치는 화살 속을 뚫고 나아간다. 그는 잘난 중심이 아니라 변방의 바닷가에서 진주를 발견하는 일을 기꺼이 비평의 미덕으로 삼는다. 아, 만약 그마저 없다면 한국문단은 얼마나 일방적이고 적막할 것인가.

— 김선태 시인·문학평론가·목포대 교수

비평의 본질은 해석과 판단에 있다. 하지만 우리 비평의 현재는 주례사와 같은 해석의 과잉으로 사실상 판단의 영역이 실종된 상태이다. 그동안 반경환의 비평은 이러한 평단의 문제점을 날카롭고 정직하게 비판하고 성찰하는 전위로서의 역할을 해왔다. 이제 그는 객관적인 판단 위에 정교한 해석의 집을 짓고 있다. 무분별한 이론의 남용과 막연한 감상의 수준을 뛰어 넘어 해석의 풍요로움을 열어가고 있는 것이다. 『반경환 명시감상』은 비평이란 무엇인가 혹은 비평이란 어떠해야 하는가를 가장 충실하게 보여주고 있음에 틀림없다.

— 하상일 문학평론가·동의대 문창과 교수

반경환 선생의 글은 깊고 넓다. 선생의 글은 언제나 인간 정신의 중심에 선 문학이 역사와 철학을 포괄하는 지점에 놓여있는 동시에, 감성과 지성이라는 대립되는 두 가치를 명백하고 변별적인 사유로 통합하고 있기 때문이다. 특히 『반경환 명시감상』은 작품에 내재된 다양한 가치들을 자기 초월적 조화로 이끌어내면서, 시의 새롭고 궁극적인 가치의 완전성에 도달하고 있기 때문에 더욱 아름답다.

—김병호 시인·협성대 교수

| 개정 증보판 저자 서문 |

나의 최대의 문학적 성과는 『행복의 깊이』 1, 2, 3, 4권이며, 그 다음의 성과는 『비판, 비판, 그리고 또 비판』 1, 2권이라고 생각한다.
『행복의 깊이』 1, 2, 3, 4권은 한국문학을 사상과 이론의 차원으로 끌어올린 책들이고, 『비판, 비판, 그리고 또 비판』 1, 2권은 모든 학문의 예비학으로서의 비판철학의 토대를 마련한 책들이다.

뼈와 살이 삭혀지고, 티없이 맑고 깨끗한 영혼이 발효된다.
고전古典이란 수천 년의 시간이 지날수록 그 맛과 향기가 깊어지는 책을 말한다.
『행복의 깊이』 1, 2, 3, 4권과 『비판, 비판, 그리고 또 비판』 1, 2권은 적어도 한 100년쯤 땅속 깊이 묻어둔다면, 대한민국의 역사와 함께, 우리 한국인들의 영혼의 향기로서 더욱더 빛나게 될 것이다.

순수하고 때묻지 않은 인간만이 시를 쓰고 시를 논할 자격이 있다.

『반경환 명시감상』은 한국문단의 이단자로서는 보기 드물게 수많은 독자들로부터 사랑을 받은 책들이다.

낙천주의 사상가로서, 혹은 영원한 이단자로서 그만큼 망외望外의 소득이기는 하지만, 나는 이 『반경환 명시감상』도 수천 년의 시간을 견디어내고, 그 맛과 향기가 더욱더 깊어질 것이라고 믿어 의심하지 않는다.

사상과 이론의 정립과 논쟁의 문화(비판철학의 토대)의 확립은 두 말할 것도 없이 제일급의 명시를 읽어내는 나의 이 안목에 기초를 두고 있다고 해도 지나친 말이 아닐 것이다.

더, 더군다나 요즈음처럼 책이 팔리지 않는 시대에, 반경환 문학전집을 출간한다는 것은 어떠한 황제의 기쁨보다도 더 크다고 하지 않을 수가 없다.

'반경환 선생께, 지혜사랑의 뜻을 새기며, 고마움으로……'
일찍이 스스로, 자발적으로, 파문을 자청한 제자에게, 이러한 글(책)을 보내주신 선생님께 이 명시감상을 보내드려야겠다.

2013년 1월 1일
'애지의 숲'을 거닐면서……

| 저자 서문 |

나는 가만히 사랑 애자愛字와 알 지자知字를 생각해본다. '애지愛知'는 나의 피와 땀과 눈물이며, 생명 그 자체라고 할 수가 있다. 나는 '애지'라는 말 속에 나의 육체와 영혼과 생명을 불어 넣고자, 언제, 어느 때나 최선의 노력을 다해왔던 것이다. 왜냐하면 나에게는 '지혜사랑의 이름'으로 '낙천주의'라는 지상낙원을 연출해내고, 우리 한국인들을 '사상가와 예술가의 민족', 즉, '고급문화인'으로 육성해내고자 하는 꿈이 있었기 때문이다. 계간시전문지 『애지』, 애지문학상, 애지문학회, 애지시선은 나의 '네 기둥'이며, 우리 '애지문화'의 버팀목이었던 것이다.

어쩌다가 세상에, 자기 자신의 생명(분신)과도 같았던 '애지시선'의 이름을 빼앗겨 버리는 바보같은 실수를 했단 말인가! '애지하면 반경환이고 반경환하면 애지'라는 공식이 무너진 날, 나는 '애지의 숲'을 거닐면서, 하나님도 감동할 '애지의 눈물'을 흘리면서, '지혜사랑 시집'을 출간하는 한편, '반경환의 명시감상'을 쓸 수밖에 없었다.

시는 종교적 기능과 교육적 기능과 축제적 기능을 갖고 있고, 또한 시는 진정제 효과와 강장제 효과와 흥분제 효과와 영생불사의 효과를 갖고 있다. 모든 시는 인간의 기도(종교적 기능)와 삶의 지혜(교육적 기능)와 그리고 즐거움의 요소(축제적 기능)를 갖고 있다. 모든 시는 인간의 상처를 어루만져주고(진정제 효과), 삶에의 의지를 고양시켜주고(강장제 효과), 하늘을 찌를 듯한 환희에의 기쁨과 하늘이 무너져 내릴듯한 슬픔을 가져다가 주고(흥분제 효과), 그리고 마지막으로 비록, 잠시 잠깐 동안이기는 하지만, 그 주체자를 전지전능한 신의 위치로 인도해주기도 한다(영생불사의 효과).

시는 언어의 예술이다. 우리는 언어가 있기 때문에, 하늘과 땅과 사물과 동식물들을 구분하고, 또, 그리고, 이 언어가 있기 때문에, 상호간의 의사소통은 물론, 과거와 현재와의 대화를 꿈꾸며, 머나먼 미래를 향해 나아가게 된다. 요컨대 언어가 있기 때문에 우리 인간들은 만물의 영장, 즉, '역사적 인간'이 되었다고 할 수가 있는 것이다. 시는 예술 중의 예술이며, 그의 삶은 시신詩神의 은총 속에 행복한 삶으로 가득차게 된다.

나는 문학비평가(문학평론가)가 아니라, 이 세상에 오직 단 한 사람뿐인 철학예술가이다. 나는 시를 쓰듯이 이 '명시감상'을 썼고, 이

'명시감상'을 철학예술의 차원으로 승화시키고자 최선의 노력을 다 해왔다고 자부한다. 비평도 예술이 되지 않으면 안 되고, 철학도 예술이 되지 않으면 안 된다. 나는 기존의 유명한 시인들의 유명한 작품에 주목하지를 않고, 유명 시인과 무명 시인들의 신작시―송수권, 유홍준, 문태준, 문인수, 천양희, 안도현, 정호승, 이대흠, 손택수, 장옥관, 문정희, 박노해, 유안진, 김종옥, 김정원, 강정이, 박언숙, 이인주, 양해열, 문혜진, 박현, 조영심, 이종진, 이영식, 정가일, 운영애, 황학주 등의 70여 명의 신작시―에 초점을 맞춤으로써, 마치 신세계를 개척해나가는 것처럼 전인미답적인 길을 걸어가고자 했었던 것이다. 왜냐하면 신작시들이란 이제 마악 탄생을 했고, 대부분이 아직 그 평가가 이루어지지 않고 있었기 때문이다. 나는 가능한 한, 한 편의 시를 분석하기 위하여 최대한의 자료수집과 시간을 투자했고, 중·고등학교의 학생들의 논술 지도의 입문서가 되었으면 하는 소망과 함께, 대한민국의 대학생들과 전문가들과 모든 독자들의 필독서가 되었으면 하는 작지 않은 소망을 갖고 있었던 것이다.

나는 고통의 영원한 주인이며, 고통은 나의 영원한 하인이다.

나는 이 고통을 '지혜사랑', 즉, '애지'라는 채찍으로 다스릴 줄을 알고 있다.

내가 '애지시선'을 그토록 훌륭하고 그토록 뛰어난 사람들과 잘못 계약을 하지 않았다면 이 '명시감상'은 영원히 쓸 수가 없었을 것인 지도 모른다. 나에게 온몸의 생살을 후벼파고, 멀쩡한 팔과 다리를 절단한 듯한 고통을 안겨준 그들에게 진심으로 감사를 드린다. 그 아픔, 그 고통이 있었기 때문에, 그 아픔, 그 고통을 극복하고자 이 '명시감상'에다가 나의 생명과 영혼을 불어 넣을 수가 있었던 것이다.

또 하나, 내가 이 '명시감상'을 쓰면서 덕본 것이 있다면, 인터넷 백과사전이며, 그 백과사전은 내가 자료를 찾는데, 최고의 도움을 주었던 것이다. 나는 풀과 나무와 동물 등의 자료를 찾는데 그 백과사전을 이용했던 것이지, 사상과 이론의 자료를 찾고자 그 백과사전을 뒤적이지는 않았다.

사상과 이론은 원전을 읽으며 그 원전들을 인용하는 즐거움과, 궁극적으로는 그 원전을 뛰어넘어 서서, 자기 자신만의 사상과 이론을 정립할 수 있는 발판으로 삼지 않으면 안 된다. 사상과 이론마저도 그 조악한 인터넷 백과사전에 의존하려는 어중이 떠중이들은 이 『반경환 명시감상』을 읽을 자격조차도 없다.

송수권 시인에서 문혜진 시인까지, 천양희 시인에서 이종진 시인까지, 그 모든 시인들에게 진심으로 감사를 드린다. 이태화 변호사—단 한 번의 편집권에 대한 간섭도 없이 명목뿐인 발행인과 편집인으로서 『애지』를 물심양면으로 후원해 왔던 이태화 변호사—와 이형권 교수와 우리 애지문학회 회원들과, 그리고 나의 사랑하는 가족들에게도 진심으로 감사를 드린다.

차례

반경환 명시감상 ②

41 | 사랑도 가는 길　정진규 · 24
42 | 기일　박용하 · 34
43 | 긴 질문에 대한 짧은 대답　이화은 · 43
44 | 황홀한 죽음　전수영 · 56
45 | 굴비　박　현 · 69

46 | 홍어　문혜진 · 79
47 | 부레옥잠　김신용 · 88
48 | 변검쇼 2　정채원 · 98
49 | 간장독을 열다　김평엽 · 111
50 | 새　민경환 · 124

51 | 열무밭에서　박정원 · 133
52 | 강　정영선 · 145
53 | 삼천포에 가면　최서림 · 158
54 | 선녀의 선택　유안진 · 170
55 | 공룡 뱃속　박미영 · 183

56 | 파르마콘　이인주 · 196
57 | 아득한 성자　조오현 · 208
58 | 나의 아내　문정희 · 221
59 | 고슴도치　정가일 · 233
60 | 거풍　김병호 · 243

61 | 청련, 청년, 백련　이진명 • 256
62 | 물음으로 가는 길　박노해 • 267
63 | 발가락에 대하여　박언숙 • 282
64 | 박쥐 머릿장　최금녀 • 291
65 | 여름 한때　천양희 • 300

66 | 벌레시인　강영은 • 315
67 | 소주병 속에도 시간이 흐르고 있다　한영숙 • 327
68 | 허물　정호승 • 339
69 | 회화나무 평전　윤영숙 • 347
70 | 염색　유종인 • 363

71 | 목련　조영심 • 373
72 | 낙타사파리　이영식 • 384
73 | 슬픈 年代　이종진 • 398
74 | 자음 이전　황학주 • 407

차례

반경환 명시감상 ❶

1 | 문맹 유홍준 • 24
2 | 테니스 치는 여자 이재무 • 31
3 | 한겨울 나무마을에 간다 최금녀 • 38
4 | 休 이영식 • 46
5 | 여우비 이인원 • 55

6 | 돌과 박새 장석주 • 64
7 | 내 오십의 부록 정숙자 • 71
8 | 가재미 문태준 • 80
9 | 나비, 봄을 짜다 김종옥 • 92
10 | 쉬 문인수 • 100

11 | 홍어 장옥관 • 109
12 | 아버지 강신용 • 120
13 | 경단 만들기 문영수 • 129
14 | 강이 날아오른다 손택수 • 140
15 | 폐가 송종규 • 147

16 | 낚시 이후 함민복 • 157
17 | 술 석 잔 마신 얼굴로 이지담 • 166
18 | 출석 부른다 이태선 • 176
19 | 줄탁 김정원 • 186
20 | 그리운 연어 박이화 • 194

21 | 색깔은 말이다　박종국 • 203
22 | 동그라미　이대흠 • 215
23 | 나빌레라　이은채 • 227
24 | 외딴 유치원　반칠환 • 238
25 | 맵고 아린　강정이 • 248

26 | 교대근무　엄재국 • 260
27 | 하나님 놀다가세요　신현정 • 269
28 | 전전긍긍　안도현 • 278
29 | 위험한 식사　최문자 • 289
30 | 명품　김현식 • 298

31 | 채송화　송찬호 • 308
32 | 김치와 서정시　송수권 • 317
33 | 뉴욕 1　정영숙 • 330
34 | 팬티와 빤쓰　손현숙 • 340
35 | 어쨌든,　윤영애 • 351

36 | 수묵 산수　김선태 • 362
37 | 돈　고두현 • 371
38 | 알피니스트　천양희 • 382
39 | 송광사 해우소　최명률 • 393
40 | 露宿共和國　양해열 • 404

명
시
·
41

정진규
사량도 가는 길

　사천 비행장에서 삼천포로 들어가다 보면 바다가 저 아래 멀찍이 있는 또 다른 바다와 몸을 섞고 있는, 내려다 보아야만 보이는 내려다 보아서 송구스러운 마을이 있다 문둥이 마을이다 슬픈 살, 자주자주 바닷물로 적셔 두어야만 소금물로 절여 두어야만 그나마 더디게 상하는 살, 그 마을 사람들은 절인 생선을 절대 먹지 않는다

　염장해둔 내 슬픈 속살, 거기 묻힌 사량도 가는 길

―『本色』, 천년의 시작, 2004년

이청준의 『당신들의 천국』은 한국문학사상 가장 지적인 소설이며, 그 주제의식을 사상과 이론의 차원으로 끌어올린 소설이라고 할 수가 있다. 『당신들의 천국』은 소록도의 병원장인 조백헌이라는 인물을 통하여 이 땅에 천국을 건설하려는 계획을 보여 주었지만, 그러나 이상욱(소록도 병원의 보건과장)이라는 회의주의자를 통하여 그 계획이 곧 수포로 돌아갈 것이라는 사실을 보여주고 있다고도 할 수가 있다. 행복한 삶이란 무엇인가? 그것은 모든 것이 가능하고 어떠한 불화도 없는 삶을 말한다. 만일, 그렇다면 이 행복한 삶이란 그 어느 곳에서 이루어질 수가 있단 말인가? 그것은 두말할 것도 없이 이 세상이 아닌 이상적인 천국에서나 가능하게 될 것이다. 불교의 '극락세계'나 기독교의 '내세의 천국'은 두말할 필요도 없지만, 토마스 모아의 '유토피아'나 마르크스의 '공산주의' 역시도 그것이 결코 이 지상에서 이루어질 수가 없다는 점에서는 이상적인 천국에 지나지 않는다. 만일, 그렇다면 그 이상적인 천국을 어떻게 해서 건설할 수가 있단 말인가? 이청준의 『당신들의 천국』은 사상과 이론의 차원에서, 행복한 삶과 그 행복한 삶이 가능한 천국을 건설해보려는 웅장한 기도를 보여주고 있는 것이며, 그리고 그 건설방법을 둘러싸고 낙천주의자인 조백헌과 회의주의자인 이상욱의 싸움을 통해서, 그 소설을 가장 날카롭고 긴장감 있게 이끌어 나간다.

  그러나 이청준의 행복론과 천국론, 그리고 낙천주의와 회의주의는 서구의 사상과 이론의 차원에서는 전혀 새로울 것이 없는 싸움에 지나지 않으며, 세계문학사 속에서는 이미 퇴색해버린 그것에 지나지 않는다. 조백헌은 낙천주의자인데 왜냐하면 그는 병원장의 위치에서 '인간의 천국'을 지어주려고 하고 있기 때문이다. 이상욱은 회의주의자인데 왜냐하면 그는 그 날카롭고 예리한 비판 의식으로 조백헌이 구상하고 있는 천국이야말로 '인간의 천국'이 아닌 '당신들의 천국'—문둥이들이 배제된—에 지나지 않고 있다고 지적하고 있기 때문이다. 따라서 권력의 행사는 사랑과 자유 위에 기초해야 하고, 하나의 천국은 다른 인간의 천국과 대립되어서는 안 된다는 것, 또, 그리고, 모든 천국들은 외부의 힘이 아닌 그 구성원들—문둥이들—의 자생적인 힘에 의해서 건설해야만 한다는 것—, 바로 이것이 이청준의 '천국론의 핵심'이지만, 그러나 그것은 어디까지나 요원한 과제에 지나지 않게 된다. 요컨대 지배자와 피지배자, 개인주의와 사회주의, 부분과 전체, 사유재산제도와 부의 공정한 분배 등, 이 모든 대립과 갈등들은 영원히 해소될 수 없는 난제이며, 우리 인간들의 천국 자체는 영원히 건설될 수가 없는 것이다.

  정진규 시인은 1939년 경기도 안성에서 출생했으며, 고려대학교

국문학과를 졸업했다. 1960년 《동아일보》 신춘문예로 등단했으며, 시집으로는 『마른 수수깡의 평화』, 『들판의 비인 집이로다』, 『비어 있음의 충만을 위하여』, 『몸詩』, 『알詩』, 『도둑이 다녀가셨다』, 『本色』 등이 있다. 또한 정진규 시인은 '한국시인협회상', '월탄문학상', '현대시학작품상', '공초문학상' 등을 수상한 바가 있으며, 한국시인협회장과 한양여대 교수 등을 거쳐서, 이제는 『현대시학』 주간으로서의 분주한 나날들을 보내고 있다. 정진규 시인은 "몸은 시간 속의 우리 존재와 영원 속의 우리 존재를 함께 지니고 있는 실체"(「자서」, 『本色』)라는 인식 아래, '몸詩'를 써온 바가 있으며, 이 「사량도 가는 길」 역시도 예외는 아니다. 사량도는 경남 통영시에 속해 있으며, 한려해상국립공원의 중간 지점에 위치해 있고, 약 1.5km의 거리를 두고 윗섬과 아랫섬과, 그리고, 수우도라는 세 개의 섬으로 구성되어 있다고 한다. 아름다운 산과 바다의 풍광 때문에 주말이면 약 5,000명 이상의 관광객들이 찾아온다고 하지만, 그 사량도 어느 구석에 그처럼 서럽고 서러운 문둥이 마을이 숨어 있는지를 나는 알지 못한다. 문둥병이란 무엇인가? 문둥병이란 노르웨이 의사 한센이 발견했던 '제3군 법정 전염병'이다. 이제는 문둥병이 아닌 한센병이 공식 명칭이며, '문둥병'과 '천형병'은 그 치료가 불가능했던 시대에 불리워졌던 병명들이다. 한센병은 치료받지 않는 환자와 오랫동안 접촉하면 감염될 수도 있지만, 전 세계 인구의 95%는 한센병에 자연 저항을 갖고 있기 때문에, 그 감염확률은 240만 명 중의 1명이라고 한다. 이제는 한센병에 걸려도 제대로 통원치료만을 받으면 일상생활이나 직장생활에도 전혀 지장이 없다(채규태, 한센병연구소 소장)고는 하지만, 그 옛날의 한센병은 문둥병이며, 무조건적으로 격리수용의 대상이었던 것이다. 왜냐하면 그 증상이 눈과 손과 발에 나타나고 손가락과 발가락이 썩어 문드러지는 것은 물론, 그 이웃 사람들에게 전염된다고 알려졌기 때문이다. 문둥병은 성경에 기록되어 있듯이 천형병(하늘이 내린 병)이며, 그 이름만 들어도 공포와 불안이 저절로 찾아오는 그런 법정 전염병이다.

  왜, 그런데, 정진규 시인은 그처럼 저주받은 문둥이 마을을 찾아가고 있는 것일까? 그것은 "염장해둔 내 슬픈 속살이" 거기에 묻혀 있기 때문이었던 것일까? 만일, 그렇다면, 정진규 시인이 문둥병 환자란 말인가? 왜, 그는 그 저주받은 문둥병 환자들과 자기 자신을 동일시하며, 왜, 또한, '문둥이 마을'을 그의 고향처럼 찾아가고 있는 것일까? 그는 적어도 "사천 비행장에서 삼천포로 들어가다 보면 바다가 저 아래 멀찍이 있는 또 다른 바다와 몸을 섞고 있는, 내려다 보아야만 보이는 내려다 보아서 송구스러운 마을이 있다 문둥이 마을이다 슬픈 살, 자주자주 바닷물로 적셔 두어야만 소금물로 절여 두어야만 그나마 더디게 상하는 살, 그 마을 사람들은 절인 생선을 절대 먹지 않는다// 염장해둔 내 슬픈 속살, 거기 묻힌 사랑도 가는 길"이라는 시구에서처럼, 동정과 연민의 사제로서 그곳에 가고 있는 것이 아니다. 동정과 연민이란 그것이 정치적이든지, 경제적이든지 간에, 그 모든 점에서 우월한 자가 그렇지 못한 자에게 베푸는 값싼 적선에 지나지 않으며, 따라서 동정과 연민은 그 수혜대상자를 몹시도 불쾌하게 만든다. 동정과 연민이란 그 값싼 적선을 통해서 자기 자신의 동상과 '당신들의 천국'을 세우려고 했던 조백헌 원장의 시선에 지나지 않는다. 정진규 시인의 시선은 내가 이미 다른 글에서 역설한 바가 있듯이 '동병상련의 시선'이며, 그 문둥병 환자들과 똑같은 병을 앓고 있는 자의 시선이다.

하지만 실제로 정진규 시인은 문둥병 환자가 아니다. 따라서 그는 "내려다 보아야만 보이는 내려다 보아서 송구스러운 마을이 있다 문둥이 마을이다"라고 정상인의 입장에서 그 부끄러움을 어쩌지 못한다. 동정과 연민의 시선은 문둥이를 더욱더 문둥이답게 만드는 시선에 지나지 않으며, 그 동정과 연민의 사제는 인도주의, 또는 휴머니즘이라는 미명 아래, 그 격리와 수용을 너무나도 당연하게 받아들이게 만드는 자에 지나지 않는다. 문둥병 환자들은 저주받은 자들이지만, 그들의 인생이 불쌍한 만큼 어디까지나 인도주의의 입장에서 도와주지 않으며 안 되고, 그 장소는 이 세상 사람들과 접촉할 수 없는 외딴 섬이지 않으면 안 된다. 그 외딴섬은 그러나 문둥이의 천국이지, 인간의 천국이 아니다. 또한 그 외딴섬 바깥 역시도 당신들의 천국이지, 인간의 천국이 아니다. 정진규 시인은 이청준의 소설의 이러한 역사 철학적인 문맥들을 너무나도 잘 알고 있는 만큼, 그 외지인과 정상인의 입장에서 그 송구스러운 마음을 어쩌지 못한다. 이때에 송구스러운 마음이란 두렵고 거북한 마음을 뜻하지만 그러나 그것은 더없이 맑고 깨끗한 인간의 부끄러움에 지나지 않는다. 외지인, 즉, 정상인의 사랑은 문둥병자가 아닌 만큼 동정과 연민의 시선에 지나지 않지만, 그 동정과 연민의 시선이 문둥병자와 정상인의 간극을 더욱더 깊게 한다는 사실을 알고, 그 동정과 연민의 시선을 진정한 사랑의 시선으로 변모시키려고 정진규 시인은 무한히 노력하고 있는 것이다. "내려다 보아야만 보이는 내려다 보아서 송구스러운 마을이 있다"라는 그 수직적인 시선을 버리고, "염장해둔 내 슬픈 속살, 거기 묻힌 사랑도 가는 길"이라는 수평적인 시선으로 되돌아가고 있는 것이 바로 그것이다. 동정과 연민이 우월한 자의 수직적(시혜적)인 시선이라면, 그 수직적인 시선을 버린 동병상련의 시선은 수평적인 '줌'의 시선이며 참사랑의 시선이라고 하지 않을 수가 없다.

　과연 어떻게 동정과 연민의 사제인 정상인이 문둥병자가 되고, 또한 어떻게 그 동정과 연민의 시선을 동병상련의 시선, 즉, 참사랑의 시선으로 바꿀 수가 있는 것인가? 과연 어떻게 그 불가능한 나무아미타불의 기적이 가능할 수가 있겠는가? 실제로 정상인이 문둥병자가 될 수는 없겠지만—감염이 되지 않고서는—, 그 문둥이들을 격리시키지 않고 그 문둥이들과 함께 하는 삶은 그 정상인과 문둥이가 다같이 인간의 삶을 사는 것이라고 할 수가 있다. 따라서 동정과 연민의 시선, 즉, 그 수직적인 시선을 버리고 동병상련의 시선, 즉, 참사랑의 시선을 갖게 되는 것은 그 문둥이에 대한 이해를 기초로 하여, '네 이웃을 내 몸처럼 사랑'하는 자의 시선이 될 수밖에 없는 것이다. 정진규 시인은 정상인의 입장에서 어쩔 수 없이 내려다 보아야만 했던 수직적인 시선을 버리고, 그 수평적인 시선으로 문둥이들을 바라다 보게 된다. 문둥이의 살은 슬픈 살이다. 왜냐하면 "자주 자주 바닷물로 적셔 두어야만 소금물로 절여 두어야만 그나마 더디게 상하"기 때문이다. 소금이란 무엇인가? 소금이란 화학명으로는 '염화나트륨'에 지나지 않지만, 그러나 소금이 없으면 우리 인간들은 이 세상의 삶을 살아갈 수가 없다. 인간의 혈액 속에는 0.9%의 염분이 함유되어 있으며, 우리 인간들이 식물 속의 칼륨을 많이 섭취하면 할수록, 그 균형을 맞추기 위해서라도 소금이 필요한 것이다. 그 옛날, 유럽과 아시아는 물론, 그 어떤 고장에서도 소금의 생산지를 둘러싸고 시장과 교역로가 발달하였다는 것은 이처럼 다 그 까닭이 있는 것이다. 고대 이집트에서는 소금을 미라를 만들 때 사용했고, 이스라엘 사람들은 토지를 비옥하게 만들기 위하여 소금을 사용했다고 한다. 소금은 물건의 부패를 방지하고 물건을 변하지 않게 하는 힘이 있다고 하여, 그토록 성서에도 '소금'을 신성시하고 있는 것이다. 소금은 사랑, 성실, 맹세의 상징인 것이다. 문둥병자들의 슬픈 삶, 그 슬픈 삶에는 이처럼 소금이 필수적인 것이다. 이 세상으로부터 격리시키기 위하여 바닷가의 외딴섬이 필요했겠지만, 그러나 이처럼 성스러운 '소금'이 있었기 때문에, 그들은 오늘도, 지극히도 다행스러운 삶을 살아가고 있다고 하지 않을 수가 없다. 하지만 "그 마을 사람들은 절인 생선을 절대 먹지 않는다"고 한다. 왜 그러한 것일까? 정진규 시인은 이미 '민물고기 박사 최기철 옹의 영전'에 바친,

    地上 가득한 죽음 지나 모든 민물고기들이 먼저 問喪을 와 있었다 설악산 열목어도 와서 있었다 나 죄가 많다 문상만은 할 수 있도록 자리를 비켜주었다 안면이 있는 버들치 각시붕어 등 몇몇이 나를 알아보는 것이 다행이었다 나는 민물고기를 먹지 못한다 어머니의 내 태몽이 한 마리 잉어였다 그걸 그들이 알고 있었다 다행이었다

라는 「문상」이라는 시에서 그 이유를 시사해준 바가 있었다. 요컨대, 그가 '잉어'이기 때문에 '민물고기'를 먹지 못하듯이, 문둥병자들과 그 절인 생선들의 관계는 동족의 관계이었던 것이다. "사천 비행장에서 삼천포로 들어가다 보면 바다가 저 아래 멀찍이 있는 또 다른 바다와 몸을 섞고 있는, 내려다 보아야만 보이는 내려다 보아서 송구스러운 마을이 있다 문둥이 마을이다"라는 시구는 그 문둥이 마을에 다가가기 위하여 얼마나 더욱더 자기 자신을 비워내고 있는 것이며, 또한, "슬픈 살, 자주자주 바닷물로 적셔 두어야만 소금물로 절여 두어야만 그나마 더디게 상하는 살, 그 마을 사람들은 절인 생선을 절대 먹지 않는다"라는 시구는 모든 신경이 마비되고 생살이 썩어가는 문둥병자들을 얼마나 더욱더 잘 이해하고 있는 시구란 말인가? 동정과 연민의 시선은 '베풂'의 시선이지만, 참사랑의 시선은 '줌'의 시선이다. 베풂은 시혜적이지만, '줌'은 무보상적이다. 그 참사랑을 통하여 정진규 시인은 문둥병 환자들의 슬픔에 동참하고, 그리고 자기 자신마저도 자발적으로 문둥병 환자들로 만들어 버린다. "염장해둔 내 슬픈 속살, 거기 묻힌 사량도 가는 길"에서의 "염장해둔 내 슬픈 속살"은 그가 실제로 문둥병 환자라는 뜻이 아니라, 그의 삶이 그만큼 고통스러웠고, 따라서 그의 가슴(마음)이 또한 그만큼 썩어가고 있다라는 뜻일 것이다. 마음이 불편하고 고통스러우면 우리는 흔히 '속이 탄다'라고 말하거나 '속이 썩는다'라고 말하게 된다. 문둥이들은 살이 썩어가는 사람들이고, 나는 마음이 썩어가는 사람이다. 따라서 우리는 다같은 형제들이고, 우리의 '슬픈 살'은 사량도의 소금물에 절여두지 않으면 안 된다.

몸은 시간 속의 존재이며, 영원 속의 존재이다. 몸이 시간 속의 존재라는 것은 그 유한성 때문일 것이며, 또한 몸이 영원 속의 존재라는 것은 그 몸 자체가 또다른 생명의 모태가 되고 있기 때문일 것이다. 정진규 시인이 '몸詩' 이후, '알詩'를 쓰게 된 이유도 바로 여기에 있는 것이다. 하지만 문둥병 환자는 시간 속의 존재이지, 영원 속의 존재가 아니다. 왜냐하면 생살이 썩는다는 것은 건강한 모태가 될 수가 없기 때문이다. 바로 이 지점에서 생살이 썩는다는 것에 대한 불안과 공포가 생겨나게 되고, 또한, 그것과 정비례하여, 문둥병과 천형병이라는 저주의 말이 탄생하게 된다. 정진규 시인의 「사량도 가는 길」은 휴머니즘이라는 말이 부끄러울 정도로 '참사랑'에 기초해 있는 시이며, 더욱더 낮은 데로 임하면서도 '인간의 천국'을 구상해보고 있는 시라고 할 수가 있다. 매우 슬프고도 아름다운 시이며, 다른 한편, 너무나도 아름다운 나머지, 그토록 슬픈 시라고 하지 않을 수가 없다.

 과연 우리 인간들의 천국은 그 어디에 있으며, 과연 그곳에서의 삶은 진정으로 행복할 수가 있을 것인가?

 나는 이 질문들을 곰곰이 되씹어 보면서, 정진규 시인의 「사량도 가는 길」을 다시 한 번 더 읽어본다.

 슬프다. 아름답다. 이 순간이, 이 순간의 황홀함이 영원불멸의 삶으로 변모되고 있는 것이라고 우리 인간들은 믿어 의심하지 않고 있는 것이다.

명시·42

박용하
기일

빛 못 본
태아

어미까지
데려가고

남은 딸
이제
여섯 살

— 『애지』, 2007년, 여름호

제일급의 시는 울림이 있지만, 제삼류(제삼급)의 시는 그 울림을 갖고 있지 못하다. 울림이 있는 시는, 마치 에밀레종의 타종 소리처럼 모든 사람들의 마음을 사로잡을 수가 있지만, 울림이 없는 시는 마치 금간 종의 파열음처럼 그 어느 누구의 마음도 사로잡을 수가 없다. 모든 시인들은 누구나 다같이 자기 자신의 언어로 자기 자신만의 시를 쓰지만, 그러나 그들의 시가 제일급이 되고 제삼류가 되는 것은 그 언어의 울림이 있느냐, 아니냐에 의해서 결정된다고 해도 지나친 말이 아니다. 제일급의 시인의 언어는, 마치 살아 있는 생명처럼 어떠한 고정된 의미를 거부하고, 그 언어의 사전적인 의미를 넘어서서 다양한 의미들로 그 울림을 간직하게 된다. 이때의 울림이란 시인의 몸과 언어가 하나가 된 넋의 울림이지 않으면 안 되고, 이 넋의 울림이란 그것이 절규이거나 기쁨에 가득찬 희열의 목소리이거나 간에, 그 주체자의 진정성이 만인들의 심금을 울릴 수 있는 어떤 것이지 않으면 안 된다. 그러나 제일급이 아닌 시인들의 언어는,

마치 죽어버린 시체처럼 그 단일한 의미만을 지닌 채, 더 이상의 새로운 해석을 불가능하게 만든다. 제일급의 시는 다성적인 텍스트이고, 제삼류의 시는 단성적인 텍스트이다. 제일급의 시는 열려 있는 텍스트이며, 수많은 독자들이 다양한 의미를 부여할 수가 있지만, 제삼류의 시는 닫혀 있는 텍스트이며, 어떠한 독자의 해석도 그 고정불변의 단일한 의미를 뛰어넘을 수가 없다. 한 편의 아름다운 시는 시인의 개성과 독창성의 산물이긴 하지만, 그러나 그의 시는 독자들로 하여금 단일한 의미만을 소비하도록 강요하는 것이 아니라, 그 독자들로 하여금 새로운 의미의 생산자가 될 수 있도록 그 길을 터주게 되는 것이다. 열린 텍스트는 모든 독자들로 하여금 창조적 천재가 될 수 있도록 인도하여 주지만, 닫힌 텍스트는 그러나 모든 독자들로 하여금 매우 수동적인 의미의 소비자가 되기를 강요한다. 우리 인간들의 마음이 모든 의미의 중심이며 기원이듯이, 우리 인간들은 모두가 다같이 이 창조적인 독서를 통하여 제일급의 시인이 되어가지 않으면 안 된다.

하지만 롤랑 바르트는 시인의 개성과 독창성을 거부한 것은 물론, '저자의 죽음'을 부르짖는 오류를 범했고, 따라서 그의 '열린 텍스트'와 '닫힌 텍스트'에 대한 정의 역시도 그 인간의 주체성을 부정한 오류에 지나지 않는다. 왜냐하면 저자가 죽었는데, 어느 누구가 글을 쓸 수가 있으며, 또한 저자가 죽었는데 어떻게 텍스트의 즐거움을 논할 수가 있단 말인가? 롤랑 바르트의 말을 따르면 우리 인간들이 사유를 하지 않고 언어가 사유를 하게 된다. 따라서 우리 인간들은 다같이 저마다의 개성과 독창성이 없는 인간들에 지나지 않으며, 모든 개, 개인들의 언어(파롤―개인적인 발화)는 비개인적인 체계, 즉 랑그(체계로서의 언어)의 산물일 수밖에 없게 되는 것이다. 모든 비개인적인 시(언어)가 어떻게 열려 있는 텍스트가 되고, 그리고 그것을 읽는 독자들로 하여금 정신적인 희열과 육체적인 쾌락(관능적인 쾌락)―시인과 독자와의 만남이나 상상적인 교감도 없이―을 줄 수가 있는 것인지를 나는 도저히 이해할 수가 없는 것이다. 롤랑 바르트와 구조주의자들, 또는 롤랑 바르트와 후기 구조주의자들은 '인간의 죽음'과 함께 '예술의 죽음'을 선언했던 반휴머니스트들이며, 그들의 염세주의에 의하여 현대문명은 더욱더 타락하고 황폐화되어가고 있는 것인지도 모른다.

　모든 시는 창조적 천재의 소산(작품)이며, 모든 시인은 저마다의 개성과 독창성을 통하여 살아간다. 그 개성과 독창성은 창조적 천재의 표지이며, 그 창조적 천재는 우리 인간들의 가장 이상적인 인간형인 것이다. 우리가 제일급의 시인, 즉, 모든 창조적 천재들에게 경의를 표해야 하는 까닭이 바로 여기에 있는 것이다. 한 편의 아름다운 시는 창조적 천재의 소산이기는 하지만, 그러나 그것은 시인의 의도대로 단일한 의미와 고정불변의 의미를 갖고 있는 것이 아니라, 수많은 의미를 갖고 있는 것이다. 하나의 의미가 자라나면 또 하나의 의미가 자라나고, 또 하나의 의미가 자라나면 또 하나의 의미가 자라난다. 또 하나의 의미가 자라나면 또 하나의 의미가 자라나고, 또 하나의 의미가 자라나면 또 하나의 의미가 자라난다. 마치, 한 편의 아름다운 시는 우후죽순雨後竹筍과도 같은 의미들의 보고이며, 그 의미들에 의해서 시의 공간은 더욱더 아름답고 풍요로워진다. 금강산 일만 이천봉이 사계절의 변화와 그 주체자의 개성과 취향에 따라서, 모두가 다르게 표현할 수가 있듯이, 한 편의 아름다운 시는 언어와 언어, 쉼표와 쉼표, 시구와 시구, 그리고 표현된 것과 표현되지 않은 것, 그리고 그 시를 읽는 독자들의 심리적인 움직임에 따라서 다양하게 해석될 수가 있는 것이다. 수용미학에서 말하는 '여백의 효과'는 이처럼 '독자의 참여몫'이 많아질수록 더욱더 극대화되는 것이며, 이 '여백의 효과'의 기원이 곧바로 '울림의 공간'이라고 할 수가 있는 것이다. 다양한 울림이 없는 시는 결코 제일급의 시가 될 수가 없다.

「기일」은 이제 겨우 여섯 살이 된 어린 딸의 어머니의 제삿날이며, 그 어머니는 그 어린 딸의 동생을 가졌다가 그 분만사고로 죽어간 어머니이다. 예로부터 분만사고는 가장 위험한 사고 중의 하나였으며, 현대의학이 눈부시게 발달한 오늘날에도 수많은 의료사고 중에서도 그 으뜸을 차지하는 사고라고 할 수가 있다. 분만사고는 난산 끝에 모체와 태아쪽에 이상이 생기는 사고라고 할 수가 있다. 모체, 즉, 어머니쪽으로는 진통의 미약과 과강진통過强陣痛, 그리고 경련진통에 의한 분만의 이상과 산도産道의 이상을 들 수가 있다. 태아쪽으로는 골반위 등의 위치 이상과 거대아, 기형아, 다태임신(쌍동이)과, 그리고 난막, 탯줄, 태반, 양수 등의 태아부속물의 이상인 경우가 있다. 오늘날은 대부분이 태아를 희생시키기 때문에, 태아와 어머니가 함께 사망하는 경우는 극히 드문 현상이라고 한다. 어쨌든 박용하 시인의 「기일」은

빛 못 본
태아

어미까지
데려가고

남은 딸
이제
여섯 살

이라는 시구에서처럼, 그 태아와 어머니가 다 함께 죽어간 그 비극적인 죽음을 노래한 시라고 하지 않을 수가 없다. "빛 못 본/ 태아// 어미까지/ 데려가고// 남은 딸/ 이제/ 여섯 살"이라는 「기일」은 너무나도 짧고 간결한 단시이기는 하지만, 그러나 그 시의 '내포 의미'는 그처럼 간단하지가 않다. 만일, 그렇다면, 그 어머니와 그 어린 생명은 어떻게 해서 동시에 그 비극적인 죽음을 맞이하게 된 것일까? 어머니쪽에서 이상이 생겼던 것일까? 어린 아기쪽에서 이상이 생겼던 것일까? 그것도 아니라면 어머니와 어린 아기쪽에서 다같이 이상이 생겼던 것일까? 나는 이 마지막 원인, 즉, 어머니와 어린 아기쪽에서 다같이 이상이 생겼다고 믿고 있는 편이지만, 그러나 그것은 어디까지나 나의 추측일 뿐인 것이다. 새로운 생명의 탄생은 항상 그 이상으로 위험을 내포하고 있으면, 그리고 그 탄생은 궁극적으로 어머니와 아버지의 희생 위에 기초해 있게 된다.

박용하 시인의 「기일」의 여섯 살박이 딸 아이의 운명은 참으로 비극적이며, 너무나도 기가 막혀서 그 어린 아이의 천진난만함과 명랑함까지도 생각해볼 수가 없을 정도이다. 어린 딸 아이에게 있어서 어머니의 죽음은 신의 죽음과도 같은 것이며, 하늘의 왕국이 무너져내린 것과도 같은 우주적인 충격으로 다가왔던 것인지도 모른다. 하지만 그 어린 딸의 아버지는 어떠한 사람일까? 그는 언제, 어느 때나 다정다감하며, 그의 아내몫 이상으로 그 어린 딸을 위하여 최선의 노력을 다하고 있는 것일까? 그의 아버지는 가난한 아버지일까, 아니면 부유한 아버지일까? 그리고 그 아버지는 어쩔 수 없이 조강지처에 대한 아픔을 치유하고 재혼을 했던 것일까? 또, 그리고 그 어린 아이의 계모는 신데렐라와 콩쥐팥쥐에서처럼 매우 사악하고 교활한 계모일까, 아니면, 그러한 일반적인 통념을 깨고 이 세상에서 가장 착하고 훌륭한 천사적인 계모일까? 그 어린 딸의 아버지가 언제, 어느 때나 다정다감하며 그의 아내몫 이상으로 그 어린 딸을 위하여 최선의 노력을 다한다면, 그 어린 딸의 미래의 앞날은 밝으며, 희망에 가득찬 어떤 것일 수도 있을 것이다. 왜냐하면 이 세상에서 부성애만큼 더욱더 소중하고 위대한 사랑도 없기 때문이다. 또, 그리고, 그녀의 아버지가 부유하다면 그러나 그것은 불행 중 다행한 일일 수도 있을 것이다. 왜냐하면 부유함은 수많은 가능성들을 현실화시켜주고, 이 세상에 대한 근심과 걱정없이 자유 자재롭게 자기가 하고 싶은 일만을 할 수도 있게 해주고 있기 때문이다. 나는 그 어린 딸의 아버지가 다정다감하고 부유했으면 좋겠다는 생각을 해보고, 또한 그 어린 딸의 계모가 친 어머니 이상으로 천사적인 계모였으면 좋겠다는 생각을 해본다.

　그러나 그것은 어디까지나 나의 희망사항일 뿐, "빛 못 본/ 태아// 어미까지/ 데려가고// 남은 딸/ 이제/ 여섯 살"이라는 박용하 시인의 「기일」은 그 어린 아이의 비극적인 운명만을 지시하고 있다고 하지 않을 수가 없다. 운명론은 결정론이며, 그 어린 딸 아이의 비극은 이미 결정되어 있는 것이나 마찬가지이다. 그 어린 딸의 아버지는 더없이 가난하고 아동학대나 일삼는 비정한 아버지일는지도 모른다. 그 어린 딸의 계모는 신데렐라와 콩쥐팥쥐의 계모 이상으로 사악하며, 날이면 날마다 우울증에 사로잡혀서 온갖 술주정과 쌍욕으로 이 세상을 살아가고 있는 것인지도 모른다. 아니, 그 어린 딸의 아버지는 재혼은커녕, 이 세상을 끊임없이 떠돌아 다니는 노숙자에 지나지 않는지도 모르고, 다른 한편, 생활보호대상자인 그 할머니와 함께, 다 쓰러져 가고 있는 폐가에서, 오직 단 둘이 살고 있는 것인지도 모른다. 「기일」의 어린 딸 아이의 운명은 그 불길한 운명을 더욱 더 심화시키고 있는데, 왜냐하면 여섯 살짜리의 딸 아이가 맞이하는 어머니의 '제삿날'이 더욱더 안타깝고 슬프기만 하기 때문이다. 요컨대 슬픔이나 불행은 암적인 종양 이상으로 그 전염력이 강하다고 하지 않을 수가 없는 것이다.

　　엄~마! 엄~마!
　　엄~마! 엄~마!

하고, 불러 보았자 텅 빈 메아리 소리나 들려오는 제삿날, 그 어린 딸 아이보다도 박용하 시인이 더욱더 마음 속으로 통곡을 하고 있는 것인지도 모른다. 신데렐라도 없고 콩쥐팥쥐도 없다. 아버지도 없고, 엄마도 없다.

박용하 시인의 「기일」은 그 '여백의 미학'을 통하여 단 스물 한 자와 여섯 행의 시구로 그 울림의 공간을 극대화시켜 나간다. 슬픔이 슬픔을 불러 모으고, 불행이 불행을 불러 모은다. 상상력이 상상력을 불러 모으고, 하나의 의미가 또다른 의미들을 불러 모은다. 박용하 시인의 '여백의 미학'은 주관적인 감정을 극도로 절제하고 그 객관적인 거리를 유지하고 있는데서, 그 역동적인 힘을 얻고 있다. 현상학에 의하면 인간의 마음이 모든 의미의 중심이며 기원이듯이, 한 편의 아름다운 시는 누구에게나 다같이 아름다운 시가 아니라, 그것을 읽으려는 독자의 마음에 달려 있는 것이다. 박용하 시인은 그 「기일」을 통하여 마음 속 깊이 통곡을 하며, 그 어린 딸 아이의 행복을 빌고, 또 빌고 있는 것인지도 모른다.

부디 부디 티없이 맑고 깨끗하게 자라나고, 더욱더 아름답고 행복한 삶을 살아가기를 바랄 뿐이다.

| 명
| 시
| ・
| 43

이화은
긴 질문에 대한 짧은 대답

밤새워

비 내리고 아침

둥글레순

그 오래 묵은 새촉이 불쑥 뛰쳐 나왔습니다

올봄도 온 우주의 대답이 이렇듯

간단명료 합니다

— 『애지』, 2007년, 여름호

우리 한국인들이 지난 100여년 동안 가장 많이 사용한 말들은 '대한독립만세'와 '남북통일'과 '군사독재정권타도'일 것이다. 일제 식민시대에는 이 세상에서 가장 뻔뻔스럽고 잔인무도한 일제로부터 대한민국의 독립이 가장 소망스러웠던 것이며, 일제가 물러간 후, 남북이 분단된 시대에는 하루바삐 남북통일을 이룩하고 완전한 민족국가를 건설하는 것이었고, 그리고 박정희와 전두환과 노태우 등으로 이어졌던 군사독재시절에는 그 무엇보다도 하루바삐 군사독재정권을 종식시키고, 모든 국민들이 주인이 되는 민주주의 사회를 건설하는 것이 그 소망이었던 것이다. '대한독립만세'와 '남북통일'과 '군사독재정권타도'는 그처럼 오랫동안 우리 한국인들에게 젖과 꿀처럼 들려왔던 것이고, 우리 한국인들을 지상낙원으로 인도해주는 구원의 말씀이기도 했던 것이다(반경환, 「사색인의 십계명」 제1장에서).

　이상화 시인이 1926년 『개벽』지에 발표한 시, 「빼앗긴 들에도 봄은 오는가」는 그의 뜨거운 조국애와 일제에 대한 민족적 울분이 그 무엇보다도 가장 잘 표현되어 있다고 하지 않을 수가 없다. "지금은 남의 땅, 빼앗긴 들에도 봄은 오는가"라는 첫 연, 첫 행의 시구는 그러나, 다만, 일제에 대한 원한 맺힌 저주감정과 그 복수감정보다는 대한민국의 영토와 그 국가를 빼앗긴 못난 민족에 대한 너무나도 뼈 아픈 반성과 탄식의 목소리가 더없이 잘 표현되어 있다고 나는 생각한다. 인류의 역사를 살펴보면 강한 이웃국가가 보다 약한 이웃 국가의 영토를 복속시키고, 그 이민족들을 지배한 것은 너무나도 흔한 일이며, 따라서 우리 한국인들은 그토록 반일감정으로 일본민족을 증오하기보다는 자기 자신의 못남과 그 잘못을 반성하는 것이 더욱 더 대한민국의 미래와 그 앞날에 기여를 하게 될 것이다. 자기 자신의 영토와 그 민족혼마저도 빼앗겼던 못난 민족이 왜 그렇게 말이 많은지, 나는 도대체 그 이유를 알 수가 없는 것이다. 한 번의 패배는 병가兵家의 상사常事인 법이며, 따라서 원한 맺힌 저주감정과 그 복수감정으로 수많은 날들을 지새우기보다는 대일본제국보다도 더 우월한 국가를 건설하고 그 고급문화를 대일본제국에게 전수하여 주는 것이 진정으로 일본을 극복하고 그 복수를 하는 지름길인 것이다. 패자는 항상 말이 없어야 하는 법이다. "지금은 남의 땅, 빼앗긴 들에도 봄은 오는가"라는 시구는 너무나도 뼈 아픈 반성과 탄식의 목소리라고 하지 않을 수가 없다.

"지금은 남의 땅, 빼앗긴 들에도 봄은 오는가". 이상화 시인의 이 시구는 "나는 들었네/ 꽃이 만발한 봄이 오는 소리를"이라는 삽포의 반대방향에서, 오지 말았어야 했을 봄에 대한 탄식의 소리인 것이다. 겨울은 만물이 얼어붙은 죽음의 계절이며, 봄은 만물이 소생하는 삶의 계절이다. 죽음의 계절에서 삶의 계절로의 이행은 너무나도 자연스러운 지구(우주)의 운행이지만, 그러나 이웃 민족에게 지배를 당하고 살아가는 우리 한국인으로서는 그 지구(우주)의 운행마저도 부정해보고 싶었던 것이다. 왜냐하면 너무나도 부끄럽고 창피했기 때문이며, 따라서 봄은 봄이로되, 우리 한국인들과는 아무런 상관도 없는 봄이었기 때문이다. '지금은 남의 땅, 빼앗긴 들에도 봄은 오는가'라는 시구는 그 동토의 땅에서는 '지금은 분단의 시대, 분단된 땅에도 봄은 오는가'라고 변주되기도 했던 것이고, 또한 그 시구는 '지금은 군사독재정권의 시대, 그토록 무자비한 살육과 억압의 땅에도 봄은 오는가'로 변주되기도 했던 것이다. '대한독립만세'는 그 동토의 땅에서 살아가는 우리 한국인들의 절규의 목소리이었던 것이고, '남북통일'도, '군사독재정권의 타도'도 그 동토의 땅에서 살아가는 우리 한국인들의 절규의 목소리이었던 것이다. 절규는 생사의 벼랑 끝에 선 자의 비명 소리이며, 그 비명 소리는 차라리 이 세계의 창조주에 대한 원망의 소리가 되었던 것인지도 모른다. '지금은 남의 땅, 빼앗긴 들에도 봄은 오는가', '지금은 분단의 시대, 분단된 땅에도 봄은 오는가', '지금은 군사독재정권의 시대, 그토록 무자비한 살육과 억압의 땅에도 봄은 오는가'. 이러한 화두들이 대한독립만세와 남북통일과 군사독재정권의 타도를 낳았던 것이며, 그 말들이 우리 한국인들의 몸과 마음을 그토록 사로잡기도 했던 것이다. 동토의 땅은 풀 한 포기, 나무 한 그루 자라나지 못하는 땅이며, 모든 생명들의 죽음의 땅이다. 풀과 나무들은 그 옷을 벗어버리고, 다람쥐와 뱀과 곰들은 기나 긴 동면기에 접어들며, 물 찬 제비들은 따뜻한 남쪽 나라로 날아가 버린다. 그리고 이 땅의 선비들은 언제, 어느 때나 그 지조와 절개를 잃지 않고 있는 세한삼우歲寒三友, 즉, 소나무와 대나무와 매화나무를 벗 삼아, 그 '세한도' 속의 주인공이 되어간다.

대한독립만세!— 언제, 어느 때 봄이 오고, 언제, 어느 때 만물이 소생하고 새들이 지저귀는가?
남북통일!— 언제, 어느 때 봄이 오고, 언제, 어느 때 만물이 소생하고 새들이 지저귀는가?
군사독재정권타도!— 언제, 어느 때 봄이 오고, 언제, 어느 때 만물이 소생하고 새들이 지저귀는가?

동토의 땅은 불모의 땅이며, 기나 긴 동면기의 땅이다. 만물이 소생하는 봄이 그립고, 자유와 해방과 독립이 그립다. 또한 남과 북의 주민들이 하나가 되는 남북통일이 그립고, 모든 국민이 다같이 주인이 되는 민주주의가 너무나도 그립고, 또, 그리운 시기가 바로 이 동면기인 것이다. 이때의 그리움은 기다림이 되고, 그리고 그 기다림은 쓰디쓴 인내의 고통을 동반하게 된다. 그리움이나 기다림은 그 주체자들을 수동적으로 만들고, 또, 때로는 좌절과 체념의 길로 인도할 수도 있지만, 그러나 그 수동적인 감정들이 능동적으로 변모하게 되면, 그 그리움과 기다림의 대상 자체가 꿈이 되어서, 그 어떠한 인내의 고통도 참고 견디게 만든다. 사필귀정事必歸正이라는 말도 있다. 모든 꿈은 반드시 이루어지고, 그 이치에 따라서 잘 정리

되게 되어 있는 것이다.

이화은 시인은 경북 진량 출신이며, 1991년 『월간문학』 신인상으로 등단했다. 시집으로는 『이 시대의 이별법』과 『나 없는 내 방에 전화를 건다』, 『절정을 복사하다』 등이 있으며, '시와시학상'을 수상한 바가 있다. 그의 「긴 질문에 대한 짧은 대답」은 자연의 이치에 대한 선문답적인 시이며, 오랜 명상 끝에 씌어진 시라고 하지 않을 수가 없다. 시詩가 도道이고, 도道가 시詩이다. 시는 시인의 삶 자체이고, 시인의 삶은 시 자체이다. 시인은 그의 시를 통하여 이 세상에서 가장 아름답고 뛰어난 지상낙원을 창조하게 된다. 그리고 그 아름답고 뛰어난 시(지상낙원) 속으로 수많은 산새들과 수많은 짐승들과 또 그리고 이 세상의 모든 사람들을 불러 모은다. 「긴 질문에 대한 짧은 대답」이 바로 그것이다. "밤새워// 비 내리고 아침// 둥글레순// 그 오래 묵은 새촉이 불쑥 뛰쳐 나왔습니다// 올봄도 온 우주의 대답이 이렇듯// 간단명료 합니다".

이화은 시인의 「긴 질문에 대한 짧은 대답」이 선문답적인 시라고 할 수가 있는 것은 그 질문이 생략되어 있으면서도, 또한, 그 대답 역시도 너무나도 어렵고 형이상학적이라는 데 있을 것이다. 기나 긴 동면기는 쓰디쓴 인고의 시기이며, 대부분의 사람들을 좌절과 절망으로 몰고가는 시기이기도 한 것이다. 그러나 '인내는 성공의 어머니'라는 말이 있듯이, 그 참고 견딤은 반드시 꿈을 찾아내고, 그리고 그 꿈을 위해서 최선의 노력을 다하게 만든다. 연목구어緣木求魚, 참으로 아름답고 소중한 말이다. 나무에 올라가서 물고기를 잡는다는 것은 더없이 어리석고 바보 같은 짓에 불과한 것이지만, 그러나 그 기나 긴 동면기와 그 인고의 시간 속에서는 그처럼 어리석고 바보와도 같은 짓이 그 꿈을 달성하는 최선의 방법일 수도 있는 것이다. 모든 꿈은 불가능한 꿈이며, 그 불가능한 꿈이 있기 때문에 우리 인간들은 더없이 어렵고 힘든 이 세상을 그처럼 행복하게 살아갈 수가 있는 것이다. 봄은 반드시 와야 하고, 모든 만물들도 반드시 소생해야 하는 것이지만, 그러나 때로는 그 봄은 결코 오지 않고 있는 봄이기도 한 것이다. 일제가 물러갔고, 형식적인 민주주의가 실시되고 있는 오늘날, 그러나 진정한 남북통일과 민족의 해방은 이루어지지 않고 있다고 해도 과언이 아니다.

'남북통일!—언제, 어느 때 봄이 오고, 언제, 어느 때 만물이 소생하고 새들이 지저귀는가? 나는 이「긴 질문에 대한 짧은 대답」을 학수고대하면서, 이화은 시인의 이 시를 너무나도 감동적으로 읽지 않을 수가 없었다. 왜냐하면 "밤새워// 비 내리고 아침// 둥글레순// 그 오래 묵은 새촉이 불쑥 뛰쳐 나왔습니다// 올봄도 온 우주의 대답이 이렇듯// 간단명료 합니다"라고 이화은 시인이 너무나도 감동적으로 노래해놓고 있었기 때문이다. 왜 하필이면 둥굴레순이고, 왜 하필이면 오래묵은 새촉인가? 둥글레는 백합과의 다년초이며, 우리 나라의 산과 들에 수없이 산재해 있다. 한 여름에 녹백색의 꽃이 피어나며, 그 뿌리는 한약재로 사용되기도 한다. 이화은 시인의「긴 질문에 대한 짧은 대답」에서의 둥글레는 별 다른 뜻이 없고, 그가 새봄에 볼 수 있었던 최초의 새싹이었는지도 모른다. 둥글레라는 말 대신에 민들레, 쑥, 국화가 사용되었어도 그 시적인 의미는 전혀 달라지지가 않았을 것이다. 그러나 '오래묵은 새촉'은 전혀 그렇지가 않다. '오래

묵은 새촉'은 둥글레가 다년초이기 때문에, 그 모순어법이 가능했던 것이고, 그리고 그 '오래묵은 새촉'에는 무한한 인고의 고통이 배어 있었던 것이다. '오래묵은 새촉'은 무한한 인고의 고통이 배어 있는 말이며, 그 수많은 질문들의 눈보라 속에서, 자기 자신의 모든 욕망들을 다 비워내지 않으면 그 새촉을 틔울 수도 없었던 말이기도 한 것이다. 꿈은 무욕망의 욕망이다. 꿈을 꾸는 자는 더없이 순수해져서 모든 불순한 욕망들을 다 비워내지 않으면 안 되고, 오직 꿈 자체만을 사랑하지 않으면 안 된다. 돈과 명예는 같은 무대에 설 수가 없는 것이다. 시인은 한 편의 뛰어난 시를 쓰기 위해서 최선의 노력을 다해야 하는 것이지, 입신출세를 위해서 시를 써서는 아니 된다.

나는 바로 이 지점에서 『탈무드』의 한 구절을 소개하고자 한다.

랍비 아키바가 여행을 하고 있었다. 그는 당나귀와 개와 작은 램프를 갖고 있었다.

어둠의 장막이 내리기 시작하자 아키바는 헛간을 발견하고 그곳에서 하룻밤을 보내기로 했다. 그러나 아직 잠자기에는 이른 시간이었으므로 램프를 켜고 책을 읽기 시작했다. 그런데 바람이 불어와 램프가 꺼져 버려 그는 하는 수없이 잠을 자야만 했다.

그날 밤 여우가 와서 그의 개를 죽여버렸고, 사자가 와서 당나귀를 죽여 버렸다. 아침이 되자 그는 램프를 갖고 혼자서 터벅터벅 출발했다.

어떤 마을 근처에 다다랐는데, 사람이라고는 그림자도 보이지 않았다. 그는 전날 밤 도둑이 습격하여 마을을 파괴하고 사람들을 몰살했다는 것을 알게 되었다.

 만약 램프가 바람에 꺼지지 않았더라면 그도 도둑에게 발견되었을 것이다. 또 개가 살아 있었더라면 개가 짖어 대어 도둑에게 들켰을지도 모른다. 당나귀 역시 소란을 피웠을 것이다. 그는 모든 것을 잃은 덕택으로 도둑에게 발견되지 않았던 것이다.

 랍비는 "최악의 상태에서도 희망을 잃어서는 안 된다. 나쁜 일이 좋은 일로 연결되는 수도 있다는 것을 믿어야 한다"는 것을 깨달았다.

― 「희망」(『탈무드』, 홍신문화사, 1997년) 전문

 랍비 아키바는 유태민족의 위대한 스승이었고, 그리고 그의 위대한 꿈에 의해서 풍전등화 속의 유태민족을 구원해냈던 모든 인류의 대스승이기도 했던 것이다. 텅 빈 폐허 속의 헛간에서도 책을 읽고 바람에 의해서 램프불이 꺼졌어도 행복했던 랍비 아키바, 그의 다정한 벗인 개가 죽고 그가 타고 다녀야 할 유일한 교통수단인 당나귀가 죽었어도 꿈을 잃지 않았던 랍비 아키바, 그리고 그 유리걸식과도 같았던 최악의 조건 속에서도 이 세상에서 가장 찬란하고 아름다운 인식의 대제전을 펼쳐 보였던 랍비 아키바―! 우리 한국인들에게 가장 부족한 것이 바로 이 '인내의 미학'인 것이다. '오래묵은 새촉'은 둥글레의 '인식의 제전'(앎의 육화)의 소산이며, 그 '인내의 미학'의 극치인 것이다. 이화은 시인은 그의 시, 「긴 질문에 대한 짧은 대답」을 통하여 그 '인내의 미학'을 육화시켜 놓은 것이라고 나는 생각한다.

 하늘은 스스로 돕는 자를 돕는다. 지난 봄에도, 올봄에도, 내년

봄에도 "온 우주의 대답은 이렇듯/ 간단명료"할 것이다. 둥글레순은 다만 둥글레순이 아니다. 동굴레의 오래묵은 새촉도 다만 둥글레의 오래묵은 새촉이 아니다. 긴 질문에 대한 짧은 대답도 다만 긴 질문에 대한 짧은 대답이 아니다. 사나운 눈보라와 최악의 생존조건 속에서도 끊임없이 참고 견디며, 그 지혜와 용기와 성실로 가장 찬란하고 아름다운 인식의 대제전을 펼쳐 보였기에, 그 새촉을 내밀고 새로운 봄을 맞이하게 되었던 것이다. 모든 분노와 원망, 모든 슬픔과 절망을 다 받아들이고도 언제, 어느 때나 변함이 없는 우주처럼, 우리 한국인들도 묵묵히, 성실하게, 최선을 다하는 삶의 자세를 견지해야만 된다고 나는 믿어 의심하지 않는다.

긴 질문에 대한 짧은 대답―. 남북통일의 꿈은 반드시 이루어져야 하고, 우리 한국인들이 드디어, 마침내, '사상가와 예술가의 민족'(고급문화인)으로 우뚝 설 수 있는 그 '봄날'도 반드시 오지 않으면 안 된다.

그러나 우리 한국인들은 철두철미하게 앎이 육화되지 않았기 때문에, 그처럼 소중하고 간절했던 소망들을 추구할 수 있는 방법을 찾지 못했고, 더 더군다나 이 세상에서 지상낙원을 건설할 수 있는 어떠한 꿈조차도 꾸지를 못했다. 대한민국은 아직도 국가의 이념과 목표도 없이 망망대해를 표류하고 있고, 더 이상 군사독재정권을 허용하지 않는 세계화의 흐름을 타고 겨우 형식적인 민주주의를 이룩했지만, 우리 한국인들의 민주주의는 문화적 무질서의 그것에 지나지 않는다. 오늘날 독일은 제2차 세계대전의 전범국가로서 그 패전의 상처를 딛고 동서독의 통일을 이룩했지만, 우리 대한민국의 남북통일의 과업은 아직도 여전히 요원한 형극의 가시밭길일 뿐인 것이다. 이 모든 것이 깊이 있게 배우고 잘 질문하지 못했기 때문이다. 우리 한국인들은 삼천리 금수강산을 쓰레기 공화국으로 만들고 이 세상에서 가장 더럽고 추한 부정부패의 공화국으로 연출해내기 위해서 그처럼 오랫동안 '대한독립만세'를 외쳐 왔던 것이고, 또한 우리 한국인들은 자기 자신이 속한 집단과 사적인 이익을 위하여 대한민국의 헌법과 국법을 무시하고 그처럼 오랫동안 '군사독재정권'의 타도를 외쳐왔단 말인가? 또, 그리고, 대한민국의 국가의 이념과 목표도 없이, 또는 통일의 비용과 주변의 4대강국을 설득시킬 힘도 없이, 주먹구구식의 당위성만을 내세우며 그처럼 남북통일을 외쳐대고 있단 말인가?

우리 한국인들은 아직도 다 자라지 못한 어린 아이이며, 겉만 멀쩡하고 속이 텅빈 철부지들에 지나지 않는다. 만일 그렇다면 대한민국이 문화선진국이 되기 위하여 가장 화급한 일은 무엇이란 말인가? 첫 번째는 도덕과 법률의 준수와 모든 부정부패의 추방이며, 두 번째는 우리 한국인들의 민족영웅을 배출해내는 일일 것이다. 대한민국의 도덕과 법률을 창출해내고 그것을 전세계에 보급시킬 수가 있다면 우리 대한민국은 세계에서 가장 강력하고 위대한 국가가 될 것이며, 우리 한국인들의 민족영웅이 부처와 예수와 알렉산더와 나폴레옹과 마르크스와 니체와 프로이트와도 견줄 수가 있다면 우리 대한민국은 자원빈국이든, 자원부국이든 간에, 이 세상에서 가장 강력하고 위대한 국가가 될 것이다. 하지만 대한민국은 어떠한 사상과 이념도 없이, 무목표, 무의지, 무책임의 망망대해로 표류하고 있으며, 저마다, 모두가 다같이 선장인 그 문화적 무질서 속에서, 국력과 민심만을 소모시키면서, 또다시 IMF라는 외환위기를 향해서 가장 빠르고 힘차게 진군하고 있는 것처럼도 보인다.

　대한독립만세만을 외쳐댔지, 어떻게 이상적인 국가를 건설하고 국력과 민심을 결집시킬 것인가를 묻지 않았던 우리 한국인들, 군사독재정권의 타도와 민주주의만을 외쳐댔지, 민주시민으로서의 도덕과 법률의 준수와 그 시민적 책무를 묻지 않았던 우리 한국인들, 또, 그리고 그토록 오랫동안 남북통일만을 외쳐댔지, 남북통일을 이룩한 다음, 어떻게 대한제국을 건설하고 이 세계를 지배(경영)해나갈 것인가를 묻지 않고 있는 우리 한국인들—. 우리 한국인들은 철두철미하게 사상적으로 거세된 불임의 동물들이며, 따라서 우리 나라의 대통령에게, 국회의원에게, 장관에게, 그리고 우리 학자들에게 어떻게 하면 기초생활질서를 확립하고, 우리 한국인들의 백만 두뇌를 양성할 것인가를 묻는다면, 그는 그 자리에서 동방예의지국의 예법으로 영구추방을 당하게 될 것이다. 공자는 "배우고 생각하지 않으면 오묘한 진리를 이해할 수 없으며, 생각하고 배우지 않으면 위태한 사상에 빠지기 쉽다(學而不思則罔, 思而不學則殆)"라고 말한 바가 있고, 또한 맹자는 "천하의 광거廣居에 서고 천하의 정위正位에 서며 천하의 대도大道를 행한다. 뜻을 얻으면 백성과 더불어 그것을 실천하고 뜻을 얻지 못하면 홀로 그것을 실천한다. 부귀도 음淫할 수 없고 가난도 뜻을 전향하게 할 수 없으며 위무威武도 굴屈케 하지 못한다"라고 말한 바가 있다. 그토록 동방예의지국의 예법으로 유교사상만을 외쳐왔으면서도 공자와 맹자의 사상을 제대로 이해하지 못하고 있는 우리 한국인들, 대한독립만세와 군사독재정권의 타도와 남북통일을 그토록 오랫동안 외쳐왔으면서도, 그러나 그것이 독자적인 사상과 독자적인 명명의 힘을 기르지 못한다면 결코 이루어 질 수가 없다는 사실을 여태까지도 깨닫지 못하고 있는 우리 한국인들—.

— 반경환, 『행복의 깊이』 제4권 제1장에서

명시 · 44

전순영
황홀한 죽음

한 생을

활활 불태우고

마지막 떠나는 날

털 끝 하나 흩어지지 않은

몸

오롯이 여미고

빨간 입술로

뚝 떨어지는 너

동백꽃

― 『애지』, 2007년, 가을호

나는 이미 『행복의 깊이』 제1권을 통해서 '아름다운 인간―행복한 인간', 즉, '영생불사하는 인간'(제2장, 「상승주의의 미학」)과 '아름다운 인간―행복한 인간', 즉, '죽음의 인간'(제3장, 「하강의 깊이」)에 대하여 어느 누구보다도 깊이 있게 천착해본 바가 있다. 나의 「상승주의의 미학」은 삶의 본능의 옹호에 바쳐진 장이며, 「하강의 깊이」는 죽음의 본능의 옹호에 바쳐진 장이다. 삶이란 무엇인가? 삶이란 모든 생명체들이 이 세상을 살아가는 방식이며, 궁극적으로는 자기 자신의 동체성을 보존하고 종을 보존하는 어떤 것을 말한다. 죽음이란 무엇인가? 죽음은 생물학적으로 신체의 소멸을 뜻하고, 이 세상의 삶의 종말을 뜻한다. 모든 유기체들은 태어나면 이윽고 죽게 된다. 이것이 자연의 법칙이며, 우리는 그 삶과 죽음이라는 한계 내에서 소년기, 청년기, 장년기, 노년기의 삶을 살아가게 된다(제3장, 「하강의 깊이」 참조). 만일, 그렇다면 어떠한 삶이 '아름다운 인간―행복한 인간', 즉, '영생불사하는 인간'의 삶이며, 또한 어떠한 삶이 '아름다운 인간—행복한 인간', 즉, '죽음의 인간'의 삶이란 말인가? 그는 쓰레기 청소부에 지나지 않았지만, 오직 자기 자신의 직업을 천직으로 알고 그가 맡은 구역을 쓸고, 또 쓸다가 죽어갔다. 그는 무명학자에 지나지 않았지만, 연구실과 집만을 오고 가는 생활 속에서 새로운 사상과 이론을 정립하고 어느 누구도 지켜보지 않는 가운데서 아주 외롭고 쓸쓸하게 죽어갔다. 아킬레스는 비겁하게 목숨을 구걸하기보다는 그의 친구인 파트로클루스의 원수를 갚고서 트로이의 전쟁터에서 죽어갔다. 나폴레옹은 '불가능은 없다'라는 명언을 남겼지만, 그러나 그의 제국은 영원히 건설해보지도 못한 채 고도 세인트 헬레나에서 아주 외롭고 쓸쓸하게 죽어갔다. 아름다운 인간, 행복한 인간의 삶이란 자기 자신의 목표를 위해서 최선을 다하는 인간의 삶을 말하지, 그 인간의 삶이 세속적으로 성공을 했는가, 아닌가라는 척도로는 잴 수가 없는 것이다. 왜냐하면 세속적으로 성공한 인간의 삶이 더없이 추하고 타락한 자의 그것에 지나지 않을 때도 있기 때문이며, 오히려, 거꾸로, 세속적으로 실패한 인간의 삶이 더욱더 고귀하고 훌륭할 때도 있기 때문이다. 아름다운 인간—행복한 인간의 삶은 직업의 귀천을 말하는 것도 아니며, 그 업적의 크기를 말하는 것도 아니다. 아름다운 인간—행복한 인간이란 사나운 비바람과 모진 눈보라 속에서도, 또, 그리고, 이 세상의 어중이떠중이들의 수많은 질시와 경멸 속에서도, 오직 대쪽같은 장인 정신으로 자기 자신의 삶을 살다가 간 사람들을 말한다. 쓰레기 청소부도, 무명학자도 아름답고 행복했던 인간들이며, 아킬레스도, 나폴레옹도 아름답고 행복했던 인간들이다. 그들은 모두가 다같이 자기 자신의 삶을 향유했던 인간들이며, 그들의 행복을 신들의 행복과도 겨룰 수가 있었던 인간들이다. 또한 그들은 모두가 다같이 신적인 인간으로 성화된 인간들이며, 우리 인간들의 마음 속에서 영생불사의 삶을 살아가고 있는 인간들이기도 한 것이다.

고대 그리스의 현자가 역설한 바가 있듯이, "삶이란 죽음의 첫 걸음이며, 사망은 그 탄생의 결과"라고 할 수가 있다. 사는 법을 배우는 것은 죽는 법을 배우는 것이며, 죽는 법을 배우는 것은 사는 법을 배우는 것이다. 따라서, 그 쓰레기 청소부도, 무명학자도, 아킬레스도, 나폴레옹도 사는 법을 배운 사람들이며, 또한 그들은 죽는 법을 배운 사람들이라고 할 수가 있는 것이다. 삶은 죽음의 완성이며, 죽음은 삶의 완성이다. 이 삶과 죽음의 한계를 받아들이고 그 한계 내에서 무한한 성실성을 연주하며 죽어간 사람은 아름답고 행복한 삶을 살다가 간 사람들이라고 할 수가 있는 것이다. 만일, 삶이 죽음의 완성이며, 죽음이 삶의 완성이라면 어느 누가 비굴하게 목숨을 구걸하며 살아가겠으며, 또한, 어느 누가 디룩디룩 살찐 돼지와도 같이 무병장수하기만을 바랄 수가 있겠는가? 우리는 모두가 다같이 아름다운 인간—행복한 인간, 즉, 죽음의 인간을 꿈꾸지 않으면 안 된다. 요컨대 우리 인간들은 모두가 다같이 예술적인 삶과 예술적인 죽음을 꿈꾸지 않으면 안 된다.

전순영 시인은 전라남도 나주에서 출생했고, 1999년 『현대시학』으로 등단했으며, 시집으로는 『목이 마른 나의 샘물에게』를 출간한 바가 있다. 그러나 시인으로서의 그의 이름은 거의 알려진 바가 없으며, 아직도 그 무명의 껍질을 벗어던지지 못하고 있다. 나는 그가

『애지』에 '스페인 기행'의 연작시를 발표했을 때, 그의 시적 우수성을 직관적으로 인지한 바가 있었고, 따라서 이 글은 그가 그 무명의 껍질을 벗어날 수 있었으면 하는 간절한 바람의 소산일 수밖에 없는 것이다. 그의 최고의 장점은 「언어의 강」이라는 시에서처럼, 그 언어에 대한 깊이 있는 지식으로, 아름다운 인간과 행복한 인간에 대한 예술가적인 장인 정신에 투철하다는 점에 있을 것이다. 시는 그의 붉디붉은 피이며, 생명 자체이다. 그의 피는 예술가의 정신으로 뜨겁게 타오르고 있고, 그의 시는 그의 열정에 의하여 아름다운 동백꽃으로 피어난다. 동백은 차나무과의 상록교목이며, 이른 봄에 붉은 꽃이 피어난다. 꽃잎은 5~7개가 밑에서 합쳐져서 비스듬히 퍼지고, 수술은 많으며, 동백꽃이 질 때 함께 떨어진다. 꽃말은 '자랑'과 '겸손한 아름다움'이다. 전순영 시인은 동백꽃의 죽음을 "한 생을// 활활 불태우고" "털끝 하나 흩어지지 않은// 몸"으로 "뚝 떨어지는" 「황홀한 죽음」이라고 노래한다. 아니, 이 「황홀한 죽음」은 그의 노래라기보다는 어느 누구보다도 뜨거운 정열의 예찬이며, 그의 생의 철학이라고 할 수가 있는 것이다. 그는 삶을 죽음의 완성이라고 생각하고, 죽음을 삶의 완성이라고 생각한다. 전순영 시인의 「황홀한 죽음」의 목소리는 조용하지만, 그러나 그 시적 사상은 장중하고 울림이 크다고 하지 않을 수가 없다. 그는 이미 사는 법을 배운 것이며, 그리고, 또한, 죽는 법을 배운 것이다. 사는 법과 죽는 법을 배운 인간은 예술적인 삶에 투철한 인간이며, 군더더기가 하나도 없는 삶을 살아가고 있는 인간이기도 한 것이다. "한 생을// 활활 불태운다"는 것은 그 어느 누구보다도 뜨거운 열정으로 아름답고 행복한 삶을 살아가겠다는 의지의 표현이며, "털끝 하나 흩어지지 않은// 몸"
은 대쪽같은 장인 정신으로 생사를 넘어서서, 선악을 넘어서서, 자
기 자신이 그토록 좋아하고, 자기 자신이 하고 싶은 일에만 전념을
하겠다는 것을 뜻한다. 그는 온몸으로, 온몸으로 시를 쓰는 자기 투
신의 대가이며, 그 장인 정신에 의하여 이처럼 아름답고 뛰어난 「황
홀한 죽음」을 쓰게 되었다고 나는 생각한다. 전순영 시인의 자랑은
그의 도덕성이며, 그의 도덕성은 그의 아름다움이다. 아름다움은 선
의 상징이고, 선의 상징은 아름다움이다. 이때의 도덕성은 사회적으
로 이미 규정되어 있는 도덕성이 아니라, 선악을 넘어서서, 마치, 살
아 움직이는 도덕성이기도 한 것이다. 그는 자기 자신만의 도덕을 창
조한 시인이며, 그 도덕철학으로 그의 미학을 완성한 시인이다. 전순
영 시인의 죽음은 한계가 아니라 무한한 가능성이며, 삶의 완성으
로써 언제, 어느 때나 열려 있다. 황홀한 죽음을 꿈꾸는 인간이 어
떻게 비굴하게 목숨을 구걸할 수가 있겠으며, 또한 황홀한 죽음을
꿈꾸는 인간이 어떻게 삶의 공포와 죽음의 공포 앞에서 벌벌 떨고
있을 수가 있겠는가? 굵고 짧게 산다는 것, 또는 "털끝 하나 흩어지
지 않은// 몸"으로 송두리째 뚝 떨어진다는 것, 바로 이것이 그의 생
의 철학인 것이다. 그는 지혜로운 시인이며, 용기가 있는 시인이고,
그리고 언제, 어느 때나 성실하고 또 성실한 인간인 것이다. 우리 인
간의 삶은 사후에나 제대로 평가되는 것이며, 가장 아름답고 행복한
인간은 이 「황홀한 죽음」을 죽어간 인간이라고 나는 믿어 의심하지
않는다. 그대는 오늘도 지혜로운 인간이 되기 위하여 더욱더 열심히
공부하고 있는가? 그대는 오늘도 대쪽같은 장인 정신으로 용기 있

는 삶을 살아가고 있는가? 그리고, 또한, 그대는 오늘도 더욱더 성실하고 또 성실하게 살아가고 있는가? 지혜, 용기, 성실함의 삼박자를 다 갖춘 전순영 시인은 그의 도덕철학으로 자기 자신과 타인들의 관계를 규정하고, 그리고, 우리 한국인들과 공동체 사회를 구원하기 위한 언어의 사제(시인)의 길을, 늘, 묵묵히 최선을 다해서 걸어간다.

시인은 전순영의 성직이며, 시는 그 성직자의 계율이다. 그의 도덕철학은 양날의 칼로 되어 있다. 한쪽의 칼날은 아름다운 조각가의 칼날과도 같고, 다른 한쪽의 칼날은 선악의 시비를 가리는 판관의 칼날과도 같다. 2002년 '한일 월드컵' 때, "사기꾼이며 도둑질이며 이간질이며 주먹질이며 저 썩고 구린" 원수형제들마저도 다 포용하며 온몸으로 붉은 악마가 되어 "오! 필승 코리아"를 외쳤던 우리 한국인들을 성화—우리 한국인들을 새롭게 탄생—시키고 있는 「黃色人」이 전자의 예에 해당된다면, 온갖 부정부패로 얼룩진 대한민국 사회에 대한 통렬한 풍자의 시인 「2001년 12월」은 후자의 예에 해당된다. "오! 필승 코리아// 지금 우리나라는 詩를 쓰고 있다 하늘 오르는 함성으로 사천칠백만이 하나되어 하나의 강이 되어 흐르고 있다 2002년 6월 쳐다만 보던 축구, 그 산봉우리를 향해 폴란드를 넘고 넘고 뛰어넘을 때 거리에서 회사에서 술집에서 전철에서 시장에서 밭에서 논에서 감옥에서 감옥 아랫목에서 바다에서 바다 속에서 하늘에서 하늘 속에서 우리는 우리를 꼬옥 끌어안고 저 육천마디마디 뼈 바닥에서 퍼 올리는 뜨끈뜨끈한 빨간 詩가 목구멍 밖으로 뛰쳐나와 장대비로 쏟아지고 있다"라는 「黃色人」의 시구는 대한민국의 역사 이래로 전 국민이 하나가 되었던 그 감동의 드라마를 시적으로 승화시킨 것이지만, 그러나 그 시는 언제, 어느 때나 민심과 국력을 하나로 결집시켜서 '사상가와 예술가의 민족', 즉, '고급문화인'으로 우리 한국인들을 인도(재창조)하고 싶다는 꿈이 깊이 있게 각인되어 있는 것이다. 아름답고 뛰어난 제일급의 시에는 사악한 생각이 전혀 들어 있을 빈틈이 없는 것이다. 온몸으로, 온몸으로 시를 쓰면서 붉은 악마, 또는 붉은 동백꽃의 삶을 완성시켜 보고 싶은 꿈을 그는 늘, 꿈꾸고 있는 것이다. 그는 태초에 말씀이 있었고, 그 말씀으로 이 세계를 창조한 것처럼, "교보문고에 갔다 머리카락이 하얀 언어 까만 언어 새파란, 고사리 같은 언어들이 모여 출렁이고 있다 강가를 한 바퀴 휭 돌아보고 빈센트 반 고흐 화집을 샀다 화집 속에는 입을 다문 언어와 희고 검은 노랑 빨강 초록 보라 언어들이 꽃으로 피어나 펄럭이고 있다 산으로 솟아 오르는가 하면 집으로 서 있고 개울물로 흐른다 그 물 속에 빠진 나는 색색으로 물이 들어 나무가 되고 꽃이 되고// 배가 고플 때 언어는 감자가 되고 석류가 되고 포도밭이 되고 봄 정원이 되고 붓꽃이 되고 의자가 되고 라일락꽃이 되고 나무뿌리가 되고 모래 언덕이 되고 바다가 되고 태양이 되고 해바라기가 되고 별이 되고 별빛에 물든 연인이 되고 밤의 카페가 되고… // 카페 속으로 들어가 펼쳐놓은 우리의 이야기도 잔잔히 강물로 흐른다 그는 듬성듬성 언어의 돌을 놓고 나는 그 돌 위에다 발을 올려놓는다 돌은 금방 무너지고 나는 물 속으로 빠졌다 물 먹은 가슴 퉁퉁 불어 일어나지 못하는"「언어의 강」이라는 시를 통해서 그 모든 사물들과 인간들과 그림들을 언어로 표현해낸다. 배가 고플 때 하나님의 언어는 감자가 되고 석류가 되고 포도밭이 되고 봄 정원이 되고 붓꽃이 되고 의자가 되고 라일락꽃이 되고 나무 뿌리가 되지만, 그러나 그의 언어는 징검다리가 되지 못하고 불완전하고 미약하기 짝이 없게 된다. 이 언어에 대한 깊이 있는 이해와 그 민감한 감수성으로 그의 언어를 갈고 닦은 결과, 그의 시는 그 무명의 껍질을 뚫고 아름다운 동백꽃으로 활짝 피어난다. 이러한 언어에 대한 자기 반성과 성찰은 그의 도덕성을 더욱더 강화시켜주고, 따라서 그는 선악의 시비를 가리는 판관처럼 온갖 부정부패 속을 헤어나오지 못하고 있는 대한민국 사회를 비판하게 된다. "게이트 게이트 게이트, 검은 날개 펴고/ 몰려와 날카로운 부리로/ 우리들을 뜯고 있다/ 마알간 하늘/ 낮달은 눈을 감고// 먹고 먹고 또 먹은 배는 갑절되어/ 땅 바닥에 질질 끌려 다닐 때/ 배는 저 혼자 터져서/ 지난날들이 길바닥에 기어 나와/ 콩깍지 마당에 널듯 좌~ 악 널릴 때 그때/ 도리깨가 와서 이 뺨 저 뺨 내리치면/ 눈 뜨일까 몰라". 동백꽃은 그의 꽃이고, 독수리는 그의 새이다. "게이트 게이트 게이트", 하룻밤만 자고 나면 눈사태처럼 터져 나오는 사건과 사고의 소식들, 대한민국의 부패지수는 추한 한국인들의 그것 자체와도 같으며, 일본인들이 그처럼 조소와 조롱을 해대도 두 눈 하나 끄떡하지 않고 "먹고 먹고 또 먹은 배는 갑절되어/ 땅바닥에 질질 끌려"다니며, 온갖 더러운 내장을 다 까발리고도 전혀 부끄러움을 모르는 도덕감각이 마비된 어릿광대들에 지나지 않는 것이다. 전순영 시인은 그 날카롭고 예리한 독수리의 눈과 발톱으로 우리 한국인들을 더없이 혹독하게 비판을 하면서, 그러나 그의 무서운 성실성을 연주해나간다.

고깃배들이 닻을 내려놓은 포구에는
그물더미를 산처럼 쌓아놓고
머리에 수건 쓴 아낙네들과 사내들이
웅성웅성 그물을 깁는다
찢겨져나간 그물코에 튼실한 실을 펜 바늘이
배를 짜는 북이 되어 왔다갔다
그물의 흉터를 깁는다

누구에게나 오늘이라는 그물 속에는
풀어야 할 엉킨 그물과 기워야하는 찢어진
그물이 있다
내 키보다 더 높게 쌓인 오늘이란
그물더미 앞에서
헝클어진 오늘의 끝을 찾으려고
서성이는 나는
찢겨진 가닥 어디를 추켜들고 어디를 먼저
기워야 하는가
―「포구에는」 전문

 시는 예술 중의 예술이며, 시인은 예술가 중의 최고의 예술가이다. 그러나 시인은 그의 지식보다도 온몸으로 온몸으로 시를 쓰지 않으면 안 된다. 무서운 성실성이라는 것은 뜨거운 열정을 말하고, 그 뜨거운 열정은 한 편의 아름다운 시를 쓰기 위해서 그의 온몸을 바쳤다는 것을 말한다. "한 생을// 활활 불태우고// 마지막 떠나는 날// 털끝 하나 흩어지지 않은// 몸"으로 뚝뚝 떨어지는 「황홀한 죽음」을 꿈꾸는 전순영 시인이 바로 그것을 증명해준다. 그 무서운 성실성은 어렵고 힘든 현실 속에서도 "그물의 흉터를 깁는" 아낙네들과 사내들에게 그 초점을 맞추면서, 이 세상에서 가장 아름답고 행복한 삶이 무엇인가를 다시 한 번 더 생각해보게 한다. "누구에게나 오늘이라는 그물 속에는/ 풀어야 할 엉킨 그물과 기워야 하는 찢어진/ 그물이" 있는 것이지만, 그러나 그 어렵고 힘든 일은 무서운 성실성을 동반하지 않으면 불가능한 어떤 것에 지나지 않는다. 전순영 시인은 오직 그 무서운 성실성을 통해서 오늘도 변함없이, 묵묵히, "그물의 흉터를 깁는" 아낙네들과 사내들에게 자기 자신을 동일화시키고, 그리고 그가 풀어야 할 엉킨 그물과 그가 기워야 할 찢어진 그물 앞에서 그 어느 누구보다도 더 뼈아프고 간절하게 고통스러워하고 있는 것이다. 십자가에 못 박혀서 시뻘건 피를 흘리는 예수도 고통스럽고, 카우카소스의 바윗산에 묶여서 제우스의 신조神鳥인 독수리에게 하염없이 간을 쪼아 먹혀야만 하는 프로메테우스도 고통스럽다. 그러나 그들은 모두가 다같이 성실했던 사람들이고, 그리고, 그 고통을 통해서 더욱더 고귀하고 위대한 성직자가 되어갔던 것이다. 무서운 성실성을 연주하는 사람은 늘 고통스러운 사람이며, 그 고통은 모든 천재적인 힘의 어머니가 되고 있는 것이다. 천재는 태어나는 것이 아니라 느닷없이 출현한다. 그의 무명의 껍질은 다만, 그 출현을 위한 하나의 통과의례, 즉 쓰디쓴 '고통의 지옥훈련과정'이었을 뿐이었던 것이다. 「황홀한 죽음」이라는 명시 한 편만으로도 전순영 시인의 대쪽같은 장인 정신은 영원히 그 빛을 잃지 않게 될 것이다.

| 명
| 시
| ·
| 45

박현
굴비

한때는 용왕을 꿈꾸고
삼천정병을 이끌고 토끼를 잡으러 가고 싶었을 게다
속살까지 퍼렇게 물든 바다에서 혁명을 꿈꾸다
태어나 처음 공기를 맛보고
은빛 비늘이 벗겨지고
아가미에 소금이 뿌려진 채로
제 태어난 바다를 동공에 담고
나일론 끈에 효수당한 채로
석 달 열흘을 매달려 있다가
지폐 몇 장에 팔려
불빛 가난한 이의 밥상에 누웠다.

우르르 달려든 쇠꼬챙이에
몸뚱이는 산산이 부스러지고

앙상한 뼈와 헤진 내장을 드러낸 채
누웠다
두 눈 부릅뜨고
누웠다.

아버지가
누웠다.

— 『애지』, 2007년, 봄호

박현 시인은 충남 예산 출신이며, 2007년 『애지』로 등단한 신진 시인이다. 그의 시는 풍자와 해학을 주요 기법으로 삼고 있지만, 그러나 그 풍자와 해학의 칼날이 외부의 세계와 타자들에게로만 향하고 있는 것은 아니다. 때때로 그 비판의 칼날은—풍자와 해학의 칼날—은 자기 자신을 향해서 가장 날카롭고 예리하게 쓰여지고 있으며, 그 반성과 성찰의 토대 위에서 그의 도덕성과 '굴비의 미학', 즉, '절개의 미학'이 구축되어가고 있다고 하지 않을 수가 없다. '굴비의 미학'은 기사도적인 모험 정신과 성자의 영웅주의의 토대 위에서 그 존재론적 정당성을 얻고 있으며, 한 걸음 더 나아가, 그 '굴비의 미학'에 의해서 '아름다운 인간'과 '행복한 인간'의 삶이 옹호되고 있다고 해도 과언이 아니다.

　박현 시인은 우선 그의 시, 「굴비」를 통하여 한때는 삼천정병을 이끌고 토끼를 사로잡아 그 간을 꺼내먹고 영생불사의 삶을 살고 싶었던 용왕의 꿈을 묘사하고, 그리고 그 고귀하고 위대한 꿈에 반하여 그 혁명은 미수에 그치게 되고, 이윽고 끝끝내 효수를 당하여 그 비극적인 종말을 맞이해야만 했던 '굴비'를 묘사한다. 고귀하고 위대한 꿈을 꿔 왔지만, 그러나 그 고귀하고 위대한 꿈은 미완의 혁명에 그치게 되고, "태어나 처음 공기를 맛보고/ 은빛 비늘이 벗겨지고/ 아가미에 소금이 뿌려진 채로/ 제 태어난 바다를 동공에 담고/ 나일론 끈에 효수당한 채로/ 석 달 열흘을 매달려 있다가/ 지폐 몇 장에 팔려/ 불빛 가난한 이의 밥상에" 누워야만 했던 굴비는, 다만, 굴비가 아니라 우리들의 아버지의 초상이기도 했던 것이다. 한때는 천하의 대권을 움켜잡고 '역발산기개세力拔山氣蓋世'로 영생불사의 삶을 꿈꾸었던 아버지였지만, 이제는 다만 불빛 가난한 이들의 밥상에 누워버린 아버지에 지나지 않게 된 것이다. 동해 용왕에서 굴비로의 비참한 전락은 실패한 혁명가의 그것에 지나지 않으며, 이미, 그의 육체는 그가 그토록 타도의 대상으로 삼았던 적대자들에 의해서 유린당하게 되어 있었던 것이다. "우르르 달려든 쇠꼬챙이에/ 몸뚱이는 산산이 부스러지고/ 앙상한 뼈와 헤진 내장을 드러낸 채/ 누웠다"라는 시구가 바로 그것을 증명해준다.

 한때는 토끼의 간을 꺼내먹고 '역발산기개세'로 동해 용왕을 꿈꾸었던 사나이, 그러나 속살까지 파랗게 물든 바다에서 최종적인 패배를 맛보고 아가미에 소금이 뿌려진 채로 효수를 당할 수밖에 없었던 사나이, 나일론끈에 효수를 당한 채로 석 달 열흘 동안이나 매달려 있다가 불빛 가난한 이들의 밥상에 누워버린 사나이, 여기 저기서 우르르 달려든 쇠꼬챙이에 몸뚱이는 산산이 부서지고 앙상한 뼈와 헤진 내장을 드러낸 채 누워야만 했던 사나이, 그러나 그 사나이는 비록, 동해 용왕의 꿈에서 굴비로 전락을 하기는 했지만, 그 사나이다운 기개와 절개는 결코 꺾이지도 않았던 것이다. "두 눈 부릅 뜨고/ 누웠다// 아버지가/ 누웠다"라는 제일급의 시구에 의하여 아름다운 명시가 탄생하게 되고, 이 땅의 기사도적인 모험정신과 성자의 영웅주의가 그 빛을 발하게 되는 것이다. 박현 시인의 「굴비」는 『토끼전』의 설화를 유효적절하게 차용하여 우리들의 아버지를 성화시키고, 그 아버지를 통해서 그 '굴비의 미학'을 완성시켰다고 나는 생각한다. 비록, 동해 용왕의 꿈은 이루어 보지도 못하고 산채로 사로잡힌 채, 온갖 고문을 겪은 뒤 온몸이 산산이 찢겨졌어도 "두 눈 부릅뜨고" 그 기개와 절개를 잃지 않았던 아버지는 그 어떠한 승리보다도 더욱더 고귀하고 위대한 패배를 이룩했던 우리들의 아버지의 초상이기도 했던 것이다.

굴비의 다른 이름은 조기이며, 이 조기는 3월 중순경이면 전라남도 법성포 칠산 앞바다를 지나가게 된다. 대한민국의 연안에서 잡히는 조기류는 13여 종이나 되며, 그 중에서 가장 유명한 것이 참조기와 수조기이다. 황석어黃石魚라고도 불리는 참조기는 몸빛이 회색을 띤 황금색이며, 입이 불그스레하고 몸통 가운데 있는 옆줄이 다른 조기에 비해 굵고 선명하다. 참조기와 모양이 비슷한 수조기(부세)는 참조기보다 몸이 가늘고 편평하며 머리가 몸체에 비해 크고 몸빛깔이 황색인 것이 그 특징적이라고 할 수가 있다. 수입조기는 국산조기보다 비늘이 거칠고 옆줄이 선명하며 목 부위가 회백색, 또는 흰색을 띠고 몸에 광택이 있다고 한다. 수조기와 수입산 조기는 참조기보다 맛이 떨어지며 뒷맛이 개운치 않고 육질도 단단하지 못하다고 한다. 특히 산란을 위해서 3월 중순경, 영광 법성포 칠산 앞바다를 지나가는 참조기를 영광굴비라고 하며, 이 굴비가 우리 한국인들이 그토록 선호하는 굴비이기도 한 것이다. 영광굴비는 찌개, 조림, 찜, 구이 등으로 다양한 조리가 가능하며, 그냥 쭉쭉 찢어서 먹거나 고추장에 재워두었다가 밑반찬으로 사용하기도 한다. 양질의 단백질과 비타민 A와 D가 풍부하고, 따라서 몸이 쇠약한 사람과 발육기의 어린 아이와 소화기관이 약한 노인들에게 매우 좋다고 한다. 이 조기가 굴비로 불리우게 된 것은 고려 17대 인종 때, 이곳 정주, 즉, 지금의 법성포로 귀양을 왔던 이자겸—'난'을 일으켰던 이자겸—이 이 조기를 먹어보고 그 맛이 매우 뛰어나 그 조기들을 임금님께 진상하고부터였다고 한다. 요컨대 이자겸은 그 말린 조기를 임금님께 진상하며, 그래도 자기 자신의 뜻을 굽히지 않겠다는 의미에서, '굴비屈非'라고 이름을 붙였던 것이다(백과사전 참조).

　박현 시인은 이 「굴비」라는 시를 쓰기 위하여 『토끼전』과 '굴비'의 역사 철학적인 기원과 그 의미를 분명하게 꿰뚫어 보고 있었던 것이라고 할 수가 있다. 박현 시인의 「굴비」는 모두 3연으로 되어 있지만, '기승전결'이 뚜렷한 소설적 구조를 가지고 있다고 할 수가 있다. 토끼의 간을 꺼내먹고 '역발산기개세'로 동해 용왕을 꿈꾸었다는 것은 '발단'에 해당되고, '삼천정병을 이끌고' '속살까지 파랗게 물든 바다'에서의 최종적인 패배는 '전개'에 해당된다. 또한, '나일론끈에 효수를 당한 채로/ 석달 열흘을 매달려 있다가' 가난 사람들의 밥상 위에서 부관참시를 당한다는 것은 '절정'에 해당되고, 그러나 그 비극적인 운명임에도 불구하고 '두 눈을 부릅뜨고' 누워서 그 사나이다운 기개와 절개를 외치고 있는 것은 이 「굴비」의 '결론'에 해당된다. 우리는 타인의 시체를 유린할 수는 있지만, 그러나 그의 고귀하고 위대한 꿈과 그 의지는 결코 유린할 수가 없는 것이다. 굴비는 결코 비굴한 인간의 초상이 아니며, 모든 인류의 스승으로서 우리 인간들의 진정한 아버지의 초상이라고 할 수가 있는 것이다.

 박현 시인은 그의 「굴비」를 통하여 우리 한국인들의 아버지의 초상을 제시하고, 다른 한편, 우리 한국인들의 사유의 생식선을 무한히 자극시켜준다. 꿈이란 무엇이고, 혁명이란 무엇이며, 절개란 무엇인가? 잠 자는 중에 꾸는 꿈도 있고, 덧없는 하루살이들의 미몽적인 꿈도 있다. 자기 자신의 단 하나뿐인 생명을 걸고서라도 꼭 실현시키고 싶은 꿈도 있고, 다만, 막연한 공상적인 꿈도 있다. 이 모든 꿈들은 그 나름대로의 존재의 근거와 그 나름대로의 일리가 있는 것이지만, 그러나 지금 이 자리에서 내가 논하고 싶은 것은 자기 자신의 단 하나뿐인 생명을 걸고서라도 꼭 실현시키고 싶은 이상적인 꿈이라고 하지 않을 수가 없다. 꿈도 불가능한 꿈이며, 이상도 불가능한 이상이다. 플라톤은 그의 이상국가를 건설하기 위하여 세 번씩이나 시라쿠사를 방문하고 그때마다 모조리 투옥되는 수난을 겪었지만, 그러나 그의 이상국가는 결코 건설하지도 못했다. 알렉산더 대왕도 그의 문화제국을 건설하기 위하여 세계정복운동에 나섰지만, 그러나 그의 문화제국은 결코 건설하지도 못했다. 공산주의자인 마르크스도 마찬가지이고, 사해동포주의자인 예수도 마찬가지이다. 만일, 꿈도 실현할 수가 없고, 이상국가도 건설할 수가 없는 것이라면, 왜, 우리 인간들은 그 꿈과 이상국가에 그토록 매달리며, 단 하나뿐인 목숨까지도 헌신짝처럼 내다 버리는 것일까? 그것은 곧바로 언제, 어느 때나 고통의 연속이고, 그 어느 것 하나 만족이 없는 이 현실의 세계를 벗어나고 싶다는 욕망에는 어느 누구도 이의를 제기할 수가 없기 때문이다. 이상국가는 전지 전능한 신들이 살고 있는 세계이며, 모든 것이 가능하고 어느 것 하나 부족한 것이 없는 세계이다. 따라서 모든 꿈의 주체자들은 다양한 신화와 종교와 사상들을 안출해내며, 오로지 그 목표를 향해서 자기 자신의 단 하나뿐인 생명까지도 걸게 되는 것이다. 인간은 나약하지만 꿈 꾸는 자는 위대하고, 인간은 불행하지만 꿈 꾸는 자는 행복하다. 인간은 한없이 비굴하지만 꿈 꾸는 자는 더없이 사나이 대장부다운 용기가 있고, 인간은 하루살이와도 같은 목숨을 지니고 있지만, 꿈 꾸는 자는 영원불멸의 삶을 향유하고 있다. 꿈 꾸는 자는 그 '비굴'이라는 운명의 쇠사슬을 단번에 끊어버리고, 끝끝내 십자가에 못 박힌 예수처럼, 또는 팔라스 아테네의 성상을 훔쳐내오고 10여 년 동안이나 이역 만리로 떠돌아 다녀야만 했던 오딧세우스처럼, 그 어떠한 괴물들과의 싸움도 마다하지 않는 기사도적인 모험 정신과 성자의 영웅주의로 무장되어 있지 않으면 안 된다. 혁명이란 무엇인가? 혁명이란 '1, 급격한 변혁을 꾀하는 것; 2, 이전의 왕정을 뒤집어 엎고 새로운 왕정을 세우는 것; 3, 비합법적인 수단으로 국가의 정체를 변혁하는 것; 4, 종래의 권위와 방식을 단번에 뒤집어 엎는 것' 등을 말하지만, 요컨대 혁명이란 기존의 사상과 이론, 또는 기존의 역사와 전통을 모조리 부정하는 어떤 것을 말한다. 만일, 그렇다면, 왜 그처럼 잔혹하고 비정하며, 또한, 왜, 그처럼 피비린내 나는 혁명이어야만 하는 것인가? 그것은 두말할 것도 없이 어떤 사상과 이론도, 어떤 역사와 전통도 곧바로 썩어버리기 때문이며, 그 낡아빠진 가치들로는 이상국가의 건설은커녕, 그 어떠한 새로운 삶도 가능하지가 않기 때문이다. 인류의 역사는 바슐라르식으로 말한다면 '인식론적 단절의 역사'이고, 부르디외식으로 말한다면 '이교도적 단절의 역사'이며, 내가 내 식으로 불러본다면 '신성모독의 역사'이다. 아니, 내가 나의 '신성모독의 역사'를 또다른 말로 정리해본다면 모든 인류의 역사는 '낙천주의의 역사'라고 하지 않을 수가 없다. 왜냐하면 모든 신성모독은 더욱더 아름답고 행복한 삶에 대한 절대적인 믿음이 있지 않으면 가능하지가 않기 때문이다. 하나의 사상과 하나의 신전이 세워지기 위해서는 수많은 사상과 수많은 신전들이 파괴되지 않으면 안 되고, 오직, 자기 자신만이 최초의 아버지가 되고 모든 인류의 조상이 되지 않으면 안 된다. 그 아버지의 세계에서는 더 이상의 아류와 모조품과 복사품이 횡행할 수가 없으며, 오직, 그 아버지에 의한 원본과 최고급의 문화만이 꽃 피어날 수가 있는 것이다. 꿈의 세계는 이상적인 세계이며, 그 이상적인 세계는 오로지 피비린내 나는 혁명이 아니고서는 결코 도달할 수가 없는 것이다. 절개란 무엇인가? 절개란 언제, 어느 때나 변함이 없는 지조를 말하며, 그것은 기사도적인 모험정신과 성자의 영웅주의의 가장 핵심적인 최종심급이기도 한 것이다.

우르르 달려든 쇠꼬챙이에
몸뚱이는 산산이 부스러지고

앙상한 뼈와 헤진 내장을 드러낸 채
누웠다
두 눈 부릅뜨고
누웠다.

아버지가
누웠다.

　박현 시인의 「굴비」의 제1연의 아버지는 그 무모함에 의하여 조소와 조롱의 대상이 되지만, 그러나 그 아버지는 제2연의 "두 눈 부릅뜨고/ 누웠다"와 제3연의 "아버지가/ 누웠다"에 이르러서는 최고급의 존경과 성화의 대상이 된다. 비록, 동해 용왕의 꿈을 이루기는커녕, 산 채로 사로잡혀서 온몸이 산산이 찢겨졌어도, '두 눈 부릅뜨고' 누운 아버지가 어떻게 조소와 조롱의 대상이 될 수가 있겠으며, 또한 어떻게 그 어떠한 승리보다도 더욱더 고귀하고 아름다운 패배를 이룩했던 아버지가 최고급의 존경과 성화의 대상이 아닐 수가 있겠는가?
　꿈의 세계는 이상의 세계이며, 이상의 세계는 꿈의 세계이다. 혁명의 세계는 굴비의 세계이며, 굴비의 세계는 혁명의 세계이다. 나는 박현 시인의 「굴비」를 읽으면서, 이 '굴비의 미학'이 최고급의 미학으로 자라나기를 빌고, 또 빌어보지 않을 수가 없었다.

| 명
| 시
| ·
| 46

문혜진
홍어

내 몸 한가운데 불멸의 아귀
그곳에 홍어가 산다

극렬한 쾌락의 절정
여체의 정점에 드리운 죽음의 냄새

오랜 세월 미식가들은 탐닉해왔다
홍어의 삭은 살점에서 피어나는 오묘한 냄새
온 우주를 빨아들일 듯한
여인의 둔덕에
코를 박고 취하고 싶은 날
홍어를 찾는 것은 아닐까

해풍에 단단해진 살덩이

두엄 속에서 곰삭은 홍어의 살점을 씹는 순간
입안 가득 퍼지는
젊은 과부의 아찔한 음부 냄새
코는 곤두서고
아랫도리가 아릿하다

중복 더위의 입관식
죽어서야 겨우 허리를 편 노파
아무리 향을 피워도 흐르던
차안此岸의 냄새

씻어도
씻어내도
돌아서면 밥 냄새처럼 피어오르는 가랑이 냄새
먹어도 먹어도
허기지는 밤
붉어진 눈으로
홍어를 씹는다

— 『애지』, 2007년, 여름호

홍어는 홍어목 가오리과의 바닷물고기이며, 우리나라에서는 그 상업적인 가치가 매우 높은 희귀어종으로 손꼽힌다고 한다. 『본초강목』에는 홍어를 태양어邰陽魚라고 하기도 하고, 그 모양이 연잎을 닮았다 하여 하어荷魚라고 하기도 하며, 또, 그리고, 그 생식이 괴이하다 하여 해음어海淫魚라고 하기도 한다. 『자산어보』에는 홍어를 분어라고 하기도 하고, 그 속명을 홍어洪魚라고 하기도 한다. 이밖에도 홍어는 전라북도에서는 간재미, 경상북도에서는 가부리, 전라남도에서는 홍해, 함경도에서는 물개미, 신비도에서는 간쟁이라고 불리우기도 한다. 홍어는 몸길이가 1.5미터나 되며, 몸은 마름모꼴로 폭이 넓고 주둥이는 짧지만 튀어나와 있다. 또한, 홍어의 눈도 튀어나와 있으며, 눈의 안쪽의 가장자리를 따라서 다섯 개 가량의 작은 가시가 나 있고, 등쪽은 전체적으로 갈색을 띠고 있다. 꼬리의 등쪽 가운데에는 수컷은 1줄, 암컷은 3줄의 날카로운 가시가 줄지어 있으며, 수컷은 배지느러미 뒤쪽에 대롱모양의 생식기가 두 개나 몸밖으로 돌출되어 있다고도 한다. 산란기는 9월부터 이듬해 3월까지이며, 한 번에 4~5개의 알을 낳는다. 홍어의 수명은 5~6년 정도이고, 그리고 오징어류와 새우류와 게류와 갯가재류 등을 주로 먹는다. 해마다, 매년, 한겨울의 추위가 휘몰아치는 11월부터 이듬해 2월까지 어장이 형성되기 때문에, 항상 그만큼 위험이 뒤따르고, 연간 100톤 정도의 적은 양밖에 잡히지가 않아서 그 고기값이 비싸고 제철에 구하기도 여간 힘든 것이 아니다. 홍어는 전라도 지방에서는 "잔칫집 음식상에는 반드시 올라와야 한다"라는 불문율이 있을 만큼 유명한 바다 생선이며, 전라남도 흑산도 앞바다에서 잡히는 홍어를 최고로 치게 된다. 왜냐하면 가을이 되면 서해에서 내려와 흑산도 근해에서 겨울을 지내는데, 이때가 홍어의 산란기로서 살이 실하고 껍질도 얇아 최고급의 육질을 자랑하고 있기 때문이다. 홍탁은 홍어와 막걸리를 함께 먹는 것을 말하고, 삼합은 홍어와 삶은 돼지고기를 묵은 김치에 싸서 먹는 것을 말한다. 홍어는 숙취와 거담효과에 뛰어나고, 배뇨排尿의 이상과 몸에 열이 많은 사람들에게 매우 좋다고 한다. 또한, 홍어는 산성 체질을 알칼리성 체질로 바꾸어 주고, 골다공증과 산후조리에도 매우 좋은 식품으로 잘 알려져 있다. 홍어는 매우 귀하고 값비싼 생선이기는 하지만, 알칼리성 식품으로서 매우 자극이 강한 냄새와 그 맛을 자랑한다. 특히, 홍어를 삭혀 만든 홍탁은 삭히는 것이 지나쳐 썩혔다고 표현할 정도로 강한 냄새와 그 자극적인 맛을 자랑한다.

  문혜진 시인은 1976년 경북 김천에서 태어났으며, 추계예술대와 한양대학교 대학원 국문과를 졸업했다. 1998년 『문학사상』으로 등단했으며, 2004년 『질 나쁜 연애』를 민음사에서 출간한 바가 있다. 문혜진 시인은 왜 「홍어」라는 시를 썼으며, 이 「홍어」라는 시를 통해서 무엇을 말하려고 했던 것일까? 우선 그는 "내 몸 한가운데 불멸의 아귀/ 그곳에 홍어가 산다"라고 말하고, "극렬한 쾌락의 절정/ 여체의 정점에 드리운 죽음의 냄새"라고 말한다. 제1연, "내 몸 한가운데 불멸의 아귀/ 그곳에 홍어가 산다"라는 시구에서 '불멸의 아귀'는 무엇을 지칭하며 또한 그곳은 어디를 가리키고 있는 것일까? 아귀는 아귀과의 바닷물고기일 수도 있고, 율법을 파기하고 아귀도에 빠진 귀신들을 가리킬 수도 있지만, 이 '불멸의 아귀'는 아귀도에 빠진 귀신, 즉, 늘 염치없이 먹을 것(섹스하는 것)이나 탐하는 어떤 사람을 가리키고 있는 것처럼도 보인다. 내 몸 한가운데 불멸의 아귀들이 살고 있고, 그 아귀계(내 몸 한가운데)에는 홍어가 살고 있다. 그러니까 나는 사람이면서도, 동시에, 홍어이기도 한 것이다. 자기 자신의 고귀하고 소중한 육체를 불멸의 아귀계라고 말하는 시인은 그 비속한 속어를 거침없이 사용하고 있듯이, 이제는 "극렬한 쾌락의 절정/ 여체의 정점에 드리운 죽음의 냄새"라고 더욱더 과감하게 도발적인 시구들을 표현해 보이게 된다. 홍어는, 왜, "극렬한 쾌락의 절정"의 상징이며, 또한, 홍어는, 왜, "여체의 정점에 드리운 죽음의 냄새"인 것일까? 그것은 홍어의 성기가 인간의 그것과도 아주 비슷하며, 예로부터 뱃사람들의 욕망을 충족시켜주는 어간魚姦의 대상이었기 때문일 수도 있다. 또한, 그것은 홍어를 삭혀 만든 홍탁이 매우 자극적인 그 맛을 자랑하고 있듯이, 쾌락의 절정(성교의 절정) 뒤에는 홍탁의 그것처럼 매우 자극적인 죽음의 냄새가 풍기고 있기 때문일 수도 있다. 홍어가 죽어야 홍탁이 되듯이, 쾌락의 절정 뒤에는 온갖 흥건한 땀냄새와 음부냄새와 정액의 냄새가 풍기게 되고, 그리고 그 성교 행위는 자기 자신들을 희생시켜가면서 2세를 생산해내는 행위이기도 한 것이다. 홍어도 해음어海淫魚이고, 시인도 해음어海淫魚이다. 홍어와 시인과의 만남, 아니, 그 합일은 먹는다는 것이 성교한다는 것이 되고, 성교한다는 것이 먹는다는 것이 된다. "오랜 세월 미식가들은 탐닉해왔다"라는 시구에서 미식가들이란 자기가 좋아하는 음식만을 탐닉하며 자기 자신의 육체를 보존해온 것을 뜻하지만, 그러나 제3연의 문맥 내에서는 그 미식이란 홍어이며, 그리고 그 홍어를 먹는 행위는 발정기의 그것과도 흡사한 분위기를 띠게 된다. "홍어의 삭은 살점에서 피어나는 오묘한 냄새"는 발정난 여성의 냄새와도 흡사하고, 따라서, "온 우주를 빨아들일 듯한/ 여인의 둔덕에/ 코를 박고 취하고 싶은 날/ 홍어를" 찾게 되는 것이다. 이때에 "온 우주를 빨아들일 듯한/ 여인의 둔덕에/ 코를 박고 취하고 싶은 날/ 홍어를 찾는 것이 아닐까"라는 의문문은 의문문이 아니라, 자기 확신적인 단정문이라고 해도 과언이 아니다. 그 단정문을, 단지, 시인다운 어법으로 매우 능청스럽게 의문문으로 표현해보인 것에 지나지 않는 것이다. 오랜 세월 동안 수많은 미식가들은 "홍어의 삭은 살점에서 피어나는 오묘한 냄새"에 의해서, "온 우주를 빨아들일 듯한/ 여인의 둔덕에/ 코를 박고 취하고 싶은 날", 여색을 밝히듯이, 홍어를 찾게 된다는 것이다. 이성의 아름다움에 반해버린 사람들은 이미 에로스에게 바쳐진 제물에 불과하듯이, 암컷의 발정냄새에 취한 수컷은 이미 제 목숨 따위는 돌보지 않는 수컷에 지나지 않는다. 그것은 언어의 모천회귀와도 같고, 해마다 발정기에는 흑산도 앞바다를 찾는 홍어와도 같다. 홍어를 먹는다는 것은 모천으로 회귀한다는 것이며, 그 쾌락의 절정에서 사랑하는 2세를 생산해내고, 그리고 그 여인의 자궁(둔덕―모천) 속에서 죽어간다는 것을 뜻하게 된다.

문혜진 시인의 제2연과 제3연에서의 성교에 대한 상상은 제4연에서도 그대로 이어진다. "해풍에 단단해진 살덩이/ 두엄 속에서 곰삭은 홍어의 살점을 씹는 순간/ 입안 가득 퍼지는/ 젊은 과부의 아찔한 음부 냄새/ 코는 곤두서고/ 아랫도리가 아릿하다"라는 시구가 바로 그것이다. 제1연과 제2연, 그리고 제3연이 젊은 여성들과 우리 인간들의 '극렬한 쾌락의 절정', 즉, 섹스에 대한 상상이라면 제4연은 "해풍에 단단해진 살덩이/ 두엄 속에서 곰삭은 홍어의 살점을 씹는 순간/ 입안 가득 퍼지는/ 젊은 과부의 아찔한 음부 냄새"에서처럼, 젊은 과부의 섹스에 대한 상상이라고 할 수가 있다. 젊은 과부는 수절하기가 힘든 과부이며, 그 과부의 음부는 삭힌 홍어처럼 아주 맛있게 익어 있다. 그 자극적인 강한 냄새와 그 맛 때문에 모든 사내들의 "코는 곤두서고/ 아랫도리"는 아릿해지게 된다. 제5연은 젊은 처녀와 젊은 과부의 연장선상에서, 아니, 그 연대기순으로, "중복 더위의 입관식/ 죽어서야 겨우 허리를 편 노파/ 아무리 향을 피워도 흐르던/ 차안此岸의 냄새"에서처럼, 이 세상을 떠나간 노파의 운명을 바라보면서도, 그러나 끝끝내 이 세상의 삶을 그리워하게 된다. 중복은 대한민국에서 가장 더운 시기이며, 따라서 그 입관식 때쯤이면 시체 썩는 냄새가 진동하게 될 것이다. 그런데도 문혜진 시인은 그 시체 썩는 냄새를 삭힌 홍어의 냄새와 동일시하고, 그리고 그 삭힌 홍어의 냄새에서 이 땅의 '차안此岸의 냄새'를 맡게 된다. 이 '차안의 냄새'는 성교의 냄새이며, 그 성교의 냄새는 우리 인간들의 삶에의 의지와 등가를 이루게 된다. 즉, 쾌락의 절정에서, 종족의 명령을 충실히 이행하고 죽어간 할머니에게서도 문혜진 시인의 성적인 상상력은 또다시 차안의 냄새를 맡게 된다. 성교는 종족의 명령이며, 성적 욕망은 그 어떤 욕망보다도 우선한다. 따라서, 제6연에서 문혜진 시인은,

씻어도
씻어내도
돌아서면 밥 냄새처럼 피어오르는 가랑이 냄새
먹어도 먹어도
허기지는 밤
붉어진 눈으로
홍어를 씹는다

라고 절규를 하게 된다.
   사는 것은 먹는 것이고, 먹는 것은 성교를 하는 것이다. 성교를 하는 것은 사는 것이고, 사는 것은 먹는 것이다. "씻어도/ 씻어내도/ 돌아서면 밥 냄새처럼 피어오르는 가랑이 냄새/ 먹어도 먹어도/ 허기지는 밤/ 붉어진 눈으로/ 홍어를 씹는다"라는 시구가 바로 그것이다. 홍어는 성의 화신이며, 홍어의 삭은 냄새는 남녀 교합의 그 냄새라고 문혜진 시인은 역설을 한다. 문혜진 시인은 「홍어」라는 시를

통해서 우리 한국인들이 그토록 좋아하는 별미인 홍어와 우리 인간들의 성을 결합시키고, 그리고, 그 성을 통해서 우리 인간들의 일생을, 즉, 젊은 여성과 젊은 과부와 할머니의 죽음으로 이어지는 일생(연대기 순으로)을 매우 아름답고 뛰어나게 노래한다. 산다는 것, 먹는다는 것, 그리고 성교를 한다는 것은 모두가 다같은 말(이음동의어)이며, 또한, 모두가 다같은 삶의 행동에 지나지 않는다. 성교는 종족의 명령이며, 그 성교를 통해서만이 우리 인간들의 역사는 그 발걸음을 멈추지 않게 된다.

아아, 해음어海淫魚인 홍어여!
아아, 그토록 아름답고 풍요로운 쾌락의 절정이여!

명시·47

김신용
부레옥잠

아내가 장바닥에서 구해온 부레옥잠 한 그루
마당의 키 작은 항아리에 담겨 있다가, 어제는 보랏빛 연한 꽃을 피우더니
오늘은 꽃대궁 깊게 숙이고 꽃잎 말리고 있다
그것을 보며 이웃집 아낙, 꽃이 왜 저래? 하는 낯빛으로 담장에 기대섰을 때
저 부레옥잠은 꽃이 질 때 저렇게 고개 숙여요—, 하고 아내가 대답하자
밭을 매러 가던 그 아낙, 제 꽃 지는 자리 아무에게도 보이고 싶지 않은 모양이구먼—, 한다

제 꽃 지는 자리, 아무에게도 보이고 싶지 않은 그 꽃
제 꽃 진 자리, 누구에게도 들키고 싶지 않은 그 꽃

몸에 부레 같은 구근을 매달고 있어, 물 위를 떠다니며 뿌리를 내리는

물 위를 떠다니며 뿌리를 내려, 아무 고통도 없이 꽃을 피우는 것 같은
그 부레옥잠처럼
일생을 밭의 물 위를 떠 흐르며 살아온, 그 아낙

오늘은 그녀가 시인이다

몸에 슬픔으로 뭉친 구근을 매달고 있어, 남은 생
아무 고통도 없이 꽃을 피우고 싶은 그 마음이 더 고통인 것을 아는

저 소리 없는 낙화로, 살아온 날 수의 입힐 줄 아는—

—「도장골 시편」, 천년의 시작, 2007년

유태인들은 떠돌이—나그네로서 인류의 역사상, 가장 오랫동안 학대를 받은 민족으로도 유명하지만, 그러나 그들은 그 어렵고 힘든 최악의 조건 속에서도 최선의 생존 방법을 발견해낼 수가 있었다고 한다. 『탈무드』에서 역설하고 있는 '루푸트 멘시', 즉, '공기의 사내'가 바로 그것이다. 언제, 어느 때, 어떠한 사건들이 벌어질지 모르기 때문에, 늘, 항상, 몸을 가볍게 하고 또다른 곳으로 떠날 준비를 하지 않으면 안 되었던 것이다. 로마제국에 의하여 나라를 잃고 이천 년 동안이나 전세계 곳곳으로 떠돌아 다녀야만 했던 유태인들, 늘, 항상, 법률적 차별에 의하여 제조업이나 길드조합의 가입마저도 허용되지 않았던 유태인들, 슬럼가와도 같은 '겟토오'(유태인 거주지역) 지역에 거주하면서도 최고급의 경전인 성경을 공부하고 유태민족의 역사와 전통을 잃어버리지 않았던 유태인들, 그 살아 있는 조국—유태인들은 성경을 '들고 다니는 조국'이라고 불렀다고 한다. 그들의 불타는 향학열과 그 인식욕은 정말이지, 세계적인 대사건이라고 해도 과언이 아니다—을 통해서 이 세상에서 가장 독창적인 민족이 되어 갔던 유태인들, 마르크스, 아인시타인, 프로이트, 베르그송 등과도 같은 세계적인 석학들을 배출해내고 오늘날 이 세계를 지배하고 있는 유태인들—. 공기의 사내는 전지전능한 인간이며, 그들의 고통이 유태인들을 공기화시킨 것이라고 하지 않을 수가 없다. 공기의 사내는 결코 좌절하지 않는 인간이며, 그 어떤 곳에서도 자유 자재롭게 적응해나갈 수 있는 인간이다. 따라서, 그 변신의 용이함 때문에 자기 창조성에 뛰어나고 새로운 사상과 이론으로 이 세계를 이끌어 나가게 된다. 공기의 사내는 바람처럼, 구름처럼, '공기주머니'를 달고 다니는 사람을 뜻한다. 그러나 유태인들은 "부귀는 요새이며 빈곤은 폐허이다"라고 역설하고 있듯이, 언제, 어느 때나 현실주의자이며, 이 순간의 고통을 참고 견디면 반드시 보다 더 나은 내일이 있다고 믿어 의심하지 않는다. 유태인들은 돈을 사랑하고, 명예를 사랑하며, 또, 그리고, 권력을 사랑한다. 따라서 그들은 '지배와 복종'이라는 그 관계를 역전시키기 위하여, 그토록 잔인한 '인식의 제전'을 펼쳐 보이고, 오늘날 이 세계를 지배하고 있는 최고의 민족이 되었다고 해도 과언이 아니다.

 김신용 시인은 1945년 부산에서 출생했으며, 1988년 『현대시사상』으로 등단했다. 시집으로는 『버려진 사람들』과 『개 같은 날들의 기록』, 그리고 『몽유 속을 걷다』와 『환상통』과 『도장골 시편』 등이 있고, '천상병문학상'과 '노작문학상'을 수상한 바가 있다. 김신용 시인의 삶은 겨우 중학교를 중퇴하고 양동시장의 지게꾼과도 같은 파란만장했던 삶으로 점철되어 있으며, 이제는 환갑을 넘긴 나

이인데도, 슬하에 단 한 명의 자식도 없이, 그의 아내와 함께 '수의'를 만들면서, 겨우, 간신히 목구멍에 풀칠을 해나가고 있는 실정이라고 하지 않을 수가 없다. 만일, '부귀가 요새이고 빈곤이 폐허'이라면 그는 폐허 속에서 지난 60여 년 간을, 오직,「부레옥잠」처럼 살아온 것이다. 김신용은 '공기의 사내'이며, '부레옥잠의 사내'이다. 김신용 시인은 그 떠돌이―나그네의 삶을 선호하고, 그 떠돌이―나그네의 삶을 통해서 아름다운 '부레옥잠'의 삶을 꿈꾼다. 왜냐하면 그 자유 자재로운 삶을 통해서 돌부처의 내장 속을 뚫고 들어가 만인들의 심금을 울릴 수 있는 시를 쓰고 싶었기 때문이다. 시는 낙천주의를 양식화시킨 것이다. 낙천주의란 이 세상의 삶을 아름답고 풍요롭게 향유할 수 있는 사상이며, 고통을 제거하고 행복을 추구하는 사상을 말한다. 만일, 그렇다면, 어떻게 아름답고 풍요로운 삶을 살아갈 수가 있으며, 또한 어떻게 고통을 제거하고 행복한 삶을 살아갈 수가 있겠는가?

나는 김신용 시인의「부레옥잠」이 그의 대표작이며, 가장 아름답고 뛰어난 시라고 생각한다. 그의 아내가 시골 장바닥에서 구해온 부레옥잠 한 그루를 관찰하고, 그 부레옥잠의 삶과 그와 그의 이웃들의 삶을 동일화시키고, 그리고, 그 아름답고 행복한 삶('연한 보랏빛 꽃')으로 활짝 꽃 피워나게 된 것이다. "아내가 장바닥에서 구해온 부레옥잠 한 그루/ 마당의 키 작은 항아리에 담겨 있다가, 어제는 보랏빛 연한 꽃을 피우더니/ 오늘은 꽃대궁 깊게 숙이고 꽃잎 말리고 있다/ 그것을 보며 이웃집 아낙, 꽃이 왜 저래? 하는 낯빛으로 담장에 기대섰을 때/ 저 부레옥잠은 꽃이 질 때 저렇게 고개 숙여요—, 하고 아내가 대답하자/ 밭을 매러 가던 그 아낙, 제 꽃 지는 자리 아무에게도 보이고 싶지 않은 모양이구먼—, 한다// 제 꽃 지는 자리, 아무에게도 보이고 싶지 않은 그 꽃/ 제 꽃 진 자리, 누구에게도 들키고 싶지 않은 그 꽃// 몸에 부레 같은 구근을 매달고 있어, 물 위를 떠다니며 뿌리를 내리는// 물 위를 떠다니며 뿌리를 내려, 아무 고통도 없이 꽃을 피우는 것 같은/ 그 부레옥잠처럼/ 일생을 밭의 물 위를 떠 흐르며 살아온, 그 아낙// 오늘은 그녀가 시인이다// 몸에 슬픔으로 뭉친 구근을 매달고 있어, 남은 생/ 아무 고통도 없이 꽃을 피우고 싶은 그 마음이 더 고통인 것을 아는// 저 소리 없는 낙화로, 살아온 날 수의 입힐 줄 아는—"라는 이 「부레옥잠」의 시가 바로 그것이다. 부레옥잠은 몰옥잠과의 여러해살이 풀이며, 열대 및 아열대 지방의 아메리카가 그 원산지이다. 부레옥잠은 수염처럼 생긴 잔뿌리들로 수분과 양분을 빨아들이며, 연못을 자유 자재롭게 떠다니며 자란다. 잎은 달걀 모양의 원형이며, 그 너비와 길이가 각각 4~10cm로 밝은 녹색에 털이 없고 윤기가 있다. 잎자루는 공모양으로 부풀어 있으며, 그 안에 공기가 들어 있어 물의 표면으로 떠오를 수가 있는 것이다. 꽃은 8~9월에 피는데 연한 보랏빛이며, 수상꽃차례穗狀花序를 이루고 밑부분은 통으로 되어 있으며, 윗부분이 깔때기처럼 퍼진다. 꽃은 아름답지만, 꽃이 지는 것은 더럽고 추해보인다. 따라서 그 "꽃이 지는 자리를 아무에게도 보이고" 싶지 않다는 '부레옥잠'의 마음은 고귀하고 거룩한 마음일 수밖에 없는 것이다. 시인의 아내도 부레옥잠과도 같은 삶을 꿈꾸고, 그 이웃의 아낙네도 부레옥잠과도 같은 삶을 꿈꾸며, 그리고 김신용 시인도 부레옥잠과도 같은 삶을 꿈꾼다. 왜냐하면 그들은 모두가 다같이 "그 부레옥잠처럼/ 일생을 밭의 물 위를 떠 흐르며" 살아왔기 때문이다. 오늘은 그녀가 시인이다. 아니, 그 이웃의 아낙네에게 최고급의 찬사를 할 수 있는 시인과 그의 아내 역시도 오늘은 다같이 제일급의 시인인 것이다. "제 꽃 지는 자리, 아무에게도 보이고 싶지 않은 그 꽃/ 제 꽃 진 자리, 누구에게도 들키고 싶지 않은 그 꽃"의 도덕성은 참으로 그 어느 꽃보다도 고귀하고 거룩하다고 하지 않을 수가 없다. 고귀하고 거룩하다는 것은 아름다움의 극치를 이루고 있다는 것을 말하고, 그 아름다움의 극치는 예술적인 삶의 완성을 말한다. 부레옥잠의 존재 근거는 부레옥잠의 도덕이며, 부레옥잠의 도덕의 상징은 그 연한 보랏빛 꽃이다. "몸에 부레같은 구근을 매달고 있어, 물 위를 떠다니며 뿌리를 내리는" 부레옥잠, "물 위를 떠 다니며 뿌리를 내려, 아무 고통도 없이 꽃을 피우는 것같은" 부레 옥잠, "일생을 밭의 물 위를 떠 흐르며 살아온" 그 아낙네, "오늘은 그녀가 시인이다"라고 노래를 하며 "몸에 슬픔으로 뭉친 구근을 매달고 있어, 남은 생/ 아무 고통도 없이 꽃을 피우고 싶은 그 마음이 더 고통인 것을 아는" 시인, 그리고, "저 소리 없는 낙화로, 살아온 날 수의 입힐 줄 아는" 시인—. 김신용 시인의 「부레옥잠」은 부레옥잠과 시인의 아내, 그리고 그 이웃의 아낙네와 시인의 사중주가 연한 보랏빛으로 울려 퍼지고 있다고 하지 않을 수가 없다. 인간의 삶에 대한 평가는 사후에나 가능한 것이지만, "몸에 슬픔으로 뭉친 구근을 매달고" 그 슬픔을 아름답게 승화시켜나가면서 자유 자재롭게 살아가는 시인과 그의 아내와 그 이웃의 아낙네와, 그리고, 그 부레옥잠의 삶이 어찌 아름답고 행복한 삶이 아닐 수가 있겠는가? 어떤 일을 시작하는 법과 끝 맺는 법을 안다는 것, 사는 법과 죽는 법을 안다는 것, 바로 이것이 우리 인간들의 지상 최대의 과제라고 나는 생각한다.

  김신용 시인은 어떤 일을 시작하는 법과 끝 맺는 법을 알고 있는 시인이며, 또한 사는 법과 죽는 법을 알고 있는 시인이다. 고통 없이 살고 싶어서, 그 생살을 후벼파는 듯한 고통 속으로 뛰어들어가, 그 고통과 함께 살아가는 김신용 시인, 드디어, "물 위를 떠 다니며 뿌리를 내려, 아무 고통도 없이" 연한 보랏빛꽃을 피우고, 어느 누구에게도 그 꽃 지는 자리는 보이고 싶지 않아 고개를 숙이고 있는 김신용 시인, 요컨대 김신용 시인은 그 고통(슬픔)을 공기화시키며, 그 고통(슬픔)을 부레처럼 매달고 그의 마지막 남은 생을 아무 고통도 없이 꽃을 피우고 싶어하고 있는 것이다. 하지만 고통이 그의 삶의 존재 근거이고, 고통이 그의 스승이고, 고통이 그의 기쁨이고, 고통이 그의 행복이다. 우리 인간들은 누구나 다같이 쾌락을 추구하고 고통을 기피하지만, 그러나 어느 누구도 이 고통이라는 삶의 바다를 떠나서는 존재할 수가 없다. 어떤 이는 그 고통을 극복하기 위해 입산속리하고, 어떤 이는 그 고통을 극복하기 위해 악착같이 돈을 벌고, 어떤 이는 그 고통을 극복하기 위해 오히려, 거꾸로, 고통 속으로 뛰어들고, 어떤 이는 그 고통을 극복하기 위해 자기 자신의 단 하나뿐인 목숨까지도 끊어버린다.

  하지만, 그러나, 어느 누구도 진정으로 그 고통을 제거하고 진정으로 행복한 삶만을 향유하지는 못한다. 입산속리도 또다른 고통의 시작이고, 부의 축적도 또다른 고통의 시작이며, 심지어는 자살자의 삶마저도 또다른 고통의 시작이다. 단 하나, 오직, 고통을 극복하기 위해서는 '몸에 슬픔으로 뭉친 구근'을 매달듯이, 그 고통을 공기화시키고, 그 고통을 통해서 아무런 고통도 없는 것처럼 부레옥잠과도 같은 꽃을 피우는 것이다. 시는 고통의 꽃이며, 행복의 꽃이다. 시인은 고통 속에서 태어나고 그 고통 속에서 행복하게 살아가지 않으면 안 된다. 따라서 김신용 시인은 입산속리하지도 않았고, 돈을 벌지도 않았고, 또, 그리고, 자기 스스로 목숨을 끊어버리지도 않았다. 오히려, 거꾸로, 이 세상을 「부레옥잠」과도 같이 몸 가볍게 떠돌아 다니며, 낡고 초라한 옷과 최소한도의 음식만으로 살아온 것이다. 시는 낙천주의를 양식화시킨 것이다. 모든 욕망을 다 비우고, 모든 사람들의 마음을 어루만져주고 달래주는 것이 김신용 시인의 가장 아름답고 행복한 삶인 것이다.

    제 꽃 지는 자리, 아무에게도 보이고 싶지 않은 그 꽃
    제 꽃 진 자리, 누구에게도 들키고 싶지 않은 그 꽃

    몸에 부레 같은 구근을 매달고 있어, 물 위를 떠다니며 뿌리를 내리는

    물 위를 떠다니며 뿌리를 내려, 아무 고통도 없이 꽃을 피우는 것 같은
    그 부레옥잠처럼
    일생을 밭의 물 위를 떠 흐르며 살아온, 그 아낙

오늘은 그녀가 시인이다

몸에 슬픔으로 뭉친 구근을 매달고 있어, 남은 생
아무 고통도 없이 꽃을 피우고 싶은 그 마음이 더 고통인 것을 아는

저 소리 없는 낙화로, 살아온 날 수의 입힐 줄 아는—

김신용 시인은 어느덧 부처가 된 것일까? "저 소리 없는 낙화로, 살아온 날 수의 입힐 줄 아는—"
 시의 종교, 시의 순교자, 득도, 열반.
 시는 고통의 꽃이며 행복의 꽃이다.

명시 · 48

정채원
변검쇼 2

지체장애 1급 정운재 할아버지
양 손이 없는 그가
강원도 산골에서 밑둥만 겨우 남은 팔꿈치로
죽은 나무뿌리를 주워오기도 하고 캐오기도 한다
겨드랑이에 톱을 끼고
아내와 함께 톱질을 하고 조각을 한다, 죽은 뿌리가
여의주 입에 문 용도 되고
개도 되고
동자승도 되고
부처도 되고

뿌리째 말라죽었나 싶던 내 가지에도
연두 새순이 돋는다, 그대 손길에
겨울잠 깬 개구리도 발치에서 튀어오르고

물오른 우듬지엔 은줄팔랑나비 한 마리 날아와 앉는다

뇌종양으로 세상을 떠난
9살 소년의 각막이
20살 여대생의 눈웃음 속에서 반짝
초승달로 빛나는 새 봄

— 『애지』, 2007년, 여름호

아들로서의 가면도 있고, 아버지로서의 가면도 있다. 가장으로서의 가면도 있고, 손자로서의 가면도 있다. 어머니로서의 가면도 있고, 딸로서의 가면도 있다. 교사로서의 가면도 있고, 동창회장으로서의 가면도 있다. 판사와 검사로서의 가면도 있고, 범죄인과 마피아 두목으로서의 가면도 있다. 목사와 위선자로서의 가면도 있고, 국회의원과 대통령으로서의 가면도 있다. 친구와 애인으로서의 가면도 있고, 건달과 창녀로서의 가면도 있다. 우리 인간들은 누구나 다같이 수많은 가면들을 쓰고 살아간다. 또, 그리고 우리 인간들은 누구가 다같이 일인다역의 주인공들이며, 그 일인다역의 역할을 통해서, 자기 자신만의 연극무대를 이끌어 나가고 있다고 하지 않을 수가 없다. 만일 그렇다면 가면이란 무엇이란 말인가? 이때의 가면이란 가면무도회에서 쓰는 탈을 뜻하지 않고, 우리 인간들이 일상생활의 현실에서 거짓으로 꾸민 표정이나 행동을 말한다. 따라서 그 거짓 표정이나 행동은 자기 자신의 진실을 드러내지 않고 타인들의 마음을 사로잡아 속이는 구실을 하게 된다. 아버지는 아들의 선량한 표정에 속아 넘어가고, 아들은 아버지의 인자한 표정에 속아 넘어간다. 아내는 남편의 도덕군자다운 표정에 속아 넘어가고, 남편은 아내의 현모양처다운 표정에 속아 넘어간다. 때로는 판사와 검사보다도 범죄인과 마피아 두목이 더 선량한 가면을 쓰고 있을 때도 있고, 또, 때로는 범죄인과 마피아 두목이 판사와 검사의 준엄한 채찍 앞에서 쩔쩔 맬 때도 있다. 이 세상의 삶은 완벽한 허위와 완벽한 범죄 속의 삶에 지나지 않으며, 우리 인간들은 누구나 다같이 가면무도회의 주인공들로서 그 지옥과도 같은 삶을 연출해내고 있는 것인지도 모른다. 만일, 그렇다면 진짜 얼굴의 세계는 무엇이란 말인가? 진짜 얼굴의 세계는 거짓이 없는 세계이며 꾸밈이 없는 세계이지만, 그러나 그 이데아의 세계는 어느 누구도 가본 적이 없고 설명해줄 수도 없는 세계에 지나지 않는다. 나는 나의 가면에 지나지 않고 너는 너의 가면에 지나지 않는다. 실존이 본질에 우선하고, 따라서 우리 인간들의 '인간 존재론'—우리 인간들이 그토록 자기 자신들의 정체성을 찾아 헤맨 인간존재론—이 판단중지된 존재론에 지나지 않는다는 사실을 생각해본다면, 나의 이 말은 더욱더 타당성을 띠게 될 것이다.

하지만, 그러나, 이 가면무도회의 세계가 그야말로 완벽한 허위와 완벽한 범죄의 세계로만 구성되어 있는 것은 아니다. 아버지도 아들을 진정으로 사랑하고, 아들도 아버지를 진정으로 사랑한다. 아내도 그의 남편을 진정으로 사랑하고, 남편도 그의 아내를 진정으로 사랑한다. 판사와 검사는 국가와 민족을 위해서 공정한 판단을 내리고, 범죄인과 마피아 두목은 그들의 잘못을 진심으로 뉘우친다. 교사도 그 제자들을 위해서 밤낮으로 공부를 하고, 제자들도 그 선생님의 가르침을 따라서 보다 더 나은 미래의 인간형으로 자라난다. 목사도 가난한 자, 힘 없는 자, 불행한 자를 위해서 진정으로 기도를 하고, 사회적인 천민들도 그 구원의 말씀을 진심으로 감사하게 생각한다. 따라서, 진짜 얼굴과 가짜 얼굴, 혹은 선과 악이 상호 겹쳐져 있는 가운데, 이 세상의 가면무도회는 더욱더 즐겁고 기쁘게 그 대단원의 막을 내려가고 있는 것인지도 모른다.

> 네 하나님 여호와께서 네 열조 아브라함과 이삭과 야곱을 향하여 네게 주리라 맹세하신 땅으로 너를 들어가게 하시고 네가 건축하지 아니한 크고 아름다운 성읍을 얻게 하시며 네가 채우지 아니한 아름다운 물건이 가득한 집을 얻게 하시며 네가 파지 아니한 우물을 얻게 하시며 네가 심지 아니한 포도원과 감람나무를 얻게 하사 너로 배불리 먹게 하실 때에
> ―「신명기」(6장 9절~11절)에서

임마뉴엘 칸트는 "선은 욕망의 대상이고 악은 혐오의 대상"이라고 그의 『실천이성비판』에서 역설한 바가 있다. 하지만, 이 무슨 도덕군자로서의 음산한 기상나팔 소리이며 우리 인간들의 삶의 장송곡이란 말인가? 선과 악이란 동일한 것의 양면에 불과하며, 이 선과 악이 분리된다면 우리 인간들의 삶이 없게 된다. 모두들 선만을 욕망하면 그 욕망 때문에 최고의 선을 차지하려는 다툼(악)이 생겨나

게 되고, 그리고, 그 악 때문에 선의 얼굴은 형체도 없이 망가지게 된다. 만일, 악이 혐오의 대상이라면 모두들 살생이나 타인의 희생을 강요하는 일들을 하지 않게 되고, 이 세상은 바보나 멍청이나 팔푼이들의 천국이 될 것이다. 때때로 우리 인간들은 선보다는 악을 더 원해야 하고, 가장 찬란하고 아름다운 악의 모습으로 영원한 제국의 신전을 건축하지 않으면 안 된다. "네가 건축하지 아니한 크고 아름다운 성읍을 얻게 하시며 네가 채우지 아니한 아름다운 물건이 가득한 집을 얻게 하시며"가 바로 그것이고, "네가 파지 아니한 우물을 얻게 하시며 네가 심지 아니한 포도원과 감람나무를 얻게 하사 너로 배불리 먹게 하실 때에"가 바로 그것이다. 유태인의 하나님은 끊임없이 침략과 약탈을 사주하는 하나님이며, 유태인은 자기 자신들의 침략과 약탈을 하나님의 은총으로 위장을 하게 된다. 유태인의 탈은 선택받은 자의 탈(침략자의 탈)이고, 비유태인의 탈은 버림받은 자(약탈당한 자)의 탈이다. 유태인의 탈은 여유로운 자의 탈(행복한 자의 탈)이고, 비유태인의 탈은 슬퍼하는 자의 탈(분노하는 자의 탈)이다. 어쨌든 유태인들은 그 '악의 탈'을 '선의 탈'로 변모시키고, 사상과 이론의 차원에서, 이 세상에서 가장 찬란하고 아름다운 인식의 제전―유태교와 기독교를 창시한 것―을 펼쳐 보인 바가 있다.

　나도 가면을 쓰고 있고 너도 가면을 쓰고 있다. 나도 진실을 말하지만 너도 진실을 말한다. 나도 거짓말을 하지만 너도 거짓말을 한다. 너와 나는 다정한 친구일 때도 있고, 너와 나는 너무나도 끔찍하고 잔인한 원수형제일 때도 있다. 나의 얼굴은 양파껍질과도 같고 너의 얼굴도 양파껍질과도 같다. 가면을 벗기고 또 벗겨도 진짜 얼굴은 드러나지 않고, 그 가면들이 진짜 얼굴과도 같은 표정을 짓고 있다. 가면이 웃으면 진짜 얼굴이 울고, 가면이 울면 진짜 얼굴이 웃는다. 가면이 화를 내면 진짜 얼굴이 농담을 하고, 가면이 농담을 하면 진짜 얼굴이 화를 낸다. 가면이 연애를 하면 진짜 얼굴은 사내 아이를 얻고, 가면이 사내 아이를 얻으면 진짜 얼굴은 돌잔치를 한다. 진짜 얼굴이 사기를 치면 가면이 채찍을 들고, 진짜 얼굴이 채찍을 들면 가면도 채찍을 든다. 이 가면과 진짜 얼굴의 싸움에 의해서, 인류의 문명과 문화가 발전하고, 그리고 그 가면무도회에 의해서 영원한 제국의 밤이 무르익어 가게 된다. 인생은 가면무도회와도 같으며, 우리 인간들은 누구가 다같이 그 가면무도회의 주인공들이라고 할 수가 있는 것이다.

정채원 시인은 서울에서 출생했으며, 1973년 이화여대 영문학과를 졸업했다. 1996년『문학사상』으로 등단했으며, 시집으로는『나의 키로 건너는 강』을 출간한 바가 있다. '변검變臉쇼'는 중국 사천성 성도의 전통쇼이며, 한 사람의 배우가 순식간에 수많은 가면들을 바꿔쓰는 묘기를 말한다. 정채원 시인의 '변검쇼' 연작은 중국 사천성 성도의 전통쇼를 보고 와서 쓴 것이며,「변검쇼 1」(『애지』, 2007년 여름호)에서는 '석민이'에서 '명호'로, '명호'에서 '영섭이'로 그 가면을 바꾸어 쓰는 과정을 매우 극적으로 묘사해낸 바가 있다. 왜냐하면 그들은 모두가 다같이 "회칼로 반대파의 목을 따고도" "말기암 어머니의 전화 목소리에 귀가 젖는 사람"들이며, 또한, 그들은 모두가 다같이 "듣지도 말하지도 못하는 벙어리에게는/ 맘 놓고 속내"를 다 털어 놓으면서도, '진정으로 사랑하는 사람을 향해서는 결코 용서'

할 수 없다고 울부짖고 있는 사람들이기 때문이다. 가면을 바꿔쓰면 사람이 전혀 딴판이 되고, 사람이 전혀 딴판이 되면 그 가면이 그의 진짜 얼굴처럼 보이게 된다. '석민이'에서 '명호'로, '명호'에서 '영섭이'로 이어지는 「변검쇼 1」이 선과 악이 겹쳐져 있는 가면무도회라면 "지체장애 1급 정운재 할아버지"가 연출해내고 있는 「변검쇼 2」는 '악'이 제거된 '선'의 세계에서, 수많은 기적들을 가능케 하고 있는 가면무도회라고 하지 않을 수가 없다. 왜 정운재 할아버지는 지체장애자가 되었던 것이며, 또한, 왜 그는 양 손이 없는 몸으로 나무뿌리의 목공예품을 만들고 있는 것일까? 아마도 정운재 할아버지는 한국전쟁이나 월남전쟁의 참전용사일는지도 모르며, 또한 그 할아버지는 그 죄업을 씻기 위해서 그 불구의 몸으로 목공예품의 조각가가 되었던 것인지도 모른다. 따라서 정운재 할아버지가 교통사고와 그밖의 산업재해로 지체장애자가 되었다고 하더라도, 그러나 이 「변검쇼 2」에서는 참전용사의 그것으로 간주하지 않는다면 이 시의 극적 구조는 살아나지 않게 될 것이다. 정운재 할아버지는 '악'의 가면을 쓰고 대량살상의 전쟁무대에 뛰어 들었던 참전용사이며, 이제는 양 손이 없는 불구의 몸으로도 그 죄업을 씻기 위하여 죽은 나무뿌리들로 수많은 기적들을 연출해내게 된다. 기적이란 불가능한 것을 가능케 하는 것이며, 그것은 인간의 한계를 넘어서는 어떤 것을 말한다. 진정한 속죄의 마음은 그 주체자를 더없이 고귀하고 거룩하게 만들어 주고, 그리고 그의 가면을 더없이 착하고 선량한 가면으로 변모시켜 준다. "지체장애 1급 정운재 할아버지/ 양 손이 없는 그가/ 강원도 산골에서 밑둥만 겨우 남은 팔꿈치로/ 죽은 나무뿌리를 주워오기도 하고 캐오기도 한다"가 바로 그 기적이 아니라면 무엇이고, 또한, "겨드랑이에 톱을 끼고/ 아내와 함께 톱질을 하고 조각을 한다, 죽은 뿌리가/ 여의주 입에 문 용도 되고/ 개도 되고/ 동자승도 되고/ 부처도 되고"라는 시구가 바로 그것이 아니라면 무엇이란 말인가! 어느 누가 양 손이 없는 정운재 할아버지가 죽은 나무뿌리를 캐고, 그 죽은 나무뿌리들로 용도 만들고, 개도 만들고, 동자승과 부처도 만들 수 있으리라고 상상조차 할 수나 있었단 말인가! 그것은 백척간두의 위기 앞에서도 이스라엘 백성들을 구원해내겠다는 일념 하나로, "구름이 길을 인도하고, 홍해 바다가 갈라지고, 바위는 샘물을 내뿜고, 하늘에서는 만나가 쏟아지는" 기적을 연출해냈던 모세의 업적과도 비견될 만한 것이라고 해도 틀림이 없는 것이다.

용은 상상의 동물이며, 등에 81개의 뻣뻣한 비늘이 있고, 몸은 큰 뱀과도 비슷하다고 한다. 용의 얼굴은 사나웁게 생겼으며, 뿔과 귀와 수염과 네 개의 발이 있고, 하늘을 자유 자재롭게 날아 다니며, 비와 구름을 몰고 다닌다고 한다. 용은 예로부터 상서로운—복되고 길한 일이 일어날 징조—동물이며, 천자와 군왕을 지시하고 있는 동물이라고 할 수가 있다. 여의주는 용의 턱 아래 있다는 구슬이며 이 구슬을 가지고 있으면, 모든 변화와 기적들을 주재할 수가 있게 된다. 개는 개과의 짐승이며, 외부의 적과 도둑의 침입을 막아주는 짐승이다. 동자승은 어릴 때부터 출가를 한 스님—중생을 구원해내겠다는 스님—을 말하며, 부처는 모든 중생들을 고통으로부터 구원해냈던 인신人神을 말한다. 진정으로 속죄를 하면 모든 기적이 가능해지며, 그 기적의 세계는 모든 것이 가능한 지상낙원(극락세계)의 세계가 된다. 양 손이 없는 불구의 몸이 전지전능한 인신人神이 되면 용이 여의주를 입에 물고 나타나게 된다. 용이 여의주를 입에 물고 나타나면 개가 나타나고, 그 개가 나타나면 동자승과 부처가 나타나게 된다. 정운재 할아버지에서 여의주를 입에 문 용으로, 여의주를 입에 문 용에서 개로, 그 개에서 동자승으로, 그 동자승에서 부처로, 그리고, 또다시 정운재 할아버지로 그 선량한 가면들의 변검쇼가 벌어지고 있는 것이 제1연의 외양이라면, 제2연은 그 변검쇼의 마술에 의하여, "뿌리째 말라죽었나 싶던 내 가지에도/ 연두 새순이" 돋게 되는 것이다. "뿌리째 말라죽었나 싶던 내 가지에도/ 연두 새순이 돋는다"라는 시구는 첫 번째로는 모든 감각이 마비된 초로의 여성이 그 마비된 감각을 회복시켰다는 뜻을 내포하고 있고, 또한 두 번째로는 그 연둣빛 새순을 통하여, 정운재 할아버지의 지상낙원을 더욱더 아름답고 풍요롭게 장식하게 되었다는 뜻을 내포하고 있다. "그대 손길에", 즉, 정운재 할아버지의 손길에, "뿌리째 말라죽었나 싶던 내 가지에도/ 연두 새순이" 돋고, "겨울잠 깬 개구리도 발치에서 튀어오르고/ 물오른 우듬지엔 은줄팔랑나비 한 마리 날아와 앉게" 된다. 기적은 기적을 부르고, 또다른 기적은 또다른 기적을 부른다. 이제는 정운재 할아버지의 변검쇼에 의하여, "뇌종양으로 세상을 떠난/ 9살 소년의 각막이/ 20살 여대생의 눈웃음 속에서 반짝/ 초승달로 빛나는 새 봄"이 탄생하게 되는 것이다.

　나는 그 동안 정채원 시인의 시들을 수도 없이 많이 읽어 왔지만, 이 「변검쇼」의 연작시들처럼 아름답고 뛰어난 시들을 읽어 보지는 못했던 것 같다. 온몸으로, 온몸으로, 언어의 가시밭길 속에 뛰어들고, 그리고, 그 고문받는 순교자의 황홀함으로 이 아름답고 뛰어난 명시들을 쓰게 된 것이다. 시는 시인의 생명이며, 언어는 그의 붉디붉은 피이다. 그 붉디붉은 피는 더없이 고귀하고 거룩한 피이며, 그 진정성의 힘으로 한 편의 시는 영원불멸의 삶을 살아가게 된다. 「변검쇼 2」의 "지체장애 1급 정운재 할아버지"는 실제의 인물이 아니며, 그 '변검쇼'를 주재하는 정채원 시인의 창작품에 지나지 않는다. 시인은 보고 느낀 대로 쓰지만, 그러나 어느 누구도 보고 느낀 대로만은 쓰지 않는다. 실제는, 사실은, 하나의 모델(가상)이며, 그 모델(가상) 이상의 의미를 띨 수가 없다. 시인은 모든 가치의 명명자이며, 전제군주이며, 제일급의 창조주이다. 양 손이 없는 불구의 할아버지의 손끝에서, 여의주를 입에 문 용과 개가 탄생하는 것도 그 가면무도회를 주재하는 시인의 의도에 의한 것이며, 또한, 그 할아버지의 손끝에서, 동자승과 부처가 탄생하는 것도 그 가면무도회를 주재하고 있는 시인의 의도에 의한 것이다. 「변검쇼 2」의 제2연과 제3연은 그 기적이 정운재 할아버지에 의해서 연출되고 있는 것 같지만, 그러나 그것은 어디까지나 외면적인 양상일 뿐, 그 머리에서 발끝까지 정채원 시인의 의도와 상상력에 의해서 한 치의 오차도 없이 연출되고 있다고 해도 과언이 아니다. 제2연, 즉,

>   뿌리째 말라죽었나 싶던 내 가지에도
>   연두 새순이 돋는다, 그대 손길에
>   겨울잠 깬 개구리도 발치에서 튀어오르고

물오른 우듬지엔 은줄팔랑나비 한 마리 날아와 앉는다

라는 시구가 그것이 아니라면 무엇이고, 또한 제3연,즉,

뇌종양으로 세상을 떠난
9살 소년의 각막이
20살 여대생의 눈웃음 속에서 반짝
초승달로 빛나는 새 봄

이라는 시구가 그것이 아니라면 무엇이란 말인가! 다시 말해서, "뿌리째 말라죽었나 싶던 내 가지에도/ 연두 새순이 돋는다, 그대 손길에/ 겨울잠 깬 개구리도 발치에서 튀어오르고/ 물오른 우듬지엔 은줄팔랑나비 한 마리 날아와 앉는다"라는 시구와 "뇌종양으로 세상을 떠난/ 9살 소년의 각막이/ 20살 여대생의 눈웃음 속에서 반짝/ 초승달로 빛나는 새 봄"의 시구는 상상력의 혁명에 의한 제일급의 명구라고 하지 않을 수가 없다. 뿌리째 말라죽었나 싶었던 내 가지에서 연둣빛 새순이 돋고, 겨울잠에서 깨어난 개구리들이 발치에서 튀어 오르고, 물오른 우듬지에는 은줄팔랑나비 한 마리 날아와 앉는 기적, 뇌종양으로 세상을 떠난 9살 소년의 각막이 20살 여대생의 눈웃음 속에서 반짝이는 초승달로 빛나는 새 봄의 기적—, 바로 이 기적이 '상상력의 혁명'의 힘인 것이다. 시인의 힘은 상상력의 힘이고, 상상력의 힘은 새로운 지상낙원의 창조로 나타나게 된다. 여의주를 입에 문 용이 나타나면 개가 나타나고, 개가 나타나면 동자

승이 나타난다. 동자승이 나타나면 부처가 나타나고, 부처가 나타나면 고목나무에서 새순이 돋게 된다. 그리고, 또한, 고목나무에서 새순이 돋게 되면 물오른 우듬지에는 은줄팔랑나비 한 마리가 날아와 앉게 되고, 물오른 우듬지에 은줄팔랑나비 한 마리가 날아와 앉게 되면 뇌종양으로 세상을 떠난 소년이 20살의 여대생으로 환생을 하게 된다. 제1급 장애인에서 부처로, 만물이 얼어붙은 겨울에서 따뜻한 봄날로, 이미 죽어버린 것 같은 고목나무에서 물오른 우듬지의 나무로, 9살 소년의 죽음으로부터 20대의 여대생으로의 환생은 우주적인 크기의 기적이며, 이 모든 것이 정채원 시인의 상상력의 혁명에서 비롯된 것이라고 하지 않을 수가 없다.

정채원 시인의 「변검쇼 2」는 그의 최고의 걸작품이며, 한국현대시의 진수라고 하지 않을 수가 없다.

가면 위에 가면이 있고, 가면 옆에 가면이 있다. 가면 위에 진짜 얼굴이 있고, 진짜 얼굴 뒤에 진짜 가면이 있다. 가면이 진짜 얼굴이고, 진짜 얼굴이 가면이다. 수많은 가면이 사라지고 수많은 가면들이 새롭게 등장한다.

너무나도 잔인하고 끔찍한 가면무도회여!

너무나도 아름답고 즐거운 가면무도회여!

명
시
·
49

김평엽
간장독을 열다

간장독 속에 어머니 들어가 있다
일곱 번씩 일흔 번을 달인 말씀 그득 채우고
물빛 고요히 누워있다
세상에서 다지고 다진 슬픔들
덩어리째 끌안고 사뭇 까맣게 숯물 되었다
손길 닿지 않는 깊이에서
덜 익은 상처 꾹꾹 눌러 매운 숨결 풀고 있다 씻고 있다
대바람 소리 밀물치는 뒤란
다소곳 가을 풍경 삭이는 어머니
세월 솔기마다 틀어낸 한숨, 그 위에
별빛 고운 어둠 감침질 하고 있다
칠십년 우려낸 세월
욱신거리는 것 한 바가지 퍼내고
생의 보푸라기 갈앉히고 있다

구름 조용히 베고 누운, 다 저문 저녁
이제야 정수리의 부젓가락 뽑아내고
응달 되어버린, 어머니
세상에 단풍서리 저리 곱게 내리는데
검게 삭은 애간장, 그 맑은 수면 건너는
내 울음 찬송가 보다 싱겁다

─「노을 속에 집을 짓다」, 종려나무, 2007년

요즈음도 농촌이나 어촌에 가보면 대부분의 아버지들은 알콜중독자이며, 무책임한 생활로 일관하고 있다는 것을 알 수가 있을 것이다. 그 아버지들은 이제는 늙어서 힘든 일도 하지 못하고, 날이면 날마다 술에 취해서 고래고래 악을 쓰거나, 또, 그것도 아니라면, 이제는 중풍이 들어서 자기 자신들의 몸도 제대로 운신하지 못하고 있는 실정이기도 한 것이다. 그 아버지들은 젊었을 때에도 들에 나가 풀을 뽑거나 어렵고 힘든 살림을 도맡아 하기는커녕, 온갖 주색잡기―술과 노름과 계집질―로 일관하고, 어쩌다가 집에 들어오면 공연히 생트집을 잡아서 그의 아내들을 두들겨 패고, 자기 자신의 가정마저도 아비규환의 지옥으로 연출해냈던 것이다. 그 아버지들은 삶의 목표도 없었고, 이 세상의 삶에 대한 의지도 없었다. 또한 그 아버지들은 노부모와 불쌍하고 어린 자식들에 대한 책임의식도 없었고, 또, 그리고, 그의 아내에 대한 최소한도의 애정마저도 없었던 것인지도 모른다. 따라서, 그 아버지들은 무목표와 무의지와 무책임

반경환 명시감상 2　　　　　　　　　　　　　　　　　　113

에 등을 기대고, 이미 최선의 노력을 다해 보기도 전에, 자포자기한 몸으로 온갖 가정의 불화와 가난만을 연출해왔던 것인지도 모른다.

만일, 우리들의 아버지가 반인륜적인 탕자의 초상에 지나지 않는다면, 우리들의 어머니는 여필종부女必從夫라는 그 한의 굴레 속에서도, 언제, 어느 때나 최선의 노력을 다한 어머니의 초상이라고 할 수가 있는 것이다. 새벽에 일어나 물을 길어오고 밥을 짓는 것도 어머니이며, 하루종일 밭을 매거나 바지락을 캐는 것도 어머니이다. 시아버지와 남편과 아이들의 옷을 빠는 것도 어머니이며, 온갖 채소와 패류들을 시장에 들고 나가 돈을 벌어오는 것도 어머니이다. 늘, 항상, 가난의 옷자락이 보이는 것도 어머니이며, 시어머니와 남편의 무차별적인 구박 속에서 울고 있는 것도 어머니이다. 그 어머니들은 아름답고 화려한 옷과 고급화장품은커녕, 이미, 젊어서 다 늙어버린 꾀죄죄한 어머니에 불과하지만, 그러나 우리들의 삶의 기둥이며 희망의 등불이었다고 하지 않을 수가 없다. 그 어머니들은 삶의 목표와 의지와 그 무한책임감의 화신들이며, 그리고 그 어머니들의 삶은 끊임없이 자기 자신을 희생시켜나가는 순교자의 삶이라고 하지 않을 수가 없다.

남자는 강하지만 아버지는 약하고, 여자는 약하지만 어머니는 강하다. 아버지는 무책임하지만 어머니는 책임감이 강하고, 아버지는 자그만 실패 앞에서도 곧잘 절망하지만, 어머니는 어떠한 실패 앞에서도 결코 절망하지 않는다. 어머니의 사랑은 이타적인 사랑이며, 바다와도 같이 크고 위대한 사랑이라고 하지 않을 수가 없다.

그리고 추기경님, 천국에 가면 친구들을 찾아볼 수 있다고 당신은
말한 적이 있었지요. 만약 그것이 사실이라면 나는 다시 내 아들을 만
나볼 수 있겠군요. 글쎄, 인류 최초의 사내 아이 카인이 태어난 후로
부터 어제 첫 울음소리를 낸 아이에 이르기까지 아아더만큼 기품 있
는 아이는 태어나 본 일이 없었으니까요. 하지만 이제는 그 봉오리는
슬픔의 벌레에게 먹히고, 그 타고난 아름다움은 볼에서 쫓겨나고, 그
애는 망령같이 말라빠져 가지고, 발작하는 학질에 걸린 사람처럼 창
백하게 되어서 죽고 말거예요.(……)

슬픔은 없어져 버린 내 아들 대신이 돼가지고, 그 애 침대에 들고,
나와 같이 이리저리 걸어다니고, 그 귀여운 얼굴을 나타내 보이며 그
어린애 목소리를 반복해서 들려주고, 그 기품 있는 온갖 재주를 생각
나게 해주고, 그리고 남겨두고 간 옷을 그 애의 모습에다 입혀놓곤 합
니다. 그러니 어찌 슬픔에 빠져 있지 않을 수가 있겠어요! 안녕히 계셔
요. 당신이 나같이 심한 슬픔을 당해있다면, 나는 당신보다는 좀 더 만
족스럽게 위안을 해드릴 수 있을 거예요. 내 머리 속은 엉망진창으로
혼란해 있는데, 이 머리를 이렇게 단정하게 하고 있을 수는 없어요. 아,
하나님! 내 아기, 아름다운 내 아들 아아더! 너는 내 목숨, 내 기쁨, 내
음식, 내 전세계다! 너는 과부인 나의 위로, 나의 슬픔을 고쳐주는 것!

— 셰익스피어, 「존 왕」에서

존 왕은 아아더의 숙부이며, 그의 형님인 리처드 왕이 전사를 하
자, 그 아아더의 왕관을 가로채 간 인물이다. 따라서 아아더는 그
의 어머니인 콘스턴스와 함께 프랑스로 피신해 있다가, 또다시 전쟁

의 포로로 잡혀가게 되었고, 이 대목은 그 어머니의 아이더에 대한 사랑의 진면목이라고 할 수가 있는 것이다. 아버지의 사랑은 조건이 있는 사랑이지만, 어머니의 사랑은 조건이 없는 사랑이다. 아이더는 인류의 역사상, 가장 기품이 있는 아이이며, 어떠한 아이도 그 아이더보다 더 뛰어날 수가 없다. 아이더는 어머니의 목숨이며, 전세계이며, 그 모든 것이다. 물론, 남편의 장례식날이 곧바로 자기 자신의 정부와의 결혼식날이 된 햄릿의 어머니도 있고, 괴테가 쇼펜하우어의 천재성을 극찬했을 때, 그 쇼펜하우어를 계모처럼 학대를 했던 어머니도 있다. 하지만 그 사악한 어머니들은 어디까지나 소수적인 예외일 뿐, 그 어머니의 이타적인 사랑은 모든 자식들의 마음을 사로잡고 있는 것이다.

어머니는 우리 인간들의 모태요, 존재의 집이요, 영원한 안식처이다.

김평엽 시인은 전라북도 전주에서 출생했으며, 단국대학교 문예창작학과 박사과정을 수료한 바가 있다. 2003년 『애지』로 등단했으며, 시집으로는 『미루나무 꼭대기에 조각구름 걸려 있네』를 출간한 바가 있다. 김평엽 시인의 장점은 옛이야기와도 같은 서정시로 실존적 고뇌를 짊어진 인간들의 삶을 가장 날카롭고 예리하게 해부를 하고, 그 삶들을 사실 그대로 평가하는 데 있다고 해도 과언이 아니다. 이 「간장독을 열다」는 "간장독 속에 어머니 들어가 있다/ 일곱 번씩 일흔 번을 달인 말씀 그득 채우고/ 물빛 고요히 누워 있다/ 세상에서 다지고 다진 슬픔들/ 덩어리째 끌안고 사뭇 까맣게 숯물 되었다"라는 시구에서처럼, 시인의 어머니의 '해부론'이며, 다른 한편,

"구름 조용히 베고 누운, 다 저문 저녁/ 이제야 정수리의 부젓가락 뽑아내고/ 응달 되어버린, 어머니/ 세상에 단풍서리 저리 곱게 내리는데/ 검게 삭은 애간장, 그 맑은 수면 건너는/ 내 울음 찬송가보다 싱겁다"라는 시구에서처럼, 시인의 어머니에 대한 예찬론이다. 어머니에 대한 해부론이라는 것은 '간장독을 열다'에서처럼 어머니의 삶을 해부하고 있기 때문이며, 어머니에 대한 예찬론이라는 것은 '내 울음 찬송가보다 싱겁다'에서처럼, 그 어머니를 성화시키고 있기 때문이다. 해부는 성화의 전제조건이며, 성화는 해부의 최종적인 결과이다. 김평엽 시인의 서정시는 이 해부학적인 시선과 성화론적인 시선이 마주치는 가운데서 그 역동성을 얻고 있으며, 그 아름답고 뛰어난 울림을 간직하게 되었다고 해도 과언이 아니다.

간장독이란 무엇인가? 간장독이란 간장을 담가두는 항아리를 말한다. 간장이란 무엇인가? 간장이란 음식의 간을 맞추는 데 쓰는—짠맛이 나는—흑갈색의 액체 조미료를 말한다. 간장을 담그는 방법으로는 크게 두 가지가 있는데, '재래식'과 '개량식'이 바로 그것이다. '재래식 방법'은 12월 경에 메주를 쑤어 자연 발효시킨 후, 다음해 2~4월경에 소금물에 메주를 담가 1~2개월 동안 숙성시키는 것을 말하고, '개량식 방법'은 미생물학의 발달로, 황곡에서 분리한 누룩곰팡이를 '삶은 콩'에 접종하여 메주를 만들고, 이 메주로 간장을 담그는 것을 말한다. 재래식 방법으로는 간장과 된장을 동시에 얻을 수가 있지만, 개량식 방법으로는 그것의 부산물인 된장이 나오지 않게 된다. 간장은 소금, 당분, 아미노산, 비타민 등이 들어 있지만, 그러나 그 섭취량이 매우 적기 때문에 영양식품이라고는 말할 수가 없다. 간장은 엄밀하게 말해서 액체 조미료이기는 하지만, 간장肝腸의 해독작용과 유해독소의 제거, 그리고 이밖에도 혈액을 맑게 하고, 비타민의 체내 합성을 촉진시켜주는 것으로도 매우 잘 알려져 있다. 간장의 기원은 약 2,000년 전이며, 간장은 우리 한국인들의 대표적인 식품이라고 할 수가 있다. 어느 집의 음식맛은 간장으로 알 수가 있다는 말도 있고, 간장의 맛이 없으면 그 해에는 크나큰 재앙이 찾아온다는 말도 있다. 이미, 간장의 기원과 간장의 효능을 살펴본 바가 있는 만큼, '간장 담그는 순서'를 적어보면 다음과도 같다.

1. 메주를 흐르는 물에 깨끗이 씻은 후 소금물을 만들어 앙금을 가라 앉힌다.
2. 장독을 깨끗이 소독하고 말린다.
3. 독에 메주를 먼저 넣고 소금물을 독에 넣는다.
4. 붉은 건고추, 대추를 먼저 띄우고 빨갛게 달군 숯을 넣는다.
5. 양지 바른 곳에 두고 햇볕을 자주 쬐어 준다.
6. 약 2개월 후 간장과 된장을 분리한다.
7. 간장을 빼고 건져 놓은 메주를 곱게 치대면서 간장을 부어 질게 한다.
8. 항아리에 넣고 맨 위에 소금을 뿌려 덮는다.
9. 햇볕이 비치는 날 뚜껑을 열고 발효시킨다.
10. 약 한달 후 먹을 수 있다

― 이상 『백과사전』 참조.

우선 김평엽 시인은 "간장독 속에 어머니 들어가 있다/ 일곱 번씩 일흔 번을 달인 말씀 그득 채우고/ 물빛 고요히 누워있다"라고 노래하고, 또한, "세상에서 다지고 다진 슬픔들/ 덩어리째 끌안고 사뭇 까맣게 숯물 되었다"라고 노래한다. 간장독이란 무엇인가? 그러나 이때의 간장독은 간장을 담가두는 항아리를 뜻하지 않고, 그 어머니의 외양(몸)을 지시하게 된다. 간장이란 무엇인가? 그러나 이때의 간장은 흑갈색의 액체조미료를 뜻하지 않고, 그 어머니의 삶의 내용들을 지시하게 된다. 따라서 간장독은 시인의 어머니이며, 간장은 그 어머니의 삶의 내용(발효시킨 삶의 내용)이 된다. 간장독은 시인의 어머니이며, 그 간장독 속에는 "일곱 번씩 일흔 번을 달인 말씀"이 그득하게 담겨 있다. 만일, '네 이웃을 내 몸과 같이 사랑해야 하며, 일곱 번씩 일흔 번을 용서하는 마음으로 사랑해야 한다'는 것이 예수의 가르침이라면, '일곱 번씩 일흔 번을 달인' 어머니의 말씀 속에는 "세상에서 다지고 다진 슬픔들"도 들어 있고, 그 말씀 속에는 "덜 익은 상처 꾹꾹 눌러 매운 숨결"도 들어 있다. 또한, 그 말씀 속에는 "세월의 솔기마다 틀어낸 한숨"도 들어 있고, 그 말씀 속에는 "칠십 년 동안이나 우려낸 세월"도 들어 있다. 요컨대 '일곱 번씩 일흔 번을 달인 어머니의 말씀' 속에는 얼마나 크나큰 슬픔과 한이 녹아(쌓여) 있는 것이며, 또한 그 말씀 속에는 얼마나 크나큰 어머니의 사랑이 담겨 있는 것이란 말인가?

아마도 김평엽 시인은 이 「간장독을 열다」라는 시를 그의 어머니가 돌아가시고 쓰게 된 모양이며, 따라서 이 시는 그 어머니의 영전에 바쳐진 송가라고 할 수가 있다. 그 어머니는 간장독과도 같은 어머니이며, 그 어머니의 70 평생의 삶은 언제, 어느 때나 그 맛이 변치 않는 간장과도 같은 삶이다. 그 어머니의 삶은 "세상에서 다지고 다진 슬픔들/ 덩어리째 끌안고 사뭇 까맣게 숯물"이 된 삶이며, 또한, 그 어머니의 삶은 "손길 닿지 않는 깊이에서/ 덜 익은 상처 꾹꾹 눌러 매운 숨결을 풀고" 있는 삶이다. 따라서 가정의 평화와 행복은 어머니의 목표가 되고, 무한히 참고 인내하며 그 삶의 목표를 향해 가는 것은 어머니의 의지가 되고, "세월의 솔기마다 튿어낸 한숨"으로 "별빛 고운 어둠을 감침질"하는 것은 어머니의 무한책임이 된다. 우리들의 아버지가 무목표, 무의지, 무책임의 화신들이라면, 우리들의 어머니는 이처럼 삶의 목표와 삶의 의지와 그리고 무한책임의 화신들이라고 하지 않을 수가 없다. 김평엽 시인의 이 「간장독을 열다」라는 시는 한국시문학사상, 어머니의 영전에 바쳐진 가장 아름답고 뛰어난 시이며, 아마도 언젠가, 어느 때는 그 영원불멸의 생명력을 얻게 될 것이다. 가령, 예컨대,

    대바람 소리 밀물치는 뒤란
    다소곳 가을 풍경 삭이는 어머니
    세월 솔기마다 튿어낸 한숨, 그 위에
    별빛 고운 어둠 감침질 하고 있다
    칠십년 우려낸 세월
    욱신거리는 것 한 바가지 퍼내고
    생의 보푸라기 갈앉히고 있다

라는 시구를 읽을 때, 어느 누가 그 어머니 앞에서 반항할 수가 있
겠으며, 또한,

> 구름 조용히 베고 누운, 다 저문 저녁
> 이제야 정수리의 부젓가락 뽑아내고
> 응달 되어버린, 어머니
> 세상에 단풍서리 저리 곱게 내리는데
> 검게 삭은 애간장, 그 맑은 수면 건너는
> 내 울음 찬송가 보다 싱겁다

라는 시구를 읽을 때, 어느 누가 그 어머니 앞에서 무릎을 꿇지 않을 수가 있겠는가! 세상에서 다지고 다진 슬픔들로 사뭇 까맣게 숯물이 된 어머니, 대바람 소리 밀물치는 뒤란에서 다소곳이 가을 풍경 삭이는 어머니, 세월의 솔기마다 틀어낸 한숨으로 별빛 고운 어둠을 감침질하는 어머니, 칠십 년 동안이나 우려낸 세월을 한 바가지 퍼내고 생의 보푸라기 가라 앉히는 어머니—. 어머니는 우리 인간들의 모태요, 존재의 집이요, 영원한 안식처이다. 그 어머니 앞에서 우리들은 모두가 다같이 죄인이며 불효자인 것이다. 김평엽 시인은 그 어머니의 영정 앞에서 얼마나 뜨거운 피눈물을 쏟았던 것이며, 또한, 그 어머니의 영정 앞에서 얼마나 자기 자신의 불효를 뉘우쳤던 것이란 말인가! 우리들은 모두가 다같이 영원한 어린 아이이며 철부지일는지도 모른다. 왜, 그 어머니는 "구름 조용히 베고 누운, 다 저문 저녁/ 이제야 정수리의 부젓가락 뽑아내고/ 응달 되어버린"

것이며, 또한, 나의 울음은 "세상에 단풍서리 저리 곱게 내리는데/ 검게 삭은 애간장, 그 맑은 수면 건너는/ 내 울음 찬송가보다 싱겁다"라는 시구에서처럼, 찬송가보다도 싱겁게 되어버린 것일까? '구름 조용히 베고 누운 다 저문 저녁'은 어머니의 마지막 운명을 뜻하고, '정수리의 부젓가락'은 이 세상의 화로를 다독이듯이 우리들의 삶을 다독여온 것을 말하고, 그리고, "이제야 정수리의 부젓가락 뽑아내고/ 응달 되어버린" 어머니는 이 세상을 떠나서 저 세상으로 가신 어머니를 말한다. "세상에 단풍서리 저리 곱게 내리는데"는 어머니의 아름답고 행복했던 삶을 말하고, "검게 삭은 애간장"은, 비록, 애간장을 녹이듯이 고통스러운 삶이었지만, 언제, 어느 때나 변함이 없는 간장과도 같은 어머니의 삶을 말하고, 또, 그리고, "내 울음 찬송가보다 싱겁다"는 아무리 울고, 또 울어도, 나의 뜨거운 눈물은 어머니의 위대함에 가닿지 못한다는 것을 말한다. 간장은 어머니의 뜨거운 육체가 발효된 간장이며, 그 간장은 이 세상의 삶에 대한 영원불멸성의 조미료를 뜻한다. 지금, 이 순간에도, 우리 인간들은 가정의 평화와 행복을 비벼먹고 있으며, 또한, 수많은 사람들과 함께, 돈과 명예와 권력과 사랑과 우정 등을 비벼먹고 있다.

오오, 간장이여, 영원불멸의 그 맛이여!

어머니는 무한히 참고 인내하는 어머니이며, 그 이타적인 사랑은 우리 인간들의 비옥한 텃밭이다. 우리 인간들이 어머니를 존경하고, 또 존경하는 것은 그 어머니가 자기 자신을 희생시켜가며, 그 모든 것을 다 대주고 있기 때문이다. 어머니는 간장과도 같은 바다이다. 만고풍상의 시련과 모든 더러워진 강물들을 다 받아들이고도,

늘, 항상, 변함이 없는 바다이다. 김평엽 시인의 간장독은 어머니의 바다이며, 그 간장독에는 모든 슬픔과 한숨들이 익어서, 언제, 어느 때나 그 아름다운 맛—소금, 당분, 아미노산, 비타민이 듬뿍 들어 있는—을 잃지 않고 있다. 어머니를 간장독으로 의물화시키고, 그 어머니의 삶을 우리 한국인들의 대표적인 식품인 간장으로 발효시킨—표현해낸—김평엽 시인의 상상력은 제일급 시인의 그것이라고 하지 않을 수가 없다. 이 「간장독을 열다」라는 시만으로도 김평엽 시인은, 이미, 대한민국의 최고의 시인이 되었다고 하지 않을 수가 없다.

| 명시 · 50

민경환
새

넘어지는 해가 붉다
우거진 원시림을 헤치고 사람을 닮은 새가
체온을 고른다 잠시 멍하니 雷鳥가 된다
방금 철원농협에 들렀다 컴퓨터가 지목한
신용불량의 늪에 빠져 있는 한 마리 새를 보았다
지뢰밭이다 그 위를 날아오르는
새떼를 바라본다 지나온 냉기의 텃밭이
寒食 즈음의 뗏장처럼 각이 져 있다

노동당사가 치장을 했다
근대문화유적으로 지정되었기에 당연히 보호되어야 한다
그 앞 논에 생겨난 스케이트장에서
아이놈 둘이 얼음을 지친다 한 놈이 얼음 위에
엎어져 한참을 꼼짝도 하지 않는다

사냥꾼의 총구를 못 피한 산짐승의 형국이다
또 한 놈은 빙글빙글 흥에 겨워 아직은 어린 生을 지친다

열을 지어 해거름을 나르는 새를 아쉬워한다
저 들녘은 철새를 먹이고 사람을 먹이고
빛을 만든다 무언가를 떼어먹고 달아나는 새를 추궁할 수
없다 독수리의 느린 날갯짓은 거대한 먹이사슬의 情調이다
새가 옮겨 앉는 것이 존재의 이유인 것처럼 한 하늘에
동짓달 상현이 넘어지는 해를 배웅하고 있다
새도 오래 전엔 이빨을 지녔을 것이라는 짐작이 간다

— 『나비, 봄을 짜다』, 애지문학회편, 종려나무, 2007년

우리 한국인들은 1997년, 단군 이래 최대의 국치國恥인 IMF 사태를 맞이한 바가 있다. IMF 사태란 외환위기를 맞이한 것을 말하지만, 그것은 외환위기를 통해서 국가의 채무를 변제할 수 있는 능력을 상실했다는 것을 말한다. 왜, 외환위기를 맞이하게 되었던 것이며, 도대체 IMF란 무엇이란 말인가? 외환위기는 차입금 경영과 금융기관의 부실함 때문에 발생했던 것이며, 경상수지의 적자로 외환보유고가 바닥을 드러내고 대외적인 신뢰도를 상실하여 채무지불유예 상태에 빠져 있었다는 것을 뜻한다. 한 국가가 외환위기에 빠져들게 되면 화폐가치와 주가가 폭락하여 금융기관들이 파산하고 예금주들은 일제히 금융기관으로 몰려가 예금을 인출하게 되고, 국제 자본들 역시도 일제히 금융시장을 빠져 나가게 된다. 따라서 외환위기를 맞이한 국가는 '모라토리움'(채무지불유예)을 선언하거나 IMF의 구제금융을 신청할 수밖에 없게 된다. 하지만 모라토리움을 선언하게 되면 모든 무역거래를 현찰로만 할 수밖에 없게 되고, 그것은 인도네시아나 브라질처럼 천연자원의 부국만이 쓸 수 있는 카드가 된다. 대한민국은 지극히 불행하게도 자원빈국이며, 외환위기를 맞이하여 어쩔 수 없이 IMF의 구제금융을 신청할 수밖에 없었던 것이다.

　IMF는 1945년에 설립된 국제통화기금이며, 그 설립의 목적은 세계무역의 안정된 확대를 통하여 가맹국의 고용증대, 소득증대, 생산자원의 개발에 기여하는 것이다. 총회, 이사회, 사무국 등이 있고, 이밖에도 20여 개국의 재무장관위원회, 잠정위원회, 개발위원회 등이 있다. 그러나 IMF는 채무국가의 경제를 돕는데 그 목적이 있지 않고, 국제채권국가와 국제금융자본을 돕는데, 그 목적을 두고 있다. IMF는 제3세계의 경제에 대해서 20년 이상, 똑같은 치료법만을 처방해왔는데, 화폐긴축과 재정긴축, 그리고, 민영화와 금융자유화 등이 바로 그것이다. 화폐긴축은 그 국가의 통화를 안정시키기 위하여 그토록 가혹한 높은 이자율을 강요하는 것을 말하고, 재정긴축은 세금을 더 많이 늘리고 정부의 지출은 급격히 축소하는 것을 말한다. 민영화는 수많은 공기업들을 민간기업으로 전환시켜 매각하는 것을 말하고, 금융자유화는 외국기업들이 수많은 기업들을 사냥할 수 있도록 어떠한 국제자본의 유출입에도 규제를 할 수가 없다는 것을 말한다. 대한민국은 외환위기를 맞이하여 IMF로부터 195억 달러, 세계은행과 아시아 개발은행으로부터 각각 70억 달러와 37억 달러의 돈을 빌린 바가 있었다. 따라서 화폐긴축과 재정긴축, 그리고, 민영화와 금융자유화로 인하여 천정부지의 이자율 때문에 수많은 기업들이 외국의 기업사냥꾼들에게 넘어가고, 수많은 실업자들로 인산인해를 이루게 되었던 것이다. 대한민국이 신용불량국가가 되었듯이, 우리 한국인들 중 수백만 명이 신용불량자가 되어갈 수밖에 없었던 것이다. 그러나 지극히 다행스럽게도 대외무역 부분에서의 경상수지가 흑자로 전환되었기 때문에, 2001년, 즉, 3년 8개월 만에 IMF 차입금 전액을 조기상환하여 외환위기를 벗어났지만, 그러나 아직도 IMF의 사태는 끝나지 않았다는 것이 나의 판단이기도 한 것이다. 생산설비투자가 지극히 미미하고, 소비시장은 아직도 꽁꽁 얼어붙어 있으며, 수많은 실업자와 신용불량자들과 함께, 이제는 달러 가치와 엔화 가치의 하락 때문에, 경상부문의 흑자기조가 크게 흔들리고—이미 적자를 보고—있기 때문이다. 만일, 그렇다면 어떻게 해서 IMF의 위기를 진정으로 극복할 수가 있단 말인가? 자원부국이든, 자원빈국이든 간에, 오늘날 '세계화의 시대'에서의 두뇌싸움의 패배는 곧바로, 빈곤국가로의 전락을 의미하기 때문에, 더욱 더 과감하게 대한민국의 교육부문에 투자를 하는 수밖에 없는 것이다. 아인시타인, 뉴턴, 마르크스, 니체, 빌 케이츠, 조지 소로스, 워런 버핏 등과도 같은 천재를 생산해내지 못하면 원천기술을 개발해낼 수가 없고, 이 원천기술을 소유하지 못하면, 세계시장에서 크게 밀려나, 고부가가치를 창출해낼 수가 없기 때문이다.

  민경환 시인은 1958년 강원도 영월에서 출생했고, 2003년 계간시 전문지 『애지』로 등단한 바가 있다. 그는 1997년, IMF 사태로 인하여 그 사업이 파산을 당한 바가 있고, 따라서 신용불량자가 되어서 혹독한 고통을 겪은 바가 있었다. 민경환 시인은 그토록 세련되고 정교한 언어로 상징적이고 함축적인 문장을 구사하고, 그리고, 또한, 시인으로서의 사유의 깊이와 뛰어난 시적 재능을 소유하고 있지만, 제일급의 시인으로서의 분명한 목표와 그 시적 열정을 보여주지 못하고 있다. 시적 재능은 그 열정과 결합하지 않으면 아무런 쓸모도 없는 것이다. 시는 두뇌의 문제도 아니고, 재능의 문제도 아니며, 오직 뜨거운 열정의 문제라고 할 수가 있는 것이다. 「새」는 존재론적 근거를 상실하고 '떠돌이―나그네'가 되어버린 신용불량자의 노래라고 하지 않을 수가 없다. 그 신용불량자의 눈으로 바라보면 서산의 해마저도 넘어지게 되고, 어느덧 그 자신은 북극권이나 고산지대에만 서식하는 뇌조雷鳥가 된다. "넘어지는 해가 붉다/ 우거진 원시림을 헤치고 사람을 닮은 새가/ 체온을 고른다 잠시 멍하니 雷鳥가 된다"라는 시구가 그것이고, "방금 철원농협에 들렀다 컴퓨터가 지목한/ 신용불량의 늪에 빠져 있는 한 마리 새를 보았다/ 지뢰밭이다 그 위를 날아오르는/ 새떼를 바라본다 지나온 냉기의 텃밭이/ 寒食 즈음의 뗏장처럼 각이 져 있다"라는 시구가 그것이다. 신용불량자란 무엇을 뜻하는가? 그는 자본주의 사회에서 빚더미에 올라앉은 자를 말하고, 모든 금융거래가 중단된 자를 말한다. 자본주의 사회는 신용사회이고, 그 신용사회에서 빚을 갚지 못하는 자는 그 신용사회로부터 이미 낙인이 찍혀버린 자에 지나지 않는다. 따라서 서산의 해마저도 넘어지는 것처럼 보이게 되고, 사나운 눈보라와 살을 에이는 듯한 추위 속에서 살아가게 되는 한 마리의 뇌조가 될 수밖에 없게 된다. 그 뇌조는 "컴퓨터가 지목한/ 신용불량의 늪에 빠져 있는 한 마리 새"에 지나지 않으며, 그의 삶과 생명을 시시때때로 위협하는 '지뢰밭' 속에서 살아가지 않으면 안 된다. 그의 삶의 존재의 근거는 어디론가 떠나가야만 하는 한식寒食 즈음의 뗏장처럼 뿌리뽑혀져 있고, 이제는 그의 의사와는 상관없이 그 어딘가로 떠나가지 않으면 안 된다.

민경환 시인은 강원도 철원에서 사업을 했었고, IMF 사태, 즉, 외환위기를 맞이하여 그가 하던 사업이 부도를 맞게 되었던 것이다. 제2연은 그 신용불량자의 눈으로 바라보니 "노동당사가 치장"을 했던 것이다. 노동당사는 "근대문화유적으로 지정되었기에 당연히 보호되어야" 하지만, 아직도 여전히 반공법과 국가보안법이 국시國是로 되어 있는 사회에서 퍽이나 생경하고 이채로워 보였던 모양이다. 수십년 동안이나 버려져 있었던 노동당사는 그러나 엄밀하게 말한다면, 존재의 근거와 그 목적을 잃어버린 폐허 속의 건물에 지나지 않으며, 다시 말해서, 민경환 시인이 살아가야 할 지뢰밭 속의 삶을 지시하고 있다고 해도 과언이 아니다. 민경환 시인의 시가 상징적이고 함축적이라는 것은 이처럼 서산의 해마저도 넘어지게 되고, 컴퓨터가 지목한 신용불량자는 한 마리의 뇌조가 되고, 그가 살아가야 할 삶의 텃밭은 지뢰밭에 지나지 않고, 이제는 그가 살아가야 할 집은 노동당사처럼 폐허 속의 건물에 지나지 않고 있기 때문이다. 그 우울하고 쓸쓸하며 처량한 시선은 더욱더 우울하고 쓸쓸하며 처량한 시선을 가중시키게 되고, 그의 미래의 출구는 그 어디에도 없는 것처럼 보인다. "그 앞 논에 생겨난 스케이트장에서/ 아이놈 둘이 얼음을 지친다 한 놈이 얼음 위에/ 엎어져 한참을 꼼짝도 하지 않는다/ 사냥꾼의 총구를 못 피한 산짐승의 형국이다/ 또 한 놈은 빙글빙글 흥에 겨워 아직은 어린 生을 지친다"가 바로 그것이다. 한 겨울 스케이트장에서 "얼음을 지친다"는 것은 매우 즐겁고 기쁜 일이지만, 그러나 그것은 '낙상'이라는 크나큰 위험을 동반하게 된다. "한 놈이 얼음 위에/ 엎어져 한참을 꼼짝도" 하지 못하는 풍경을 바라보면서 시인은 더욱더 비극적이게도 "사냥꾼의 총구를 못 피한 산짐승의 형국"을 떠올리게 되고, 그리고 "또 한 놈은 빙글빙글 흥에 겨워 아직은 어린 生을" 지치는 풍경을 바라보면서도 그 아이마저도 언젠가, 어느 때는 사냥꾼의 총구를 피할 수 없는 운명에 지나지 않는다는 것을 예감하게 된다.

신용불량자는 한 마리의 뇌조가 되고, 사냥꾼의 총구를 피하지 못한 산짐승이 된다. 제3연에서는 이제 그는 다시 신용불량자로 되돌아와서, 어디론가 떠날 곳이 있는 새들을 부러운 시선으로 바라보게 된다. "열을 지어 해거름을 나르는 새를 아쉬워한다"의 '아쉬워한다'는 '부럽다'는 말의 다른 표현에 지나지 않게 된다. 강원도 철원 지방은 비록, 시골이기는 하지만, 비옥한 평야지대를 지니고 있으며, 겨울 철새의 도래지로서도 매우 유명한 지방이다. 그러나 "저 들녘은 철새를 먹이고 사람을 먹이"지만 '신용불량자'도 만들어 낸다. 비옥한 삶의 터전마저도 먹이사슬의 구조 속에 갇혀 있고, 신용불량자는 빚을 떼어먹고 달아날 수밖에 없게 된다. 먹이사슬의 최정점에 있는 독수리는 매우 여유롭고 그 날갯짓도 전혀 급할 것이 없게 된다. "새가 옮겨 앉는 것이 존재의 이유인 것처럼 한 하늘에/ 동짓달 상현이 넘어지는 해를 배웅하고 있다." 우주궤도에서 이탈하여 넘어지는 해는 얼마나 뜨겁디 뜨거운 피눈물을 쏟았을 것이며, 그 공격본능과 방어본능을 잃어버린 새는 또한 얼마나 분하고 또 분할 수가 있었단 말인가? IMF라는 국가의 환란을 맞이하여 한 개인의 의도와 그 능력과는 무관하게 신용불량자가 되지 않을 수가 없었던 시인, 더 이상 채무상환 능력이 없어서 빚을 떼어먹고 정든 땅, 정든 고향을 탈출해야만 했었던 시인, '사냥꾼의 총구를 못 피한 산짐승'이 되어 마냥 불안과 공포 속에서 벌벌 떨어야만 했었던 시인, 또, 그리고, 우주궤도를 이탈하여 넘어지는 해가 되지 않을 수가 없었던 시인—. 요컨대, 민경환 시인이 얼마나 고통스러웠으면 "새도 오래 전엔 이빨을 지녔을 것이라는 짐작이 간다"라고 상상하며 중얼거릴 수밖에 없었던 것일까? 신용불량자는 공격본능과 방어본능을 모조리 다 잃어버린 사람에 불과하다. 그 공격본능과 방어본능의 부재가 "새도 오래 전엔 이빨을 지녔을 것이라는 짐작이 간다"라는 시구를 낳게 된 것이다.

민경환 시인의 「새」는 매우 상징적이며 함축적인 시이다. 이때의 상징적이고 함축적이라는 말은 그의 시가 매우 지적이며, 다의적이고, 수많은 울림으로 가득차 있다는 것을 뜻한다. 그는 제일급의 시인으로서 그토록 세련되고 정교한 언어를 구사하고 있고, 또한, 제일급의 시인으로서의 사유의 깊이와 뛰어난 시적 재능을 소유하고 있다. 나태함과 시적 열정의 부재는 그의 최대의 천적들이다.

오오, 민경환 시인이여! 시는 온몸으로, 온몸으로, 그리고 그 무엇보다도 뜨거운 열정으로 쓰는 것이다.

명
시
·
51

박정원

열무밭에서

떡잎 갓 벗어난 아기열무들 사이로
서릿발 들어선다
퉁퉁 불은 엄마 젖을 맘껏 먹어야 할
그 어린 것들에게 몸을 낮춘다
여린 이파리를 들추자
흐느끼느라 말을 잇지 못하는 열무

누가 놓고 갔는지 천국영아원 골목엔
아기 혼자 포대기에 안긴 채 울고
열무씨앗처럼 또박또박 눌러쓴 편지
아이를 잘 키워주세요 제발 부탁합니다
연락처도 없이 사라진 아기 엄마는
철도 모르고 열무씨를 묻었던
내 속 같았을까

돌아가는 모퉁이엔 온통 대못만 박혔으리
다시 그 젖은 사랑을 그리워할 저녁
꽁보리밥에 여린 열무를 썩썩 비벼먹으며
고추장 같은 한숨을 떨어뜨릴까

너무 늦게 심은 열무밭에서
아기의 울음소리가 그치지 않는다

— 『고드름』, 시평사, 2007년

모든 식물들은 탄소동화작용을 통해서 살아가게 된다. 탄소동화작용이란 식물세포 중의 엽록체가 빛의 에너지에 의하여 공기 중에서 섭취한 탄산가스와 뿌리에서 흡수한 수분으로써 탄수화물을 만들어 내는 것을 말한다. 요컨대 모든 식물들은 빛의 에너지를 날것 그대로 이용할 수가 없기 때문에, 탄소동화작용에 의해서 탄수화물을 생산해내고, 그리고, 그 탄수화물을 일상생활에 필요한 에너지로서 저장해두고 있는 것이다. 탄소동화작용에서 가장 중요한 것은 광합성 작용이고, 이 광합성 작용에 의해서 대부분의 탄수화물을 얻게 된다. 모든 초식동물들과 우리 인간들은 '종속영양생물'이고, 따라서 이 식물들의 탄수화물을 이용하여 살아가게 된다. 광합성 작용은 빛의 세기에 의해서 그 영향을 크게 받게 되고, 보통 섭씨 35도에서 가장 활발하게 일어난다고 한다.
　서리란 무엇인가? 서리란 수증기가 증발하여 지표나 물체의 표면에 얼어붙은 것으로, 늦가을 이슬점이 0도 이하일 때 생겨나는 어떤 것을 말한다. 서리의 형태는 눈의 결정형태와도 같으며, 해가 지고 난 뒤, 한 시간에 0.8도 이상씩 기온이 떨어지면 서리가 내린다고 할 수가 있다. 서리가 내리는 시기는 보통 상강 무렵(10월 23일 경)이며, 이 상강 무렵에는 아침과 저녁의 기온이 내려가고 찬 서리가 내릴 수 있는 최적기가 된다. 서리가 내리면 모든 식물들은 큰 피해를 입게 되는데, 왜냐하면 그 서리에 의하여 엽록체의 막이 파괴되거나 모든 세포들이 말라 죽어버리기 때문이다. 모든 식물들과 서리는 상극이며, 그 서리가 내리면 어떠한 식물들도 탄소동화작용을 통하여 그 에너지를 생산해낼 수가 없게 된다.

박정원 시인은 충남 금산 출신이며, 1998년 『시문학』으로 등단했다. 시집으로는 『꽃은 피다』와 『내 마음 속에 한 사람』이, 그리고 『고드름』 등을 출간한 바가 있다. 박정원 시인의 「열무밭에서」는 그의 비극적 세계관에 의한 '측은지심'이 주조를 이루고 있는 제일급의 시라고 해도 틀림이 없다. 비극적 세계관이란 낙천적 세계관의 반대 방향에서, 슬픔과 고통과 그리고 파멸적인 운명을 벗어날 수 없는 세계관을 뜻하고, 측은지심이란 그 비극적인 운명을 불쌍하고 가엾게 여기는 어떤 것을 말한다. 동정과 연민이 모든 면에서 우월한 자가 그 값싼 은혜를 베푸는 어떤 것을 말한다면, 이때의 측은지심은 진정으로 타인과 하나가 될 수 있는 인간 감정을 말한다. 요컨대 측은지심이란 동병상련과도 같은 마음을 말하지만, 박정원 시인의 그 측은지심은 진정으로 자기 자신의 잘못을 탓하는 자기학대에 더 가깝다고 할 수가 있다. 따라서 그의 측은지심은 동정과 연민이 아니라, 동병상련의 마음이라고도 할 수가 있는 것이다.

열무는 십자화과 무속의 근채류이며 '어린 무우'를 말한다. 열무는 1년에 여러 번 재배할 수가 있으며, 주로 김치를 담가 먹는 데 사용된다. 예전에는 여름철의 '사이짓기'로 재배되었지만, 이제는 도시근교를 중심으로 일 년 내내 재배되고 있는 실정이다. 재배하기도 비교적 쉽고 생육기간도 짧아서 겨울에는 60일 전후, 봄에는 40일 전후, 그리고 제철인 여름에는 25일 전후면 수확이 가능하다.

우리나라에서 재배하는 품종으로는 흑엽열무, 참존열무, 새색시열무, 귀한열무, 여름춘향이열무, 진한열무, 청송열무 등이 있다. 지역별로 열무에 대한 기호도가 달라서 강원도 지역에서는 일본 품종인 궁중무 계통이 많이 재배되고, 경상도 지역에서는 잎 가장자리가 후미지게 깊이 패어 들어가고 다소 억센 것을 주로 재배하는 반면에 전라도 지역에서는 잎이 판엽이고 부드러운 품종이 재배된다.

잎이 연하고 맛이 있어서 뿌리인 무 부분보다는 잎을 주로 이용한다. 잎은 열량이 적고 섬유질이 풍부한 알칼리성 식품으로 비타민A와 비타민C가 풍부하다. 고를 때에는 키가 작고 무 부분이 날씬한 어린 열무를 택하는 것이 좋은데, 잎이 너무 가늘면 빨리 무르므로 도톰한 것을 고르도록 한다. 늙은 열무는 무 부분이 통통한데다 잔털이 많아 억세다. 쓰임새는 열무김치를 담그는 데 가장 많이 이용되며, 열무냉면이나 열무국수를 만들어 먹는 데도 이용된다. 잎은 날것으로 먹어도 좋고, 데쳐서 물에 담갔다가 참기름을 둘러 볶아 먹으면 비타민A를 충분히 섭취할 수 있다. 잎이 금방 시들기 때문에 가능한 한 빨리 먹도록 하고, 남은 것은 신문지나 주방타월로 감싸서 냉장 보관

하는 것이 좋다
—『백과사전』참조.

우리 한국인들이 가장 좋아하는 열무김치를 담그는 방법은 다음과 같이 정리할 수가 있다.

1, 열무를 다듬어 풋내가 나지 않도록 맑은 물에 살살 깨끗하게 씻는다.
2, 열무를 소금물에 절였다가 숨이 죽으면 물에 헹구고 그 물기를 빼낸다.
3, 파는 채로 썰고, 마늘과 생강은 각각 찧는다. 붉은 고추는 칼로 대강 다지거나 드문드문 큰 조각이 섞이도록 간다. 너무 곱게 갈면 시원한 맛이 없으므로 주의한다.
4, 열무에 파·마늘·생강·고추 간 것을 섞어서 소금으로 간을 하여 버무리다가 밀가루나 녹말가루를 조금(1 큰술 정도) 넣고 살살 섞어 항아리에 담는다. 이렇게 하면 풋내가 나지 않고 맛이 부드러워진다.
5, 열무김치를 버무려서 그릇에 물을 붓고 소금으로 간을 맞추어 잘박잘박할 정도로 항아리에 부어 시원하게 익힌다. 열무김치를 버무릴 때 너무 손놀림을 심하게 하면 으깨어져서 풋내가 나니까, 그렇지 않도록 조심하지 않으면 안 된다

—『백과사전』참조.

박정원 시인은 충남 금산 출신이지만, 열무 김치맛이나 아는 얼

치기 농부에 지나지 않고 있는데, 왜냐하면 그는 10월초 쯤에 열무 씨앗을 파종했기 때문이다. 그는 시인이며 주업主業은 세무공무원이고, 따라서 그의 농사짓기는 주말농장의 그것에 지나지 않고 있는 것인지도 모른다. 이미 앞에서 설명한 바가 있듯이 한로寒露와 입동立冬 사이에 낀 상강 무렵, 즉, 10월 23일경이면 첫 서리가 내리게 되고, 그때에는 비닐하우스가 아니면 더 이상 그 어떤 채소의 재배도 가능하지가 않게 된다. 따라서 그는 너무 늦게 심은 열무밭에서, "철도 모르고 열무씨를 묻었던" 자기 자신을 탓하며, 그 참담한 심정을 다음과 같이 피력해 놓는다. "떡잎 갓 벗어난 아기열무들 사이로/ 서릿발 들어선다"라는 시구가 그렇고, "퉁퉁 불은 엄마 젖을 맘껏 먹어야 할/ 그 어린 것들에게 몸을 낮춘다"라는 시구가 그렇다. "떡잎 갓 벗어난 아기열무들 사이로/ 서릿발 들어선다"라는 것은 때를 잘못 맞추어 태어난 열무의 비극적인 운명을 뜻하고, "퉁퉁 불은 엄마 젖을 맘껏 먹어야 할/ 그 어린 것들"은 더 이상 빛의 에너지를 통해서 탄수화물을 만들어낼 수 없는 어린 열무를 뜻한다. 주지하다시피 농사일은 매우 어렵고 힘든 일이다. 땀을 뻘뻘뻘 흘리며 비료와 퇴비를 뿌리고, 밭을 갈고 이랑을 만들어서 씨앗을 뿌려야만 열무의 싹이 트게 되고, 또, 그리고, 온갖 잡초들을 뽑아주지 않으면 더 이상 열무의 새싹들은 자라날 수가 없는 것이다. 하지만 그 어렵고 힘들었던 일들도 도로아미타불의 수고에 지나지 않게 되었고, 된서리를 맞은 열무들은 "흐느끼느라 말을 잇지" 못하고 있는 것이다. 바로 이 지점에서, 시인은 그 어렵고 힘들었던 노동 따위는 잊어버리고, 오직 그 '측은지심'으로 어린 열무들을 바라보고만 있는 것이다. 얼마나 그 마음이 아팠으면 어린 열무들을 어미 잃은 아기처럼 의인화시키고, "퉁퉁 불은 엄마 젖을 맘껏 먹어야 할" "어린 것들"이라고 흐느끼고 있는 것이며, 또한, 얼마나 그 마음이 아팠으면 "여린 이파리를 들추자/ 흐느끼느라 말을 잇지 못하는 열무"와 자기 자신을 동일화시키고 있는 것이란 말인가? 측은지심이 측은지심을 불러 일으키고, 그 비극적 세계관은 더욱더 그들의 마음을 사로잡게 된다. 왜냐하면 슬픔이나 고통은 그 참는 힘이 약하게 되면 더욱더 사나운 맹수들처럼 달려 들게 되기 때문이다.

제때에 씨앗을 뿌리지 못하고 그 시기를 놓쳐버린 죄는 시인의 눈시울을 적시고, 어느덧 그 속울음은 통곡이 되어서 어린 열무마저도 통곡의 눈물을 쏟아내게 만든다. 어린 열무가 우는 것이 아니라 시인의 마음이 울고 있는 것이지만, 그 통곡 속에는 "내가 잘못했어, 내가 잘못했어!"라는 탄식과 함께, 자기 학대가 담겨 있다고도 할 수가 있는 것이다. 그 어린 열무 앞에는 만물이 우거지는 봄날도 있을 수가 없고, 더 이상 이글이글 타오르는 듯한, 한 여름날의 햇빛도 있을 수가 없다. 오직 있는 것이라고는 추풍의 낙엽이 떨어지듯이 더욱더 매서운 추위와 함께, 그토록 두렵고 무서운 비명횡사만이 있을 뿐인 것이다. 따라서 그 마음 속의 슬픔은 더욱더 크나큰 슬픔들을 불러오게 되고, 그 슬픔들은 끝끝내 더욱더 비극적인 사건들을 불러들이게 된다. 상상력의 힘은 그것이 기쁠 때는 더욱더 기쁜 마음을 가중시키고, 또한, 상상력의 힘은 그것이 슬플 때는 더욱더 슬픈 마음을 가중시킨다. "누가 놓고 갔는지 천국영아원 골목엔/ 아기 혼자 포대기에 안긴 채 울고/ 열무씨앗처럼 또박또박 눌러

쓴 편지"가 그것이 아니라면 무엇이고, 또한, "아이를 잘 키워주세요 제발 부탁합니다/ 연락처도 없이 사라진 아기 엄마는/ 철도 모르고 열무씨를 묻었던/ 내 속 같았을까"라는 시구가 그것이 아니라면 무엇이란 말인가! 어린 아기는 먹고 입혀주고 따뜻하게 보살펴 주어야 할 부모가 필요하고, 또, 그리고, 그 어린 아기가 성장하여 오로지 자기 자신의 힘으로 설 수 있는 그날까지는 그 어린 아기를 인도하고 보살펴 주어야 할 부모가 필요하다. 남녀가 사랑을 하고 아버지가 되고 어머니가 되는 것은 그 어린 아기를 잘 키우겠다는 약속을 전제로 하는 것이다. 아니, 그것은 약속이 아니라, 절대적인 의무이며, 종족의 명령이기도 한 것이다.

하지만 그 어머니는 어린 아기를 '천국영아원의 골목'에 버렸고, 그 연락처도 남기지 않은 채, 눈물과 콧물을 흘리며 그 어디론가로 사라져가 버렸던 것이다. 그 어린 아기의 어머니는 십대의 미혼모였을까? 그것도 아니라면 이혼한 어머니였을까? 또, 그것도 아니라면 유복자를 낳은 어머니였을까? 또한, 그 어린 아기의 어머니는 실연을 당한 것일까? 그것도 아니라면 이혼을 당한 것일까? 또, 그것도 아니라면 그 남편이 어린 아기를 낳기도 전에 비명횡사를 한 것일까? "아이를 잘 키워주세요 제발 부탁합니다"라고 "열무씨앗처럼 또박또박 눌러쓴 편지"로는 그것을 알 수가 없지만, 어쨌든 그 어머니는 한 맺힌 어머니이며, 자기 자신의 죄를 뼛속까지 뉘우치고 있는 어머니라고 할 수가 있다. 어린 아기를 진정으로 사랑하지만, 그러나 그 어머니는 그 어린 아기를 키울 능력이 없다. 그 어머니의 사랑이 불륜이었는지, 아름다운 사랑이었는지는 모르지만, 그러나 그 어린 아기를 버린 죄는 결코 용서를 받을 수가 없다. 어린 아기의 탄생은 축복 속의 탄생이어야만 하고, 그 어린 아기의 앞날은 늘, 건강과 행운의 여신이 미소를 짓고 있지 않으면 안 된다. 철 모르고 열무씨앗을 파종했던 시인도 죄인이고, 철 모르고 어린 아기를 낳았던 어머니도 죄인이다. 열무김치는 맛이 있지만, 10월 초에 열무씨앗을 파종하는 바보가 어디 있겠으며, 사랑은 꿀맛처럼 달콤하지만, 키울 수도 없는 어린 아기를 낳는 바보가 어디 있겠는가? 죄인은 바보이고 바보는 죄인이다. 그 죄인과 바보들은 모두가 다같이 그 어린 아기들이 천국의 영아원을 통해서 더욱더 건강하고 복된 삶을 기원하지만, 그러나 그것은 어디까지나 허황된 생각일 뿐, 차갑디 차가운 서릿발만이 그 어린 아기들의 앞날을 맞이하고 있을 뿐인 것이다.

돌아가는 모퉁이엔 온통 대못만 박혔으리
다시 그 젖은 사랑을 그리워할 저녁
꽁보리밥에 여린 열무를 썩썩 비벼먹으며
고추장 같은 한숨을 떨어뜨릴까

너무 늦게 심은 열무밭에서
아기의 울음소리가 그치지 않는다

어린 열무도 그의 저주받은 운명 앞에서 울고, 어린 아기도 그의 저주받은 운명 앞에서 운다. 시인도 그의 죄 많은 운명 때문에 울고, 아기 엄마도 그의 죄 많은 운명 때문에 운다. 어린 열무와 어린 아기가 엄마와 아빠를 찾으면 아기 엄마와 시인이 울면서 대답하고, 아기 엄마와 시인이 울면서 어린 열무와 어린 아기를 부르면 어린 열무와 어린 아기가 울음으로 대답한다. 이때에 시인과 아기 엄마는 비정한 아버지와 어머니로 결합하게 되고, 그리고 그 어린 열무와 어린 아기는 비정한 부모의 자식들로 결합하게 된다. 그들은 모두가 다같이 울면서 헤어지고 울면서 결합한다. 그들의 울음은 사중창이 되고, 그 사중창은 오늘날 이산가족들—노숙자들, 또는 신용불량자들—의 통곡이 된다.

박정원 시인은 천성이 맑고 깨끗한 시인이며, 더없이 따뜻하고 여린 시인이다. 그의 「열무밭에서」는 천국의 영아원에 버려진 어린 아기와 그 어머니의 편지를 읽고 그 아픈 마음을 상강 무렵의 열무밭에서 쓴 시일 수도 있고, 그 반대방향에서, 상강 무렵의 열무밭에서 그 어린 열무들을 보고 그 아픈 마음을 천국의 영아원 앞에서 쓴 시일 수도 있다. '퉁퉁 불은 엄마의 젖을 마음껏 먹어야 할 어린 아기들', '만인들의 축복 속에서 탄생하고 늘 건강하고 행복해야 할 어린 아기들'—. 요컨대 너무나도 못났고 무기력한 아버지의 마음이 그 이산가족의 사중창을 연출해내게 되었던 것인지도 모른다. 온통 대못이 박혀 있으면서도 차마 발걸음이 떨어지지 않는 마음으로 다시 그 젖은 사랑을 그리워하는 아버지(어머니), 숨어도 숨어도 가난의 옷자락만이 보이는 몸으로도 "꽁보리밥에 여린 열무를 썩썩 비벼먹으며/ 고추장 같은 한숨만을 떨어"뜨리는 아버지(어머니)—. 그 아버지와 어머니는 모든 서민들의 초상이기도 한 것이다.

모든 인간의 삶은 고통의 바다이다. 일을 하는 것도 고통스럽고,

먹고 사는 것도 고통스럽다. 연애도 고통스럽고 사랑도 고통스럽다. 어머니가 되고 아버지가 되는 것도 고통스럽고, 우정도, 죽음도 고통스럽다. 그 고통이 슬픔을 낳고, 그 슬픔이 비극적인 세계관을 낳는다. 측은지심이 동병상련이고 동병상련이 측은지심이다. 모든 서정시는 비극적인 것이며, 모든 서정시인들이 슬픔을 노래하고 있는 까닭이 바로 여기에 있는 것이다. 서정시의 토대는 현실이고, 현실은 서정시의 비옥한 텃밭이다. 박정원 시인은 너무나도 어렵고 힘든 유년 시절과 청소년 시절을 보냈기 때문에, 어린 열무와 어린 아기를 동일시하고, 또한, 그 어린 아기를 버린 어머니와 자기 자신을 동일시하며, 그리고, 이처럼 자기 자신을 자책하고 있는 것인지도 모른다. 그는 자기 학대의 대가이지만, 그러나 그의 자기 학대는 '모든 것이 내 탓이다'라는 그의 도덕적인 책임의식의 산물이기도 한 것이다.

그렇다. 모든 이산가족들은 또다시 가정을 꾸미고, 더욱더 아름답고 행복한 삶을 살아가야 할 권리가 있는 것이다.

퉁퉁 불은 젖과 일조량이 더욱더 많은 그 여름날에―.

명
시
·
52

정영선
강

산집 비운 날 부엌 쪽 구멍이 께름해
끈끈이 쫘악 깔고 떠났다가
열흘 지나와 보니 새앙쥐 네댓 마리 붙어
어떤 놈 벌써 허물어졌고 그중 운 없는 놈
질기게 울음 붙들고 있더라고 그가 일러주었지

순간 내 신발 밑창에도 끈끈이를 느꼈어
묘한 웃음처럼 서로 밀고 당기는
신용, 은행, 백화점, 할인, 각종 포인트 카드의 마그네틱 끈끈이
귓구멍에 쌓인 헛말, 헛꿈의 뿌리는 밑창까지 뻗어
과거의 울분 끈끈이와 합세해 초강력 끈끈이가 되어 있었지
나 꼼짝 못하고 거기 붙어 있는 거 보았어

가끔 자정 강둑에 섰던 건

베란다 난간에 맺혔다 떨어지던 또록한 눈매의 빗방울이
달빛 휘젓는 시퍼런 물머리, 고래 지느러미 같은
은빛 물살을 치는 강으로 다가와
나를 끌어당겼다가 세차게 물살 속으로 던져
세상 끈끈이에 물려 있는
내 발목 힘을 무너뜨리고
역류해서 내 영혼의 물꼬를 틀어줄지도 모른다고

초저녁 별이 깜박깜박 자리 찾아오듯이
벚꽃잎 눈보라 봄마다 돌아오는 약속같이
산발한 미친 여자 되어
기다렸던 건 아닐까
기다렸던 건 아닐까

— 『콩에서 콩나물까지의 거리』, 랜덤하우스, 2007년

운명이란 무엇인가? 운명이란 일체의 모든 것이 이미 결정되어 있고, 따라서 우리 인간들의 노력으로는 그 운명을 극복할 수가 없다는 것을 말한다. 힌두교에서는 브라만이 모든 사물들의 탄생을 주재하고, 비쉬누는 그 생명을 보호하고 유지시켜주고, 시바신은 그 사물들의 죽음을 주재한다. 그리스 신화에서는 모리아라는 세 운명의 여신이 존재하고 있는데, 클로토는 인간의 탄생을 주재하고, 라케시스는 모든 인간들의 생애를 자기 마음대로 조정하며, 그리고 마지막으로 가장 연장자인 아트로포스는 우리 인간들의 죽음을 주재한다. 이 힌두교의 삼신三神이나 그리스의 운명의 여신들을 생각해 볼 때, 너의 인생이나 나의 인생, 그리고 우리 인간들의 인생은 이미 정해져 있는 것이고, 우리는 그 예정된 길을 따라서 자기 자신의 인생을 굴려나가고 있는 것인지도 모른다.

    고대 로마시대의 옥타비오 시이저와 앤토우니, 그리고 폼피이와 미이내스의 생애를 살펴보면, 그들의 운명이 이미 결정되어 있다는 사실이 가장 명확하고 분명하게 드러나고 있다고 하지 않을 수가 없다. 옥타비오 시이저는 줄리어스 시이저의 양아들이었음에도 불구하고 그 어린 나이에 자기 자신만의 황제의 길을 단 한 걸음도 생략할 수 없는 발걸음으로, 그토록 의연하고 당당하게 걸어가지만, 앤토우니는 천하의 상승장군이었음에도 불구하고 옥타비오 시이저의 운세에 주눅이 들어서, 이집트의 클레오파트라의 품으로 달아나, 주지육림 속의 쾌락만을 추구하다가 그만 파멸해버리게 되고 만다. 그리고 또한 폼피이는 옥타비오 시이저, 앤토우니, 레피더스의 삼인체제에 반발하여 그 반란을 일으켰지만, 그들과의 회담을 끝내고, 그 세 사람들을 제거하고 천하의 황제로 등극할 수 있는 절호의 기회를 맞이하였으나, 자기 자신의 명예를 위하여 그의 충복인 미이내스의 모략을 거절할 수밖에 없었다. "아, 그건 자네가 실행했어야 할 것이지. 입밖에 내지 말고! 나로선 비겁한 일이야, 자네가 했으면 충성이 됐을 것이지만, 여보게 실속을 차리는 것이 내 명예는 되지 못하네. 명예가 있고서 실속이 있는 것 아닌가. 계획을 입 밖에 낸 것을 후회하게. 나 몰래 했으면 나중에 칭찬을 받았을 것 아닌가. 그러나 이제는 안 되네. 포기하고 술이나 들게(셰익스피어, 「앤토우니와 클레오파트라」)"라는 이 세상에서 가장 아름답고 멋진 말이 바로 그것이다. 그리고 마지막으로 미이내스는 폼피이의 충복으로서, 그 주연의 자리에서 옥타비오 시이저와 앤토우니와 레피더스를 제거할 수 있는 절호의 기회를 연출해냈지만, 그러나 그의 주군인 폼피이의 한 마디의 거절로 그 기획을 실행에 옮기지 못했다. 비록, '명예가 있고 대권(실속)이 있는 것이지, 대권이 있고 명예가 있는 것은 아니다'라는 폼피이의 말은 이 세상에서 가장 아름답고 멋진 말이기는 하지만, 그러나 폼피이의 말 한 마디에 그 기획을 실행에 옮기지도 못하고, 또, 폼피이의 곁을 떠나가버린 미이내스의 짓은 그야말로 천하의 바보 같은 짓에 지나지 않았던 것이다.

  왜, 옥타비오 시이저는 그토록 어린 나이에 자기 자신만의 황제의 길을 걸어갔던 것이며, 왜, 앤토우니는 주지육림 속의 쾌락만을 추구하다가 파멸해버렸던 것일까? 왜, 폼피이는 그토록 소망했던 황제의 꿈이 눈앞에 다가왔는데도 수많은 권모술수가 판을 치는 그 바닥에서 그토록 명예만을 외쳤던 것이며, 왜, 미이내스는 그의 주군인 폼피이의 바보 같은 말을 넘어서서, 그 얼간이들을 모조리 제거하고 자기 자신이 황제로 등극할 수 있는 고귀하고 웅대한 꿈을 갖지 못했던 것일까? 운명론은 결정론이며, 그 결정론을 생각해보면 우리 인간들의 삶의 의지가 움츠러 들고, 그 모든 것이 허무해진다. 나는 때때로 그 운명론의 한가운데서, "나의 태어남은 시기상조였을까? 제 아무리 지혜, 용기, 성실로 최선의 노력을 다해보았자 나의 시대는 오지 않는다. 어느 먼 훗날 나의 시대는 기필코 올 것이지만, 그러나 우리 한국인들을 위해서 더욱더 큰 일을 할 수 있었던 나의 역량은 끝끝내 그 새싹을 피워보지도 못할 것이다"라고, 운명에의 사랑이 아닌, 그 탄식만을 덧보탠 적도 있었다.

  사르트르는 그의 『구토』에서 우리 인간들은 하나의 돌이나 한 그루의 나무처럼 우연히 존재하고 있을 뿐, 그 어떠한 존재의 정당성과 그 필연성도 갖고 있지 않다고 역설한 바가 있었다. 왜냐하면 실존이 본질에 우선하고 있기 때문이다. 실존이 본질에 우선하는 존재는, 다만, 껍데기와도 같은 존재에 지나지 않으며, 그 존재의 근거 역시도 텅 빈 '무'에 지나지 않는다. 그러나 이 운명론을 다만, 맹목적으로 수용하게 되면 우리 인간들의 삶과 그 자유와 주체성이 없어지게 된다. 외디프스가 살부와 근친상간을 범한 것도 하나님의 뜻이고, 아담과 이브가 선악과를 따먹은 것도 하나님의 뜻이다. 이상 시인이 폐결핵 말기의 환자로서 죽어간 것도 하나님의 뜻이고, 김수영 시인이 너무나도 뜻밖에 윤화輪禍를 당하고 비명횡사해간 것도 하나님의 뜻이다. 만일, 그렇다면, 우리 인간들에게 가장 소중한 것은 무엇이란 말인가? 그것은 두말할 것도 없이 그 운명을 극복하고 새로운 운명을 창조해내는 일일 것이다. 만일, 그렇다면, 그 운명을 극복하고 새로운 운명을 창조해낸 인간은 과연 어떠한 인간이어야 한단 말인가? 그것은 두말할 것도 없이 그 운명을 창조할 수 있는 자는 영원한 신성모독자이자 낙천적인 인간이지 않으면 안 된다. 자기가 살고 싶은 곳, 그 이상세계를 향해서 날아갈 수 없는 새가 파멸하듯이, 자기 자신만의 사유의 날개를 달고 자유롭게 날아가지 못하는 인간은 고은과 신경림처럼 운명론자이며, 언청이며, 곰보이며, 소경인 사상의 불구자에 지나지 않는다. 운명에의 거역, 바로 이것만이 이 세상의 진정한 시인의 모습이며, 따라서 오늘도 진정한 시인들은 운명의 여신인 모리아의 목을 비틀고 있는 것인지도 모른다. 살부와 근친상간을 범하고 테베사회를 구원했던 외디프스를 생각해보고, 선악과를 따먹고 이 세상의 판단력의 어릿광대들인 우리 인간들을 구원해냈던 아담과 이브를 생각해보라! 요정 칼립소가 제안했던 영생불사의 삶을 거절하고 우리 인간들의 삶을 옹호했던 오딧세우스를 생각해보고, 한여름의 날씨가 너무 뜨겁다고 태양신을 향하여 화살을 쏘아댔던 헤라클레스를 생각해보라!

우리 인간들은 존재의 본질이 없는 존재이며, 그 존재의 근거가 텅 빈 '무'인 존재에 지나지 않는다. 또한 우리 인간들은 축복받은 존재가 아니며, 그 저주받은 존재로서 불행한 의식의 소유자에 지나지 않는다. 그러나 우리 인간들의 존재의 근거가 '무'이고, 우리 인간들의 미래의 운명이 결정되어 있다고 할지라도, 우리 인간들이 이 세상의 삶을 살아가고 있는 한, 그 삶을 아름답고 풍요로운 삶으로 변모시키려고 노력하지 않으면 안 된다. 우리 인간들이 이 세상의 삶을 살아가고 있는 한, 그 어떠한 이유도 이 세상을 비방할 근거가 되지 못하며, 또한, 그 어떠한 삶도 이 세상의 삶보다 우선하지 못한다. 운명에의 사랑, 그러나 그것은 무기력한 자의 자기 체념의 형식에 지나지 않는 것이지만, 운명에의 거역, 즉, 새로운 운명의 창조는 이 세상의 삶을 찬양하고 옹호하는 낙천주의자의 삶의 형식이 되어줄 것이다. 운명론자는 주체성과 자유를 상실한 염세주의자이며, 반운명론자는 주체성과 자유를 획득한 낙천주의자이다.

정영선 시인은 1949년 부산에서 태어났고, 이화여대 영문과를 졸업했다. 1995년 『현대시학』으로 등단했고, 시집으로는 『장미라는 이름의 돌멩이를 가지고 있다』와 『콩에서 콩나물까지의 거리』를 출간한 바가 있다. 그의 「강」은 어느덧 일상생활의 덫에 갇혀 있는 자기 자신을 발견하고, 그 운명에의 거역을 통해서, 이 세상과 자기 자신의 영혼을 구원하고 있는 시라고 할 수가 있다. 일상성의 세계는 주체성과 자유가 없는 세계이고, 탈일상성의 세계는 주체성과 자유가 있는 세계이다. 그가 그 일상성의 덫에 갇혀 있다는 사실을 알게 된 것은 "산집 비운 날 부엌 쪽 구멍이 께름해/ 끈끈이 쫘악 깔고 떠났다가/ 열흘 지나와 보니 새앙쥐 네댓 마리 붙어/ 어떤 놈 벌써 허물어졌고 그중 운 없는 놈/ 질기게 울음 붙들고 있더라고 그가 일러주었지"라는 시구에서처럼, 그 산집 이야기를 듣고나서부터였던 것 같다. 산집을 비어두었더니 부엌쪽에 구멍이 나 있었고, 그 산집 주인은 그 구멍을 께름칙하게 생각할 수밖에 없었다. 왜냐하면 그 구멍은 쥐의 구멍이었고, 그 쥐들은 아무 것이나 닥치는 대로 쪼아대고 그 산집의 살림살이들을 엉망진창으로 만들어 놓을 것이 틀림이 없었기 때문이었다. 따라서 그가 "끈끈이 쫘악 깔고 떠났다가/ 열흘 지나와 보니" 어떤 놈은 벌써 몸이 허물어져 있었고, 또 어떤 놈은 아직도 찍찍거리며, 질기게 울음을 붙들고 살아 있었던 것이다.

    그러나 쥐도 생명체이고, 인간도 생명체이다. 쥐도 그의 삶의 의지에 충실하고, 인간도 그의 삶의 의지에 충실하다. 따라서 우리 인간들이 끈끈이라는 덫으로 쥐를 그처럼 무차별적으로 살생을 해도 좋은 것일까? 또, 그리고, 그것은 다같은 생명체인 우리 인간들이 과연 도덕적으로 올바른 일을 하고 있는 것일까? 정영선 시인은 이러한 생명주의 사상과 그 민감한 감수성으로 그 사건들을 재구성해보며, 그리고 거기서 한 걸음 더 나아가, 과연 나도 만물의 영장이 아닌 쥐와도 같은 인간에 지나지 않는다는 사실을 새삼스럽게 깨닫게 된다. "순간 내 신발 밑창에도 끈끈이를 느꼈어/ 묘한 웃음처럼 서로 밀고 당기는/ 신용, 은행, 백화점, 할인, 각종 포인트 카드의 마그네틱 끈끈이"라는 시구와 "귓구멍에 쌓인 헛말, 헛꿈의 뿌리는 밑창까지 뻗어/ 과거의 울분 끈끈이와 합세해 초강력 끈끈이가 되어 있었지/ 나 꼼짝 못하고 거기 붙어 있는 거 보았어"라는 제2연의 시구가 바로 그것이다.

　이제 시인의 신발 밑창에도 끈끈이가 붙어 있었고, 그 역시도 찍찍거리며, 질기게 울음을 붙들고 살아가는 존재에 지나지 않게 된다. 자본주의 사회는 소비사회이고, 소비사회는 신용사회이다. 오늘도 더 많은 이익과 더 많은 자본의 축적에 안달이 나 있는 자본가들은 '생산의 축'과 '소비의 축'을 다같이 움켜쥐고서 끊임없이 상품의 구입과 소비를 강요하고 있는 것이다. 광고의 언어는 토씨 하나와 쉼표 하나까지도 가짜이며, 또한 단어 하나와 문장 전체와 그 감미로운 배경음악까지도 가짜이다. 오직 더 많이 유혹당하고, 더 많이 속아주기를 바라는 것이 광고의 언어이며, 자본가들은 그 '헛말'과 '헛꿈'의 언어를 위하여, 가장 더럽고 추한 미인계까지도 마다하지를 않는다. '당신의 신용은 제일급이며 당신은 아주 훌륭한 고객입니다'라고 그의 호주머니를 노리고, '무이자에 가까운 값싼 돈으로 당신도 가장 멋진 사업을 해보세요'라고 그의 호주머니를 노린다. 또한, '이번 주는 전폭적인 바겐 세일기간이예요'라고 그의 호주머니를 노리고, 온갖 대사은품과 포인트 카드로 그의 호주머니를 노린다. 하지만, 그 반면에, 이 소비사회를 살아가고 있는 소비자는 그 광고의 언어에 현혹되어 명품 하나를 사면서도 매장의 청년 앞에서 으시대고, 별로 쓸모가 없는데도 사치스러운 옷을 구입하면서, 마치, 아름다운 나비부인처럼 으시댄다. 또한 그는 부동산 투기가 궁극적으로는 국가의 부를 좀먹는 사악한 행위라는 것을 너무나도 잘 알고 있으면서도 저금리의 주택자금으로 두, 세 채의 아파트를 구입하면서 으시대고, 영업 이익의 배당과 주식가치의 상승에 의한 장기투자를 하기보다는, 속칭, 헤지펀드와도 같은 단기투자를 일삼으면서 으시댄다. 자본가와 소비자, 또는 소비자와 자본가 사이에서 그들이 주고 받는 언어는 머리에서 발끝까지 모두가 가짜의 언어에 지나지 않으며, 따라서 시인은 어느날 문득, 그 '헛말'과 '헛꿈'의 끈끈이에 사로잡혀 있는 자기 자신을 깨닫지 않을 수가 없었던 것이다. 시인이 자본가이고 자본가가 시인이다. 시인이 쥐이고 쥐가 시인이다. 아니, 자본가가 쥐이고 쥐가 자본가이다. "묘한 웃음처럼" 서로가 서로를 밀고 당기는 그들의 관계는, 마치, 무서운 원수형제들처럼 그 일상성의 덫에 갇혀 있는 관계에 지나지 않게 된다.

나는 일상성의 덫에 갇혀버린 한 마리의 쥐에 지나지 않는다라는 이 충격적인 외침에 의하여, 현대사회의 모든 관계는 해체되고, 따라서 이 「강」이라는 시는 제일급의 시로서 그 참신성과 새로움을 얻게 된다. 산집에서의 쥐의 출현과 끈끈이를 놓는 상황도 현실적이고, 한 열흘 지나 생쥐 네댓 마리가 그 끈끈이에 붙어 있는 모습도 현실적이다. 또한 "신용, 은행, 백화점, 할인, 각종 포인트 카드"를 두고 일어나는 관계의 묘사도 탁월하고, 그 묘한 웃음의 관계를 일상성의 덫으로 인식하는 장면도 탁월하다. 따라서, 이 현실적인 힘찬 토대가 「강」의 시적 수준을 탁월하게 만들어 주면서, 또한, 그만큼, 만인들을 위한 감동의 드라마로 울려 퍼지게 만들고 있는 것인지도 모른다. 일상성의 세계는 주체성과 자유가 없는 세계이고, 탈일상성의 세계는 주체성과 자유가 있는 세계이다. 요컨대 정영선 시인은 그 일상성의 세계에서 탈일상성의 세계를 꿈꾸게 되는데, 왜냐하면 그에게는 그 무엇보다도 주체성의 확립과 자유가 가장 중요했기 때문이다. "가끔 자정 강둑에 섰던 건/ 베란다 난간에 맺혔다 떨어지던 또록한 눈매의 빗방울이/ 달빛 휘젓는 시퍼런 물머리, 고래 지느러미 같은/ 은빛 물살을 치는 강으로 다가와"라는 시구가 그것을 말해주고, "나를 끌어당겼다가 세차게 물살 속으로 던져/ 세상 끈끈이에 물려 있는/ 내 발목 힘을 무너뜨리고/ 역류해서 내 영혼의 물꼬를 틀어줄지도 모른다고"이라는 시구가 그것을 말해준다. 그가 이 '강물'을 그를 해방시켜줄 수 있는 구원의 손길로 인식하게 된 것은, 왜냐하면 그 강물들이 "베란다 난간에 맺혔다 떨어지던 또록한 눈매의 빗방울"로 구성되어 있기 때문이었다. 이 "또록한 눈매의 빗방울"은 제 정신을 가지고 도덕적인 순결성을 지니고 있다는 것을 뜻하고, 따라서 그 또록한 눈매의 빗방울로 이루어진 강물만이 "은빛 물살을 치는 강으로 다가와/ 나를 끌어당겼다가 세차게 물살 속으로 던져/ 세상 끈끈이에 물려 있는/ 내 발목 힘을 무너뜨리고/ 역류해서 내 영혼의 물꼬를 틀어줄지도 모른다고" 그가 믿고 있었기 때문이다. 육체가 더럽다는 것은 영혼도 더럽다는 것을 뜻한다. 따라서 그 더러움을 씻어줄 수 있는 것은 맑고 깨끗한 물뿐인 것이다. 정영선 시인은 이 맑고 깨끗한 물에 의해서 그의 더러운 몸과 영혼을 맑고 깨끗하게 정화시키고자 했던 것이다. 아름다움이 반드시 도덕적인 것은 아니지만, 그러나 도덕적인 것은 반드시 아름답지 않으면 안 된다.

정영선 시인의 「강」은 생명의 물이며, 정화의 물이다. 그 강물은 일상성의 때를 씻고, 자기 자신의 몸과 영혼을 아름답고 깨끗하게 하고자 하는 그의 구도의 힘에 의해서 솟아나오고 있는 강물이며, 심지어는 모든 생명들과, 우리 독자들의 몸과 영혼마저도 아름답고 깨끗하게 정화시켜주고 있는 물이라고 하지 않을 수가 없는 것이다.

>   초저녁 별이 깜박깜박 자리 찾아오듯이
>   벚꽃잎 눈보라 봄마다 돌아오는 약속같이
>   산발한 미친 여자 되어
>   기다렸던 건 아닐까
>   기다렸던 건 아닐까

내 영혼의 맑은 물을 간직하고 싶은 그의 꿈은 그러나 이 마지막 시구에서처럼, 그의 광기로 나타나게 된다. 주체성과 자유에 대한 간절함이 광기(열정)로 나타나고, 그 광기는 "산발한 미친 여자"로 그 모습을 드러내게 된다. 초저녁 별처럼 아름답고 해맑은 눈동자를 지닌 그 여자, 벚꽃잎처럼 눈부신 살결을 지닌 그 여자—. 이제 정상은 비정상이 되고, 비정상은 정상이 된다. 미쳤다는 것과 미치지 않았다는 것은 동일한 말이면서도 동일한 말이 아닌 것이다. 일상성의 덫은 어느 누구도 벗어날 수 없는 함정이기는 하지만, 그러나 그 일상성의 덫을 벗어나려는 몸부림이 있다는 것만으로도 우리 인간들은 그 일상성의 덫을 벗어나 아름답고 풍요로운 이 세상의 삶을 살아갈 수가 있는 것이다.

개인주의자(자유주의자)는 자기 자신의 자유와 주체성만을 강조하고, 사회주의자(구조주의자)는 우리 인간들을 사회 속에 갇힌 존재로만 본다. 개인주의자는 그가 살고 있는 사회를 인정하지 않고, 사회주의자는 개인의 자유와 주체성을 인정하지 않는다. 이 사회(구조)는 개인의 자유와 주체성을 가능하게 하는 조건이기는 하지만, 그러나 그 사회(구조)는 개인의 자유와 주체성에 의해서 새롭게 재구성되고 있는 것이다. 요컨대 개인과 사회, 이론과 실천, 적과 동지, 일상성과 탈일상성을 변증법적으로 종합하여, 이 더럽고 추한 세상을 더욱더 아름답고 풍요로운 세상으로 가꾸어 나가고 있는 것은 순전히 정영선 시인과도 같은 이상적(낙천적)인 인간들이 존재하고 있기 때문일 것이다.

  운명에의 거역, 오직, 그것만이 우리 인간들의 삶을 더욱더 아름답고 풍요롭게 해줄 수가 있는 것이다.

명
시
·
53

최서림
삼천포에 가면

삼천포

삼천포

삼천포

세상 모든 벌거벗은 나무들이
들뜬 걸음으로, 봄을 바라보며
남쪽으로 걸어가고 있는 이월,
늑골 깊숙이 숨어 있는 삼천포를
가만히 불러내어 본다

햇살처럼 투명한
해풍처럼 부드러운
한 번도 만나보지 못한

삼천포 내 사랑

삼천포

삼천포

삼천포

아침 햇살이
집집마다 균등하게
부족함이 없이 내리고 있을

잘게 부서지는 파도 위로
거칠게 부서져서 따사로워진 마음의 수면들 위로
넙치 빛 저녁 햇살이
16분 음표마냥 통, 통, 통 튀고 있을
삼천포에 가면
삼천포에 갈 수 있다면

충무, 마산, 진해
그 언저리에서 헤매다가
돌아오고 마는……

— 『애지』, 2006년, 봄호

나는 아내가 있고 사랑하는 아들과 딸도 있다. 또한 나는 내가 해야 될 공부와 낙천주의 사상가로서 너무나도 분명한 역사 철학적인 목표가 있다. 나는 나의 아내와 나의 아들 딸들을 너무나도 사랑한다. 또, 그리고, 나는 한 번도 내가 해야 할 공부와 낙천주의 사상가로서 그 분명한 목표를 망각해본적도 없다. 나의 좌우명은 '애지', 즉, '지혜사랑'이고, 그 '애지'의 이름으로 우리 한국인들을 '사상가와 예술가의 민족'으로 육성해보고 싶은 것이 나의 소망이기도 한 것이다. 우리 한국인들을 '사상가와 예술가의 민족'으로 육성하기 위해서는 내가 먼저 세계적인 대사상가가 되는 수밖에 없다. 나는 너무나도 행복하고, 또 행복하다. 그런데도 가끔씩은 예쁜 여자를 보았거나, 혹은 어쩌다가 '표절의 대가들'의 양성소에 불과한 대한민국의 교육제도들을 생각하다가 보면 이 세상에서 가장 아름다운 여성과 그 어느 누구도 살고 있지 않은 무인도로 도피하고 싶을 때가 있다. 그 여성은 나의 이상적인 여성(아니마)이며, 내가 만나고 싶을 때는 언제, 어느 때나 만날 수가 있고, 내가 만나고 싶지 않을 때는 언제든지 절대로 전화 한 통도 하지 않는 그런 여성이다. 언제, 어느 때나 에로스의 향연으로 나의 욕구불만을 충족시켜주고, 또, 외롭고 고독한 낙천주의 사상가의 길을 다독여 주고, 이 세상의 모든 대중적인 취향의 반대방향에서, 고귀하고 위대한 사상가와 예술가의 길을 가르쳐 주는 애인이면서도 스승인 그런 여성이다.

그러나 이 세상에서 나를 그처럼 사랑해줄 수 있는 여성은 없고, 나의 천재성 따위는 안중에도 없다는 듯이, 언제, 어느 때나 현실적인 쪽박이나 두드려대는 나의 아내만이 있을 뿐이다. 나의 여성은 영원한 이상에 불과하며, 나는 그 이상적인 여성을 너무나도 사랑하고 있기 때문에, 그 어떤 여성과도 단 한 번의 연애를 해본 적도 없다. 나의 육체는 나의 아내의 몸종에 불과하지만, 나의 마음은 이미 '삼천포'에 가 있는 것이다. 아내와 나, 애인과 나는 영원히 화해할 수 없는 판단력의 어릿광대들에 지나지 않는다. 그 어릿광대들은 자아와 타자, 혹은 이 세계와 천국을 구분하지 못하는 이상주의자들일 뿐인 것이다. 왜냐하면 우리들이 사랑하고 있는 것은 자기 자신의 이상이지, 구체적인 그녀(그)가 아니기 때문이다. 우리는 모두가 다같이 낭만주의자이면서도 이상주의자들이라고 할 수가 있다. 나는 그 낭만주의와 이상주의를 변증법적으로 종합하여, 오직 나 자신만의 삶을 살아가고 있다고 자부한다.

낙천주의는 나의 신전이며, 우리 인간들의 행복이 자라나는 비옥한 텃밭이다. 이 '반경환의 명시감상'은 그 낙천주의 사상의 꽃이라고 할 수가 있는 것이다.

최서림(본명 최승호)은 1956년 경북 청도에서 태어났으며, 서울대학교 국문학과와 동대학원을 졸업했다. 1993년 『현대시』를 통해서 등단했으며, 시집으로는 『이서국으로 들어가다』와 『유토피아 없이 사는 법』과 『세상의 가시를 더듬다』, 그리고 『구멍』 등을 출간한 바가 있다. 이밖에도 학술저서로는 『한국 현대시와 동양적 생명사상』과 『한국적 서정의 본질 탐구』 등이 있으며, 현재 서울산업대학교 문예창작과 교수로 재직중이다. 최서림 시인은 '구멍'이라는 역사 철학적인 주제를 통하여 무모순의 원리로서의 다양성과 일관성의 세계를 보여주고 있다. '구멍'은 너와 내가 숨쉬는 구멍이며 의사소통의 창구이고, 그리고 모든 만물들의 숨구멍이다. 자본의 기계, 이기주의의 기계, 독단주의의 기계, 시멘트와 아스팔트와 금속성뿐인 문명의 기계, 그리고 모든 미디어와 가전제품뿐인 편의주의의 기계 속에서, 과연 우리는 어떻게 숨을 쉬고 대화를 하며, 또 살아가야 한단 말인가? 이것이 '구멍'이란 역사 철학적인 주제로 무장한 최서림 시인의 비판철학적인 질문의 요체인 것이다. 최서림 시인의 생의 철학은 비판철학이며, 그의 비판철학은 자연과 인간, 인간과 동물, 그리고 인간과 인간들이 상호 평화롭게 공존할 수 있는 '생의 철학'을 지향하고 있다고 해도 과언이 아니다.

최서림 시인의 「삼천포에 가면」은 현대문명 사회에서 그의 '숨구멍'을 찾아가고 있는 시이며, 그의 낭만주의와 이상주의가 마주쳐 빚어놓은 아름다운 시라고 할 수가 있다. 낭만주의는 현실의 세계를 전면적으로 부정하고 그 어딘가, 다른 세계를 동경하는 사상을 말하고, 이상주의는 모는 것이 가능하고 어느 것 하나 부족한 것이 없는 유토피아의 세계를 말한다. 이상주의의 물질적 토대는 낭만주의이며, 낭만주의의 존재의 근거는 이상주의이다. 낭만주의에 의해서 이상주의의 새싹이 자라나고, 이상주의에 의해서 낭만주의는 그 존재의 근거를 확보해나간다. 최서림 시인의 「삼천포에 가면」을 주제의 차원에서 분석해본다면, 그는 상호 의사소통의 숨구멍이 막혀 있는 현실의 세계를 벗어나서, "아침 햇살이/ 집집마다 균등하게/ 부족함이 없이 내리고 있을" 유토피아의 세계를 찾아가고 있다는 사실이 곧바로 드러나게 된다.

하지만, 왜, 하필이면 삼천포인가? 삼천포란 도대체 어디이며, 그 삼천포가 지시하고 있는 의미란 무엇인가? 삼천포란 경상남도의 바닷가에 위치하고 있는 도시이며, 한려해상국립공원 지역으로 그 아름답고 빼어난 바다풍광을 자랑하고 있는 도시이다. "충무, 마산, 진해"의 근처에 있으며, 1995년 행정구역의 개편으로 사천시로 그 지명이 바뀌고, 이제는 옛날의 역사 속에서 그 이름이 희미하게 남아 있는 그런 도시에 지나지 않는다. 하지만, 왜, 하필이면 삼천포인가? 그것은 "세상 모든 벌거벗은 나무들이/ 들뜬 걸음으로, 봄을 바라보며/ 남쪽으로 걸어가고 있는 이월"의 고장이기 때문이며, 또한 그것은 "햇살처럼 투명한/ 해풍처럼 부드러운/ 한 번도 만나보지 못한/ 삼천포 내 사랑"이기 때문이다. 삼천포는 만물이 꽁꽁 얼어붙어 있는 현실의 세계에서 바라보면 따뜻한 남쪽 나라이며, 모든 것이 햇살처럼 투명하고, 해풍처럼 부드러운 내 마음 속의 유토피아이다. 삼천포는 한 번도 만나보지 못한 내 사랑이며, "아침 햇살이/ 집집마다 균등하게/ 부족함이 없이 내리고" 있는 곳이다. 일찍이 토마스 모어가 공산주의 경제 체제와 자유 민주주의 체제가 완벽하게 결합된 유토피아를 제시한 바가 있듯이, 삼천포란 머나먼 남쪽 나라의 이상적인 유토피아이며, 고귀하고 거룩하며 아름답고 행복한 인간들이 살고 있는 곳이다. 그곳은 차디찬 겨울도 없고, 쓰라리고 아픈 이별도 없다. 인간에 대한 차별도 없고, 인간의 자유를 구속하는 어떤 율법도 없다. 부의 공정한 분배라는 말이 부끄러울 정도로 소유의 개념도 없고, 생로병사의 고통을 겪고 있는 사람도 없다. 도덕과 윤리를 파괴하는 파렴치한도 없고, 모든 것이 가능하고 어느 것 하나 부족한 것도 없다. 자유 속에는 책임이 저절로 자라나고, 부의 공정한 분배 속에는 근로의욕이 저절로 자라난다. 삼천포는 개인의 자유 속에 기초해 있고, 개인의 자유는 삼천포를 위해 존재한다. 악이 없기 때문에 선도 없고, 거짓이 없기 때문에 진실도 없다. 진리가 없기 때문에 허위도 없고, 질서가 없기 때문에 혼돈도 없다. 모든 것이 제 자리에 있고, 이 모든 것이 자유 자재롭게 영원불멸의 삶을 향유하고 있다.

> 햇살처럼 투명한
> 해풍처럼 부드러운
> 한 번도 만나보지 못한
> 삼천포 내 사랑
>
> 삼천포

삼천포

삼천포

아침 햇살이
집집마다 균등하게
부족함이 없이 내리고 있을

잘게 부서지는 파도 위로
거칠게 부서져서 따사로워진 마음의 수면들 위로
넙치 빛 저녁 햇살이
16분 음표마냥 통, 통, 통 튀고 있을
삼천포에 가면
삼천포에 갈 수 있다면

 하지만 삼천포의 반대방향에서, 지금—이곳은 아귀지옥에 지나지 않으며, 그 모든 것이 싸늘한 기계의 법칙에 의해서 지배되고 있다고 해도 과언이 아니다. 자본의 기계가 씨앗을 뿌리면 이기주의의 기계가 자라나고, 이기주의의 기계가 씨앗을 뿌리면 독단주의의 기계가 자라난다. 독단주의의 기계가 씨앗을 뿌리면 모든 숨구멍을 틀어막고 있는 문명의 기계가 자라나고, 문명의 기계가 씨앗을 뿌리면 상호 의사소통의 숨구멍을 틀어막고 있는 편의주의의 기계가 자라난다. 자유도 없고, 책임도 없다. 평등도 없고, 사랑도 없다. 따뜻한 봄도 없고, 어떠한 출구도 없다. 선도 없고, 질서도 없다. 신도 없고, 인간도 없고, 행복도 없다. 오직 있는 것이라고는 더욱더 많은 이익을 생산해내는 싸늘한 기계들과 그 기계들을 움직이고 있는 '이기주의'라는 악마들뿐인 것이다.

삼천포는 모든 것이 가능한 곳이고, 지금—이곳은 모든 것이 가능하지 않은 곳이다. 삼천포는 유토피아이고 지금—이곳은 아귀지옥(디스토피아)이다. 따라서 "삼천포에 가면" "아침 햇살이/ 집집마다 균등하게/ 부족함이 없이 내리고", 또한 "삼천포에 가면" "잘게 부서지는 파도 위로/ 거칠게 부서져서 따사로워진 마음의 수면들 위로/ 넘치 빛 저녁 햇살이/ 16분 음표마냥 통, 통, 통 튀고" 있게 될 것이다. "아침 햇살이/ 집집마다 균등하게/ 부족함이 없이 내리고 있을"이라는 시구는 모든 것이 가능한 유토피아를 뜻하고, "잘게 부서지는 파도 위로/ 거칠게 부서져서 따사로워진 마음의 수면들 위로/ 넘치 빛 저녁 햇살이/ 16분 음표마냥 통, 통, 통 튀고 있을"이라는 시구는 이 세상에서 상처입은 마음들이 삼천포의 바다에 의해서 맑고 깨끗하게 정화되었다는 것을 뜻한다. "잘게 부서지는 파도 위로"는 실제의 바다가 잔잔하고 조용하다는 것을 뜻하고, "거칠게 부서져서 따사로워진 마음의 수면들 위로"는 이 세상의 세파 속에서 부서진 마음이지만, 그러나 삼천포의 바다에 의해서 따사로워진 마음을 뜻한다. 그러니까 이 세상에서 거칠게 부서진 마음이 삼천포의 바다에 의해서 정화되었다는 것을 뜻하고, 따라서 삼천포 바다에는 "넘치 빛 저녁 햇살이/ 16분 음표마냥 통, 통, 통 튀고" 있게 되는 것이다.

하지만, 그러나, 왜 최서림 시인은 모든 것이 가능하고 어느 것 하나 부족한 것이 없는 그 삼천포에 가지 못하고 있는 것일까? 왜, 그는 "한 번도 만나보지 못한/ 삼천포 내 사랑"을 그처럼 간절하게 그리워하고 있으면서도, "충무, 마산, 진해/ 그 언저리에서 헤매다가/ 돌아오고 마는" 것일까? 그것은 삼천포는 유토피아이면서도 아귀지옥이기 때문이다. 삼천포는 하나의 기호(이상)로서의 유토피아이지, 실제의 유토피아가 아니다. 경상남도의 바닷가에 존재하고 있는 삼천포에 가게 되면, 그 삼천포에 대한 신기루는 순식간에 걷혀 버리게 되고, 오직 이기주의라는 악마들만이 서로간의 멱살을 움켜쥔 채 이전투구를 벌이게 될 것이다. 삼천포는 따뜻한 남쪽도 아니며, 모든 것이 햇살처럼 투명한 곳도 아니다. 또한 삼천포는 아침마다 햇살이 균등하게 내려 쪼이는 곳도 아니며, 넙치 빛 저녁 햇살이 16분 음표마냥 통, 통, 통 튀고 있는 곳도 아니다. 최서림 시인은 어느 누구보다도 '유토피아 없이 사는 법'을 배운 시인이며, 그 유토피아가 이 세상 어느 곳에도 존재하지 않는다는 것을 너무나도 잘 알고 있는 시인이다. 그러니까 그는 그토록 삼천포에 가고 싶어 하면서도 그 삼천포에 가지를 못하고 있는 것이다. 그의 '유토피아 없이 사는 법'은 그 유토피아를 끊임없이 그리워하면서도, 그 이상적인 세계를 건설하려고 꿈꾸지 않고 있는 것이다. 삼천포는 그의 가슴(마음) 속에 존재하고 있지, 실제의 경상남도에 존재하고 있는 것이 아니다. 만일, 그렇다면 그의 가슴(마음) 속에 존재하는 유토피아는 왜, 하필이면, 경상남도에 존재하고 있는 삼천포란 말인가? 최서림 시인은 국문학자이자 언어의 사제인 제일급의 시인이다. 우리 한국인들의 속담에는 '삼천포로 빠지다'라는 말이 있는데, 그 말의 진정한 의미는 어떤 일의 의도에 반하여 전혀 엉뚱하게 샛길로 빠져버렸다는 뜻이 될 것이다. '삼천포로 빠지다'라는 말에는 세 가지의 속설이 있다고 한다. 첫 번째는 옛날에 어떤 장사꾼이 장사가 잘 되는 진주로 가려다가 길을 잘못 들어서 장사가 잘 안 되는 삼천포로 가게 되었다는 것이고, 두 번째는 진해의 해군기지의 사병들이 휴가를 나갔다가 삼랑진에서 진해로 가는 기차로 갈아타지 못하고 삼천포로 빠져버렸다는 것이고, 그리고 마지막으로 세 번째는 부산에서 출발하는 열차가 계양역에 닿게되면 진주행과 삼천포행의 객차로 분리하게 되는데, 그 안내방송을 제대로 듣지 못하고 진주행의 손님들이 삼천포로 가게 되었다는 것이다. '삼천포로 빠지다'라는 말은 어떤 일이 뜻대로 되지 않고 그르치게 되었다는 나쁜 말이며, 최서림 시인이「삼천포에 가면」을 쓰게 된 동기는 그 속담과도 깊은 연관성을 지니고 있다고 나는 믿어 의심하지 않는다. 삼천포는 내 마음 속의 유토피아이지, 실제로 그가 그 삼천포로 가게 되면 그 마음 속의 유토피아마저도 잃어버리게 되고 마는 것이다. 유토피아 없이 사는 법은 실제로 삼천포에는 가지를 않고, 자기 자신의 마음 속에 그 삼천포(유토피아)를 품고 살아가는 것이다. 낭만주의자는 이 세상이 아닌 다른 세계를 동경하고, 이상주의자는 그 다른 세계를 자기 자신의 마음 속에 품고서 언제, 어느 때나 살아가게 된다.

 최서림 시인의「삼천포에 가면」은 제일급의 시로서 세 개의 어법이 주조를 이루고 있는데, 반복법과 점층법과 역설법이 바로 그것이라고 할 수가 있다. 첫째 연의 "삼천포// 삼천포// 삼천포"는 반복법으로서의 그의 그리움과 사랑의 외침이 되고, 넷째 연의 "삼천포//

삼천포// 삼천포"는 첫째 연의 반복법을 포함한 점층법으로서의 삼천포의 지명과 그 의미를 점점 더 고조시키고, 그리고 마침내 그 절정(클라이맥스)에서 삼천포는 모든 것이 가능하고 어느 것 하나 부족한 것이 없는 이상 세계라고 역설을 하게 된다. 하지만, 그러나, 그 반복법과 점층법에 의해서 그토록 미화되고 찬양되던 삼천포는,

충무, 마산, 진해
그 언저리에서 헤매다가
돌아오고 마는……

이라는 시구에서처럼, 그 역설법에 의하여 그 존재론적 근거를 상실하게 된다. 왜냐하면 삼천포는 갈 수 있는 곳인 동시에 갈 수가 없는 곳이기 때문이다. 역설법이란 일반적으로 진리라고 인정되는 것에 대한 반대말이면서도, 오히려, 거꾸로, 또다른 진리를 내포하고 있다는 것을 뜻하게 된다. 삼천포는 유토피아이면서도 아귀지옥인 것이다. 그 양극단을 이어주는 세 개의 기둥이 반복법과 점층법과 역설법인 것이다. 삼천포는 한 번도 만나보지 못한 내 사랑이고, 삼천포는 모든 것이 가능하고 어느 것 하나 부족한 것이 없는 유토피아이기는 하지만, 그러나 삼천포는 내가 영원히 갈 수 없는 그런 곳이다.
  오오, 삼천포 내 사랑이여!
  오오, 내 마음 속의 유토피아여!

> 명시
> ·
> 54

유안진
선녀의 선택

    착하다고 믿었던 남편이 날개옷을 내놓자 기가 막혔지요, 우리가 정녕 부부였다니? 내 남편이 선녀들의 벗은 몸을 훔쳐본 치한이었다니? 끓어오른 경멸감과 배신감에, 날개옷을 떨쳐입고 두 아이를 안고 날개 쳐 올랐지요, 털끝만치도 미안하긴커녕 억울하고 분할 뿐이었지요

    오오 그리운 내 고향! 가슴도 머리도 쿵쾅거렸지요, 큰 애가 아빠 왜 아니 오느냐고 하자, 비로소 정신이 났지요, 애들이 제 아빠를 그리워한다면? 천륜天倫을 갈라 놓을 권리가 내게 있는가? 아쉬우면 취하고 소용없어지면 버려도 되는 게 남편인가? 우리 셋만으로도 행복할 수 있을까? 옥황상제님도 잘했다고 하실까? 글썽이는 아이들의 눈을 보자, 탱천했던 분노도 맥이 빠지고······

    아궁이에서 활활 타는 날개옷을 바라보니, 뜻 모를 눈물이 흘러내렸지만, 분명 나는 웃고 있었지요, 내 하늘은 이 오두막이야, 우리집이야, 마당

쪽에서 아이들 웃음소리가 까르르 밀려왔지요.

― 「선녀의 선택―전래동화 「선녀와 나무꾼」을 고쳐쓰다」(『다보탑을 줍다』, 창비, 2004년) 전문

옛날 옛적에 한 나무꾼이 그의 어머니와 함께 살고 있었다. 어느 날 그 나무꾼은 사냥꾼에게 쫓기고 있는 사슴을 구해주었고, 그 공덕으로 금강산 연못가에서 하늘나라의 선녀를 만나게 되었다. 어느덧 세월이 지나고 나무꾼과 선녀는 두 아이의 아버지와 어머니가 되었다. 따라서 나무꾼은 그의 아내인 선녀를 너무나도 사랑하고 믿어버린 나머지, 그들이 처음 만났을 때, 그 선녀가 입고 내려왔던 날개옷을 그의 아내에게 보여주게 되었다. 하지만 그 날개옷을 되찾은 선녀는 그 남편과의 인연의 끈은 안중에도 없다는 듯이, 그 두 아이들을 양 옆에 끼고 하늘나라로 날아 올라가 버렸던 것이다. 나무꾼이 자기 자신의 실수를 자책하며 발을 동동동, 구르고 있을 때, 바로 그때에 또다시 사슴이 나타났다. 나무꾼은 그 사슴이 가르쳐 준 대로 금강산의 연못가로 달려가게 되었고, 때마침 금강산의 연못 물을 길어 올리기 위하여 내려보낸 두레박을 타고 하늘나라로 올라가게 되었다. 이것이 내가 어렸을 때 읽었던 「선녀와 나무꾼」의 이야기이고, 「선녀와 나무꾼」은 전래동화로서 아직도 우리들의 가슴과 심금을 울리고 있는 것이다.

유안진 시인은 1941년 경북 안동에서 태어났고, 서울대학교 사범대학 교육심리학과와 동대학원을 졸업했으며, 미국 플로리다 주립대학교에서 박사 학위를 취득한 바가 있다. 1965년 『현대문학』으로 등단했으며, 시집으로는 『달하』, 『절망시편』, 『그리스도』, 『옛애인』, 『달빛에 젖은 가락』, 『영원한 느낌표』, 『누이』, 『봄비 한 주머니』, 『다보탑을 줍다』 등이 있다. 또, 그리고, '한국펜문학상', '정지용문학상', '월탄문학상' 등을 수상한 바가 있으며, 서울대학교 소비자 아동학부 교수로 재직한 바가 있다. 유안진 시인의 「선녀의 선택」은 전래동화인 「선녀와 나무꾼」의 창조적 패러디이며, 선악을 넘어서서 이 세상의 삶의 본능을 옹호한 낙천주의의 찬가라고 하지 않을 수가 없다. 모방이란 어떤 저명한 작품을 단순하게 복사한 것을 말하고, 창조적 패러디란 어떤 저명한 작품을 단순하게 복사한 데 그치지를 않고 그 작품을 넘어서서, 더욱더 뛰어나고 아름다운 작품을 탄생시켰다는 것을 뜻한다. 창조적 패러디에서 가장 중요한 것은 모든 학문(예술)의 예비학으로서의 비판철학(풍자와 해학의 정신)이며, 따라서 유안진 시인은 부부간의 천륜天倫과 이 세상의 삶을 거부한 「선녀와 나무꾼」을 극단적으로 비판하고, 하늘 나라가 아닌 이 세상의 삶을 더욱더 크게 끌어안게 된다.

선이란 무엇이고 악이란 무엇인가? 선이란 착하고 훌륭한 것을 말하고, 악이란 악하고 부도덕한 것을 말한다. 선이란 좋은 것이고, 악이란 나쁜 것이다. 우리 인간들은 저마다의 선과 악에 대한 가치기준표를 지니고 있으며, 또, 그리고, 우리 인간들이 소속되어 있는 정당과 단체와 민족과 국가마저도 그 조직의 수준에 걸맞는 선과 악에 대한 가치기준표를 지니고 있다. 좌우명, 신념, 도덕철학, 당헌 당규, 도덕, 법, 국가의 이념 등이 바로 그것이다. 그 가치기준표들은 정언명령—'무엇을 하라, 하지 말라!'—으로 되어 있으며, 그 정언명령(도덕명령)을 전면적으로 부정하거나 거스르게 되면, 그 주체자는 그가 소속된 공동체 사회로부터 처벌을 받게 된다. 부자일 때는 가난한 자를 욕하고 가난할 때는 부자를 욕한다는 말도 있고, 나의 연애는 로맨스이고 타인의 연애는 불륜이라는 말도 있다. 이 말들은 선과 악에 대한 우리들의 도덕철학이 지나치게 자의적이며 그 경계가 불분명하다는 사실을 지시하고 있다고 해도 과언이 아니다. 이처럼 선과 악에 대한 가치기준표가 매우 불분명하고 자의적이기 때문에, 개인과 개인, 단체와 단체, 정당과 정당, 국가와 국가, 민족과 민족들의 분쟁이 끊임없이 일어나고 있는 것이며, 그 싸움 자체가 우리 인간들의 삶이 되고 있는 것이다. 나의 욕망은 선한 것이고, 너의 욕망은 악한 것이다. 하지만 선의 기원은 악이고 악의 기원은 선인 것이다. 왜냐하면 선과 악이란 동일한 것의 양면에 지나지 않고 있기 때문이다. 선악의 개념은 시대, 인종, 위치, 환경, 상황에 따라서 그때 그때마다 매우 자의적으로 판단할 수밖에 없는 것이며, 따라서 우리 인간들은 그 선악을 넘어서서 이 세상의 삶을 살아가지 않으면 안 된다.

유안진 시인의 「선녀의 선택」은 도덕주의에 사로잡혀 있었던 선녀가 그 도덕주의를 넘어서서, 이 세상의 삶의 본능을 옹호한 가장 아름답고 뛰어난 시라고 할 수가 있다. 첫째 연의 선녀는 도덕주의에 사로잡혀 있는 선녀이고, 둘째 연의 선녀는 그 도덕주의의 한계를 깨달아 가고 있는 선녀이며, 그리고 마지막으로 셋째 연의 선녀는 그 선악을 넘어서서 이 세상의 삶을 옹호하고 찬양하고 있는 선녀이다. 우선 선녀는 "착하다고 믿었던 남편이 날개옷을 내놓자 기가 막혔지요, 우리가 정녕 부부였다니? 내 남편이 선녀들의 벗은 몸을 훔쳐 본 치한이었다니? 끓어오른 경멸감과 배신감에, 날개옷을 떨쳐입고 두 아이를 안고 날개 쳐 올랐지요, 털끝만치도 미안하긴커녕 억울하고 분할 뿐이었지요"라고, 그 선악의 한계에 갇힌 채, 그 경멸감과 분노를 어쩌지 못한다. 왜냐하면 그토록 착하고 선량한 줄로만 알았던 남편이 기껏해야 도둑놈이고 치한이며 사기꾼에 지나지 않았기 때문이다. 그 나무꾼은 날개옷을 잃고 방황하는 선녀를 구원해 준 구세주가 아니라, 인면수심人面獸心의 이중인격자에 지나지 않았던 것이다. 정의는 선이고 불의는 악이다. 나무꾼이 악한이 된 것은 도둑놈과 사기꾼과 치한에 지나지 않았기 때문이며, 선녀가 선녀가 된 것은 타인에게 나쁜 짓을 하지 않은 것은 물론이거니와, 그 선녀가 해야될 마땅한 도리를 다 지켰기 때문이다. 나무꾼은 선녀의 날개옷을 훔치고, 그녀의 알몸을 너무나도 뻔뻔스럽게 훔쳐 보았으며, 그리고 그 사실들을 시치미 뚝 떼고 은폐한 채, 더없이 맑고 선량한 인간으로 가장했지만, 그러나 그녀는 사랑하는 남편을 구세주처럼 섬겼고, 그리고 너무나도 자비롭고 친절한 두 아이의 어머니가 되었던 것이다. 배신이란 믿음을 깨뜨린 행위이며, 우리는 배신을 당하면 그 상대방을 향하여 경멸감과 분노의 화살을 쏘아대게 된다. 우리는 자기보다 하찮은 인간은 경멸하고, 자기와 동등하거나 그 이상의 인간에게는 분노의 감정을 품게 된다. 우리는 하찮은 인간의 행위에는 실소를 금치 못하고, 다른 한편, 친구나 그 이상의 인간의 배신의 행위에는 분노의 감정을 품게 된다. 나무꾼은 선녀의 남편으로서 지존의 대상이었지만, 이제는 그 남편의 자격 밖에서 하찮은 인간에 지나지 않았던 것이다. 그 나무꾼은 존경의 대상에서 경멸의 대상으로 추락해버린 것이다. 따라서 그녀는 "끓어오른 경멸감과 배신감에, 날개옷을 떨쳐입고 두 아이를 안고" 날아 올라가게 되었던 것이다. 그녀의 도덕주의에 사로잡힌 마음은, 그 경멸과 분노의 도가니 속에서 이제까지의 인연의 끈은 안중에도 없었다는 듯이, 자기 자신이 그토록 사랑했던 남편을 무섭게 단죄를 하고 그녀의 두 아이를 안고 하늘나라로 날아 올라가게 되었다고 하지 않을 수가 없다.

하지만, 그러나, 왜, 나무꾼은 선녀의 날개를 훔쳤던 것이고, 왜, 그 사랑하는 아내에게 거짓말을 하게 되었던 것일까? 그것은 두말할 것도 없이 사냥꾼에게 쫓기고 있는 사슴을 구해주고 그 공덕을 얻었기 때문이다. 나무꾼은 비록, 가난하고 헐벗은 인간이었지만, 매우 착하고 선량한 인간이었던 것이다. 이 사슴은 옛날 이야기 속의 도인道人이며, 또한 제우스 신의 사자使者인 헤르메스와도 같은 인물일는지도 모른다. 그러니까 그 도인(신)은 위기에 처한 사슴으로 변장을 하고 그 착하고 선량한 나무꾼을 구원해주게 되었던 것이다. 나무꾼이 선녀의 날개옷을 훔친 것도 그녀를 자기 자신의 아내로 삼기 위해서였던 것이고, 그리고 그 아내를 너무나도 사랑하고 믿은 나머지—세 아이를 낳을 때까지 날개옷을 보여주어서는 안 된다는 사슴의 당부를 무시하고—그 날개옷을 보여주게 되었던 것이다. 나무꾼은 너무나도 착하고 선량한 남편이었지만, 도덕주의의 함정에 갇혀 있는 선녀는 그 착하고 선량한 남편을 진정으로 이해하고 사랑할 수가 없었던 것이다.

하지만, 그러나, 그 선녀의 도덕주의는 둘째 연에서 파탄을 맞이하게 된다. 왜냐하면 "오오 그리운 내 고향! 가슴도 머리도 쿵쾅거렸"지만, 그러나 "큰 애가 아빤 왜 아니 오느냐고 하자, 비로소 제 정신이" 들었기 때문이다. 하늘나라는 천국이고 이 땅은 지옥이다. 선녀는 선녀이고 나무꾼은 나무꾼이다. 선녀는 착한 인간이고 나무꾼은 악한 인간이다. 그런데도 왜 아이들은 제 아빠를 사랑하고 제 아빠를 그처럼 생각하고 있는 것일까? 그것은 두말할 것도 없이 그 나무꾼은 너무나도 착하고 선량한 아빠이었기 때문이다. 도덕적 편견의 시선—우물안의 개구리의 시선—으로 바라다 보면 나무꾼은 도둑놈이고, 치한이고, 사기꾼에 불과할 수도 있겠지만, 그러나 그 선악을 넘어서서 바라다 보면—하늘의 제왕인 독수리의 시선으로 바라다 보면—, 너무나도 착하고 선량한 남편이자 두 아이의 아버지이었던 것이다. "애들이 제 아빠를 그리워한다면? 천륜天倫을 갈라 놓을 권리가 내게 있는가? 아쉬우면 취하고 소용없어지면 버려도 되는 게 남편인가? 우리 셋만으로도 행복할 수 있을까? 옥황상제님도 잘했다고 하실까? 글썽이는 아이들의 눈을 보자, 탱천했던 분노도 맥이 빠지고……"라는 시구는 지극히 다행스럽게도 선녀가 자기 자신의 잘못을 깨닫고 그 도덕주의를 넘어서는 시구라고 하지 않을 수가 없다. 유안진 시인의 「선녀의 선택」의 둘째 연은 물음표와 물음표들의 집합체이며, 그 물음표들은 그들이 속한 도덕의 미덕에다가 가장 날카롭고 예리한 메스를 들이대는 행위라고 해도 과언이 아니다. 거짓과 불의를 삶의 조건으로서 인정한다는 것은 그 도덕주의를 넘어서서 이 세상의 삶을 더욱더 아름답고 풍요롭게 살아가는 방법인 것이다. 거짓이 없으면 진실도 없고 진실이 없으면 거짓도 없다. 불의가 없으면 정의도 없고 정의가 없으면 불의도 없다. 유안진 시인의 분신인 선녀가 그 도덕주의를 넘어서게 된 것은 그 두 아이들 때문이기도 한데, 왜냐하면 그 두 아이들은 도덕 이전의 인물들이기 때문이다. 이때에 도덕 이전의 인물들이라는 것은 그의 아이들이 티없이 맑고 깨끗하다는 것을 말하고, 바로 그렇기 때문에, 거짓과 불의를 우리 인간들의 삶의 조건으로서 인정하고 있다는 것을 뜻한다. 나무꾼이 선녀의 날개옷을 훔친 것도 사랑하는 아내를 얻기 위해서였고, 그 선녀의 알몸을 훔쳐본 것도 사랑하는 아내를 얻기 위해서였고, 그리고 그 날개옷을 보여준 것도 그 아내를 너무나도 사랑하고 신뢰했기 때문이었다. 진실보다도 더욱더 진실한 거짓말도 있고, 정의보다도 더욱더 정의로운 불의도 있고, 선보다도 더욱더 선량한 악도 있다. 우리 인간들이 도덕과 선악의 이분법에 갇혀 있게 되면 그 사회는 바로 지옥이 되고, 어떠한 인간들도 살아갈 수가 없는 것이다. 도덕은 천륜 아래에 있고, 천륜은 그 도덕을 넘어서 있다. 어떠한 도덕도 그처럼 티없이 맑고 깨끗한 아이들로부터 그 아버지를 빼앗아 갈 권리가 없고, 어떠한 옥황상제님도 한 가정의 행복을 파괴할 권리가 없다.

거짓과 불의를 삶의 조건으로서 인정한다는 것은 그것은 기존의 도덕 관념을 거부하고, 이 세상의 삶을 더욱더 아름답고 풍요롭게 바라보고 있다는 것을 뜻한다. 왜냐하면 도덕이 인간의 삶을 위해 있는 것이지, 우리 인간들이 그 도덕을 위해서 봉사해서는 아니되기 때문이다. 따라서 유안진 시인은 도덕주의의 함정에 빠져 있었던 자기 자신을 반성하고 그 도덕주의를 넘어서서 이 세상의 삶을 더욱더 옹호하고 찬양하게 된다. 따라서 유안진 시인은 "오오 그리운 내 고향"이라는 하늘나라에 대한 동경을 버리고 그 '날개옷'을 아궁이에다가 태워버리게 되었던 것이다. 사상과 신념이 다르면 아버지는 아들에게 총부리를 들이대게 되고, 또한, 아들 역시도 그 아버지를 향해서 총부리를 들이대게 된다. 사상과 신념을 바꾼다는 것은 그처럼 어렵고 힘든 일이지만, 그러나 그 사상과 신념에 갇혀 있다는 것은 더욱더 불행한 인간의 초상에 지나지 않는다. 유안진 시인이 날개옷을 태우면서 "뜻 모를 눈물"을 흘렸다는 것은 그가 그토록 사랑했던 이상주의(사상과 신념)를 포기했다는 사실을 뜻하며, 바로 이 지점에서 "뜻 모를 눈물"은 시적인 반어와 역설에 지나지 않게 된다. "뜻 모를 눈물"은 그가 그토록 사랑했던 이상주의(하늘나라)를 포기했기 때문에 너무나도 자연스럽게 흘러나온 눈물일 수밖에 없지만, 그러나 그 "뜻 모를 눈물" 속에는 유안진 시인의 여러 감정들이 중층적으로 겹쳐져 있을 수밖에 없는 것이다. 그 "뜻 모를 눈물" 속에는 그의 이상을 포기할 수밖에 없었던 슬픔과 허전함의 감정들이 내포되어 있고, 다른 한편, 사랑하는 남편과 아이들과 새로운 지상낙원에서 살아가게 되었다는 자기 만족과 기쁨의 감정들도 내포되어 있다. 도덕주의는 삶을 질식시키지만, 그 도덕주의를 넘어서면 더욱더 아름답고 풍요로운 삶이 펼쳐지게 된다. 도덕군자는 하늘과 땅, 천국과 지옥, 선과 악이라는 이분법적인 도식에 갇혀 있지만, 그 도덕을 넘어선 인간은 하늘나라가 아닌, 이 세상도 지상낙원일 수 있음을 깨닫게 된다. 참다운 사랑은 자기 자신의 알몸마저도 허락하고, 참다운 사랑은 어떠한 불행도 더욱더 행복한 삶으로 변모시킨다. 사랑은 전지전능한 신이며, 그 사랑이 있는 곳에서는 지상낙원이라는 새로운 신천지가 펼쳐지게 된다. 지상낙원은 오두막집도 하늘궁전으로 변모되고 있는 곳이며, 그 구성원들의 웃음 소리에 의하여 행복이라는 나무와 그 열매들이 주렁주렁 맺히고 있는 곳이다.

아궁이에서 활활 타는 날개옷을 바라보니, 뜻 모를 눈물이 흘러내렸지만, 분명 나는 웃고 있었지요, 내 하늘은 이 오두막이야, 우리집이야, 마당쪽에서 아이들 웃음소리가 까르르 밀려왔지요.

유안진 시인의 「선녀의 선택」은 전래동화인 「선녀와 나무꾼」의 창조적 패러디이며, 선악을 넘어서서 이 세상의 삶의 본능을 옹호한 낙천주의의 찬가라고 하지 않을 수가 없다. 도덕주의의 함정에 빠져서 부부간의 천륜과 이 세상의 삶을 거부한 「선녀와 나무꾼」을 극단적으로 비판한다는 것은, 동시대의 도덕의 심장에다가 가장 날카롭고 예리한 메스를 들이댔다는 것을 뜻한다. 유안진 시인의 「선녀의 선택」이 물음표와 물음표들의 집합체일 수밖에 없었던 것은 자기 자신이 선악을 넘어서, '시인이라는 이름'의 '행복론의 연출자'이었기 때문일는지도 모른다. 모든 것이 가능하고 어느 것 하나 부족한 것이 없는 하늘나라를 거부하고, 이 어렵고 힘든 세상을 선택한다는 것은 낙천주의자만이 선택할 수 있는 고귀하고 위대한 행위라고 하지 않을 수가 없는 것이다. 하늘나라에서의 영생불사의 삶을 거절하고 유한한 존재로서의 인간의 삶을 살아가겠다는 것은 그의 인생관에 해당되고, 제 아무리 어렵고 힘든 삶일지라도 어떠한 고통과도 싸워 이겨나가며 그 오두막집에서 '까르르 까르르' 웃으면서 살아가겠다는 것은 그의 세계관에 해당된다. 어차피 우리 인간들의 인생이란 유한하고 고통의 연속이라는 것, 그렇다면, 바로 그 고통과의 싸움 속에 우리 인간들의 행복이 있다는 것, 바로 이것이 낙천주의자로서의 유안진 시인의 인생관이자 세계관이라고 할 수가 있는 것이다. 유한한 삶을 긍정하면 영원불멸의 삶이 펼쳐지고, 더욱더 어렵고 힘든 고통을 긍정하면 더욱더 아름답고 풍요로운 지상낙원의 삶이 펼쳐지게 된다.

유안진 시인의 「선녀의 선택」은 전래동화에서처럼 이야기의 구조를 갖고 있는데, '기승전결起承轉結'이 바로 그것이라고 할 수가 있다. 선녀와 나무꾼의 고백을 듣고 그 배신과 분노 때문에 치를 떠는 것은 발단에 해당되고, 그 남편을 너무나도 극단적으로 단죄를 하고 두 아이를 안고 하늘나라로 올라가는 것은 전개에 해당된다. 큰 아이의 말을 듣고 비로소 '나는 천륜을 갈라 놓을 권리가 없다'라는 것을 깨닫고 그 날개옷을 태우는 것은 절정에 해당되고, 머나먼 하늘나라보다는 이 지상에서의 삶이 더욱더 아름답고 행복하다는 것은 그 결말에 해당된다.

나는 나의 『행복의 깊이』, 제1권, 제4장에서, "모든 시는 낙천주의를 양식화시킨 것이다. 시가 존재하는 한 우리 인간들의 삶은 향유되지 않으면 안 된다. 삶을 향유하는 데 있어서는 우리 인간들의 삶이 과연 살만 한 것인가, 아닌가라는 질문조차도 쓸데 없는 시간 낭비에 지나지 않는다. 삶은 회의되고 질문되기 이전에 향유되지 않으면 안 된다. 이 대전제 앞에서만이, 우리 인간들의 삶을 향유할 수 없게 하는 그 모든 것들에 대한 비판이 가능해진다"라고 역설한 바가 있다.

유안진 시인은 대한민국에서는 보기 드물게 이 어렵고 힘든 삶을 더욱더 사랑하는 낙천주의자이다. 이 어렵고 힘든 삶을 더욱더 사랑하게 되면 모든 것이 가능해지고 어느 것 하나 부족한 것이 없게 된다.

오오, 언제, 어느 때나 그 절망을 넘어서서, 이 세상의 삶을 옹호하고 찬양하고 있는 시인이여!

오오, 호머와도 같고, 오딧세우스와도 같은 시인이여!

명시 · 55

박미영

공룡 뱃속

어서 오세요, 고객님. 무엇을 도와드릴까요?

공룡 입안은 상쾌하지도 발랄하지도 않다
새해에 대해 사람들이 불안해한다
불안은 욕구충족으로 내달린다
그럴 때 내미는 손, 꽉 움켜쥔다
공룡은 입맛을 다시며 혀로 부드럽게 얼굴을 핥아준다

제가 안내해 드리겠습니다!

손만 뻗으면 빈곳을 채워줄 물건들이 가득하다
공룡 심장 뛰는 소리에 맞추어 우리의 심장도 벌렁벌렁 따라 뛴다
뛰는 속도를 감당할 수 있을까
그것은 별로 상관이 없다

우리의 심장이 멈추어도 공룡 뱃속은 아늑하고 따뜻하다
길은 환하고 밝아 주위에 널려 있는 물건들이 아름답게 빛난다

더 필요한 게 있으십니까?

없다고 하면 안 될 것 같아 잠시 두리번거린다
뒷걸음질은 위험하다
수렁은 언제나 뒷걸음질치는 사람을 기다린다
공룡의 내장은 꾸물꾸물 목을 조였다 풀었다 한다
필요 없어도 필요한 듯 몇 개 더 씹지도 않고 삼킨다
게워 내고 싶은 순간
목을 조여 오는 힘이 점점 더 강해진다

즐거운 하루 되십시오!

역한 냄새가 훅,
문을 나서기가 두려워 진다
즐거운 쇼핑은 즐거운 하루다
공룡 혓바닥이 쓰윽 자기 똥구멍을 핥을 때
즐거운 인생이 끈적끈적하게 우리를 휘감는다
새해는 공룡 똥구멍에서 뜬다

— 『나비, 봄을 짜다』, 애지문학회편, 종려나무, 2007년

박미영 시인은 1965년 서울에서 출생했으며, 2006년 계간시전문지 『애지』로 등단했다. 이 「공룡 뱃속」 외 4편은 그의 등단작이며, 나는 그 심사평에서 다음과 같이 말한 적이 있었다.

　　이번에도 '애지 신인문학상—시부문'에 상당히 많은 분들이 응모를 해왔지만, 「공룡 뱃속」 외 14편을 보내온 박미영 씨를 당선자로 내보내는 데 우리는 흔쾌하게 의견일치를 보았다. 박미영 씨는 언어를 맑고 투명하게 사용하고, 그리고 다른 한편으로는 옛날의 이야기를 들려주듯이, 아주 구수하고 설화적인 기법을 사용한다. 박미영 씨의 맑고 투명한 언어는 그 대상들을 감각적으로 드러내고, 그리고 그 설화적인 기법은 그 대상들을 풍자와 해학으로 몰아가게 된다. 「꽃나무를 지날 무렵」, 「꽃 피는 장날」은 전자의 예에 해당되고, 「공룡 뱃속」, 「박씨 대제가 열릴 때」, 「팥빙수와 사내」는 후자의 예에 해당된다. 감각은 대상을 인식하는 기능으로 작용하고, 풍자와 해학은 그 대상들을 사유(성찰)하는 기능으로 작용한다. 사물을 맑고 투명하게 인식할 수 있는 감각과 그 대상들을 사유할 수 있는 이성을 지녔다는 것은 박미영 씨가 오랫동안 뼈를 깎는 듯한 절차탁마의 과정을 거쳤다는 것을 뜻한다. 좀더 깊이 있고 중후한 역사 철학적인 공부와 함께, 시인으로서의 장인 정신을 밀고 나간다면, 한국시문학사 속에서 아주 중요하고 훌륭한 시인이 될 수도 있을 것이다.

박미영 시인의 「공룡 뱃속」은 그의 감각과 이성이 상호 마주쳐서 빚어놓은 제일급의 시이며, 현대 자본주의 사회와 그 문명 사회를 종말론적 시각에서 가장 날카롭고 예리하게 비판한 시라고 할 수가 있다. 그는 우선 대형백화점에서 안내양과 점원들로부터 흔히 들을 수 있는 말들을 가장 날카롭게 예리하게 인지하고, 그 다섯 개의 문항들을 작성해낸다. 그리고 그 문항들을 고딕으로 처리하고, 그 문항들에 대한 자기 자신의 의견과 감정 등을 정리하여 그것을 아주 탁월하게 시적으로 표현해낸다. 그 문항들은 질문형과 인도형, 그리고 기원형의 화두가 되고, 그의 답변 형식의 시적 표현들은 그 화두들에 대한 가장 날카롭고 예리한 비판이 된다. 요컨대 이 「공룡 뱃속」은 이미 공룡이 사라지고 없다는 점에서 종말론적 색채를 간직하게 되고, 그 종말론적 색채들은 현대 자본주의 사회와 그 문명 사회에 대한 비판이 되고 있는 것이다.

만일, 그렇다면, 공룡이란 무엇이란 말인가? 공룡(恐龍: dinosaur)은 약 2억 3천만 년 전에 처음으로 나타나서, 6,500만 년 전의 백악기 말까지, 약 1억 6천 5백만 년 동안이나 번성했던 동물이라고 한다. 공룡의 어원은 1841년 영국의 고생물학자 리처드 오언이 제안했던 'dinosaur'이며, 이 말은 디노스(dinos: 무서울 정도로 큰 것)와 사우르(saur: 도마뱀)의 합성어라고 할 수가 있다. 공룡은 무시무시한 도마뱀이며, 육식공룡과 초식공룡으로 대별된다. 육식공룡은 다른 육식공룡과 곤충과 도마뱀과 포유류 등을 잡아먹었고, 초식공룡은 나뭇잎이나 풀들을 뜯어 먹고 살았다고 한다. 만일, 그렇다면, 왜 이 세계의 지배자이었던 공룡들이 어느 날 갑자기 사라져갔단 말인가? 내가 인터넷 백과사전에서 찾아본 바에 의하면, '운석충돌설', '기온저하설', '해수준 저하설', '화산활동설', '혜성설' 등이 있지만, 그 중에서도 가장 유력한 것이 '운석충돌설'이 아닌가 생각된다. 어느 날 갑자기 그 지름이 10km에 가까운 거대한 운석이 땅에 떨어졌고, 그 엄청난 속도와 파괴력에 의하여, 지름 100km와 깊이 40km나 되는 거대한 웅덩이가 생겨났다고 한다. 바로 이때에 그 엄청난 폭발의 에너지와 함께, 대량의 먼지가 지상 40km까지 올라가 모든 햇빛을 차단하게 되었다고 한다. 따라서 상당히 오랫동안 지구는 해가 뜨지 않는 별이 되었고, 모든 식물들과 함께, 이 세상에서 가장 크고 무시무시한 공룡들도 그 최후의 종말을 맞이하게 되었다고 한다.

이제 공룡은 무시무시한 괴물이며, 그 공포의 대상으로서만 존재한다. 박미영 시인은 현대 자본주의 사회의 상징인 대형백화점을 무시무시한 괴물인 공룡으로 의물화시키고, 그리고 그 안에서 일어나는 모든 상업적인 행위들을 공룡의 뱃속에서의 그것으로 구체화시켜 놓는다. 생산의 축과 소비의 축은 자본주의 사회의 두 축이며,

모든 상업적인 거래 행위들은 그 두 축을 통해서만이 이루어지게 된다. 생산자는 상품을 생산하고, 소비자는 자기 자신의 필요에 의하여 그 상품을 사는 것이 '사용가치'가 중시되던 사회에서의 상업적인 거래 행위들이라면, '교환가치'가 더욱더 중요시 되는 현대 자본주의 사회에서는 생산자(자본가)가 상품을 생산해내는 것은 물론, 소비자의 '구매의사결정능력'을 빼앗아 버리게 되었다고 하지 않을 수가 없다. 광고의 언어도 유혹의 언어이며, 상술의 언어도 유혹의 언어이다. 유혹의 언어는 기만의 언어이며, 기만의 언어는 완벽한 범죄의 언어이다. 생산의 축과 소비의 축을 다 움켜쥐고서, 최고 이윤의 법칙과 극단적인 이기주의를 위하여, 소비자의 구매의사결정능력을 빼앗아 버리고, 다만, 소비자는 충동적인 구매만을 하는 꼭두각시가 되어가고 있을 뿐인 것이다.

자본의 얼굴은 인면수심人面獸心, 즉, 사람의 탈을 쓴 짐승의 얼굴이다. 그는 항상 그의 고객들을 왕처럼 받들어 모시고, '고객만족'이라는 최고의 이념에 따라서, 또한 최고의 친절과 서비스를 다하고자 한다. **"어서 오세요, 고객님. 무엇을 도와드릴까요?"**가 바로 그것이지만, 그러나 그 거대 자본의 "입안은 상쾌하지도 발랄하지도 않다." 왜냐하면 그 거대 자본이 지배하는 사회에서는 희망의 새해가 다가오지 않고, 불안의 새해만이 다가오고 있기 때문이다. 자본주의 사회는 무한경쟁의 사회이며, 부자와 가난한 자를 아주 극단적으로 대립시켜 놓고 있는 사회에 지나지 않는다. 대량실업과 대량해고의 위험과 함께, 만성적인 빈곤이 언제, 어느 때나 무시무시한 괴물의 입처럼 도사리고 있으며, 따라서 더 이상 희망의 새해는 밝아오지도 않는다. 그렇다. "불안은 욕구충족"으로 내달리게 된다. 불안이란 정신적 위기에 몰린 자의 심리적 현상이며, 그 불안이 해소되지 않는다면, 그는 더 이상의 사회 생활이 불가능한 정신병자가 될 수밖에 없는 것이다. 욕구란 어떤 것을 간절하게 원하는 것을 말하고, 그 욕구가 충족되지 않으면 '불안'이라는 심리적 현상이 생겨나게 된다. 먹고 사는 것에 대한 불안, 안정적인 직장생활에 대한 불안, 임용시험과 승진에 대한 불안, 행복한 가정생활과 부부 사이에 대한 불안, 죽음과 질병에 대한 불안, 상대적 빈곤감과 상대적 박탈감에 대한 불안 등—. 요컨대 수많은 불안들이 도처에 도사리고 있지만, 그 불안에 대한 심리적인 위기감이 충동구매로 이어지게 된다. 충동구매란 견물생심見物生心, 즉, 새로운 물건을 보면 욕심이 생겨나는 것을 말하고, 그 충동구매를 하는 동안은 미래에 대한 모든 불안을 잠시 잊게 된다. "그럴 때 내미는 손, 꽉 움켜쥔다/ 공룡은 입맛을 다시며 혀로 부드럽게 얼굴을 핥아준다"라는 시구는 수많은 안내양과 수많은 점원들이 마치 소비자의 하인처럼 움직여 준다는 것을 뜻하고, 오직 자본의 이익만을 추구하는 거대한 공룡이 그 포식성을 은폐한 채, 무한히 인자하고 친절한 웃음을 띠고 있다는 것을 뜻한다.

"어서 오세요, 고객님. 무엇을 도와드릴까요?"라는 시구가 손님맞이용의 질문형이라면, "제가 안내해 드리겠습니다!"라는 시구는 소비자를 유혹하는 인도형(안내형)의 문항이라고 할 수가 있다. 거대한 공룡의 좌우명은 첫 번째도 친절이고, 두 번째도 친절이다. 그 친절함을 감싸고 있는 분위기는 더없이 인자하고 자비로운 분위기이며, 늘, 항상, 고객만족을 위해서 최선을 다하고 있다는 희생정신의 분위기이기도 한 것이다. 따라서 그 인도자(안내자)의 유혹의 손길을 따라가다가 보면, "손만 뻗으면 빈곳을 채워줄 물건들이 가득"하다는 것을 알게 된다. 이때의 빈곳은 소비자의 공허한 곳을 지시하고, 그 빈곳에 의하여 소비자의 욕구가 생겨나게 된다. 소비자의 심장은 욕구(결여)와 충족 사이에서 뛰게 되고, 인도자, 즉, 공룡의 심장은 친절과 유혹 사이에서 뛰게 된다. 소비자의 심장은 '과연 이 물건들이 나의 욕망을 충족시켜 줄 수 있을까'라는 설레임 때문에 뛰게 되고, 공룡의 심장은 '과연 이 인간이 나의 유혹에 넘어가 더 많은 이익을 남겨 줄 수 있을까'라는 설레임 때문에 뛰게 된다.

현대 자본주의 사회는 속도의 시대이다. 날이면 날마다 자기 혁명과 기술 혁명이 일어나고, 이 혁명의 힘에 의하여 그 모든 것이 무서울 정도로 변모를 하게 된다. 기업은 시속 100마일의 속도로 뛰고, 시민단체들은 90마일의 속도로 뛴다. 가정은 60마일의 속도로 뛰고, 노동조합은 30마일의 속도로 뛴다. 관료조직은 25마일의 속도로 뛰고, 학교는 10마일의 속도로 뛴다. 세계관리기구는 5마일의 속도로 뛰고, 의회와 백악관과 정부의 조직들은 3마일의 속도로 뛰고, 그리고 법원과 법률 단체들은 1마일의 속도로 뛴다(앨빈 토플러, 『부의 미래』). 미래학자인 앨빈 토플러의 말에 의하면 이 속도를 주재하는 것은 거대 자본이고, 이 속도와의 전쟁 속에서 살아 남으려면 더욱더 끊임없이 자기 혁명을 가속화시켜 나가지 않으면 안 된다. 그러나 공룡의 심장 뛰는 속도는 시속 100마일이고, 우리의 심장 뛰는 속도는 기껏해야 노동조합 수준의 30마일밖에 되지는 않을 것이다. 소비자가 공룡의 속도를 감당할 수는 없지만, 그러나 우리가 그의 뱃속에서 쇼핑을 하고 있는 동안은 전혀 문제가 될 것이 없다. 왜냐하면 "우리의 심장이 멈추어도 공룡 뱃속은 아늑하고 따뜻"하기 때문이다. 아니, 우리는 공룡 뱃속에서 공룡의 속도로 뛰고 있으며, "길은 환하고 밝아 주위에 널려 있는 물건들이" 더욱더 아름답게 빛나고 있기 때문이다.

공룡 뱃속은 유토피아이면서도 디스토피아이다. 따라서 그가 쇼핑을 끝내갈 무렵이면, 그 인자하고 친절한 유혹의 손길은 **"더 필요한 게 있으십니까?"**라는 강요의 손길로 변모하게 된다. **"어서 오세요, 고객님. 무엇을 도와드릴까요?"**라는 질문형과 **"더 필요한 게 있으십니까?"**라는 질문형은 다같은 질문형의 문항들이기는 하지만, 그러나 그 뉘앙스의 차이는 하늘과 땅 차이만큼이나 크다고 하지 않을 수가 없다. 전자의 질문형이 끊임없는 인자함과 친절함의 얼굴을 한 유혹의 손길이라면, 후자의 질문형은 그 인자함과 친절함의 얼굴을 한 채, 더없이 은밀한 강요의 질문형이라고 하지 않을 수가 없다. 강요의 말은 협박의 말이고, 협박의 말은 두려움과 공포를 불러일으킨다. 따라서 그는 "없다고 하면 안 될 것 같아 잠시 두리번"거리게 되고, 비로소 "뒷걸음질은 위험하다"는 것을 깨닫게 된다. 왜냐하면 거대한 공룡이 그 인자함과 친절함의 미소 속에서, 그 무시무시한 발톱과 이빨을 드러내고 있기 때문이다. 이때에 뒷걸음질이 위험하다는 것은 우리의 뒤통수에는 눈이 없기 때문이며, 언제, 어느 때나 더욱더 위험한 수렁이 기다리고 있기 때문이다. 앞으로 나아갈 수도 없고, 뒤로 물러설 수도 없다. 여기도 공룡의 뱃속이고 저기도 공룡의 뱃속이다. 공룡의 내장은 자본의 포식성처럼, 그의 목을 끊임없이 "조였다가 풀었다"가 하고, 그는 그 공포와 두려움에 사로잡힌 채, "필요 없어도 필요한 듯 몇 개 더 씹지도 않고" 충동구매를 하게 된다. 더 많이, 더 빨리, 더욱더 소비를 하라는 것이 공룡의 강요이고, 더 많이, 더 빨리, 더욱더 돈을 벌겠다는 것이 공룡의 속셈인 것이다. 자본의 논리는 더럽고 추한 논리이며, 그 더럽고 추한 논리는 오직 최고의 이윤법칙과 극단적인 이기주의에 기초해 있다. 유혹은 인자함과 친절함의 얼굴을 하고, 강요는 두려움과 공포의 얼굴을 한다. 한 번, 그 자본의 유혹의 손길에 말려들게 되면, 거대한 공룡의 뱃속에서 미로찾기가 되고, 따라서 그 모든 것을 다 "게워내고 싶은 순간"이 찾아오지만, 그러나 그의 "목을 조여오는 힘만이 점점 더 강해"질 뿐인 것이다. 그의 육체는 제물이며, 그의 생명은 공룡의 뱃속에서 소화되기만을 기다리는 생명에 지나지 않는다.

자본주의 사회는 유토피아이면서도 디스토피아이다. 모든 것이 가능하면서도 어느 것 하나 가능한 것이 없다. 안도 없고, 바깥도 없다. 입구도 없고, 출구도 없다. 행복도 없고, 기쁨도 없다. 희망도 없고, 신도 없다. 공룡의 뱃속을 빠져 나와도 공룡의 뱃속이고, 공룡의 뱃속에 있어도 공룡의 바깥이다. 친절함이 공포를 생산해내고, 공포가 친절함을 생산해낸다. 유혹이 강요를 부르고, 강요가 유혹으로 위장한다. 광고의 언어도 유혹의 언어이며, 상술의 언어도 유혹의 언어이다. 유혹의 언어는 기만의 언어이며, 기만의 언어는 완벽한 범죄의 언어이다. 이 모든 언어들이 손에 손을 잡고 가면무도회를 주재하고 있는 한, 그 모든 관계들은 부정부패의 고리에서 빠져나갈 수가 없게 된다. 더 많이, 더 빨리, 더욱더 많은 돈을 벌겠다는 자본가들의 탐욕이 이 세계와 우리 인간들의 삶의 터전을 파괴하게 되고, 그 모든 인간 관계들을 상호 불신의 관계로 몰아가게 된다. 자본주의 사회의 속도는 부정부패의 속도이며, 그 부정부패의 힘이 수많은 온실가스를 배출해내고, 그리고 급기야는 거대한 빙산들마저도 다 녹여 버리게 된다.

이제 공룡은 자본가가 되고, 공룡의 뱃속은 우리 인간들의 삶의 터전이 된다. 여기 저기서 부정부패의 역한 냄새가 코를 찔러대지만, 그러나 그 문을 나서기가 두려워지고 있을 뿐인 것이다. 왜냐하면 공룡 뱃속의 바깥도 공룡의 뱃속에 지나지 않기 때문이며, 또한, 부정부패는 우리 인간들의 삶의 향기가 되고 있기 때문이다.

역한 냄새가 훅,
문을 나서기가 두려워 진다
즐거운 쇼핑은 즐거운 하루다
공룡 혓바닥이 쓰윽 자기 똥구멍을 핥을 때
즐거운 인생이 끈적끈적하게 우리를 휘감는다
새해는 공룡 똥구멍에서 뜬다

박미영 시인은 그의 섬세하고 민감한 감각으로 공룡(자본)의 뱃속을 인지하고, 그리고 그의 날카롭고 예리한 이성으로 자본주의 사회의 본질을 사유해낸다. 자본주의 사회를 움직이는 힘은 부정부패의 힘이며, 그 부정부패의 힘은 그 어느 누구도 거역할 수 없는 최고의 힘이 된다. 즐거운 쇼핑은 즐거운 하루가 되고 즐거운 하루는 즐거운 쇼핑에서 시작된다. 자본의 입은 **"즐거운 하루가 되십시오!"** 라고, 우리 인간들의 행복을 기원(기원형의 문항)하지만, 그러나 우리 인간들은 그 더럽고 추한 곳, 즉, 그 부정부패의 땅을 벗어날 수가 없다. "공룡 혓바닥이 쓰윽 자기 똥구멍을 핥을 때/ 즐거운 인생이 끈적끈적하게 우리를 휘감"고는 있지만, 그 즐거운 인생이란 기껏해야 공룡의 똥구멍이나 핥아주는 인생에 지나지 않는다. 왜냐하면 그 거대한 공룡이 더 많은 이익을 위한 자기 증식의 논리로, 자기 자신의 똥구멍을 핥는다는 것은 우리 인간들도 그 공룡의 똥구멍을 핥아주어야만 한다는 암시에 지나지 않고 있기 때문이다.

　안내양의 **"즐거운 하루가 되십시오!"**라는 말에서 역한 냄새를 맡고, 그 역한 냄새를 맡으면서도 그 공룡의 뱃속을 빠져 나가기가 두렵다는 박미영 시인, "즐거운 쇼핑은 즐거운 하루다"라고 되뇌이면서도 공룡의 똥구멍을 핥아주어야만 한다는 사실을 깨닫고 더욱더 절망하고 있는 박미영 시인, 그리고 그 공룡의 똥구멍을 핥아주는 것이 즐거운 인생이라는 것을 깨달아 가면서도 더욱더 처절하게 "새해는 공룡 똥구멍에서 뜬다"라고 되뇌이고 있는 박미영 시인—. 어느 누가 이 박미영 시인의 가장 뛰어난 독창성과 개성을 주목하지 않을 수가 있겠는가? 똥구멍을 핥는다는 것은,

　　　1, 더러운 똥을 먹는다;
　　　2, 힘이 있는 자에게 빌 붙어서 그의 비위를 맞추며 살아간다;

라는 뜻에 지나지 않으며, "새해는 공룡 똥구멍에서 뜬다"라는 시구

역시도 그 공룡이 주재하는 자본의 힘, 즉, 부정부패의 힘에 의해서 지배를 받게 된다는 뜻이라고 할 수가 있는 것이다.

"새해는 공룡 똥구멍에서 뜬다." 이 말은 그 진정성 이외에도 내가 여태까지 들어본 말들 중에서도 가장 아름답고 뛰어난 시적인 경구이기도 한 것이다. 자본의 역사는 쇠퇴의 역사이며, 몰락의 역사이다. 박미영 시인은 가장 섬세하고 민감한 감각과 가장 날카롭고 예리한 이성과, 그리고, 또한, 가장 아름답고 뛰어난 언어 감각을 다 지닌 시인이며, 앞으로 우리 한국문학사를 더욱더 크게 빛낼 시인이라고 하지 않을 수가 없다.

"새해는 공룡 똥구멍에서 뜬다." 이 말은 자본주의 사회와 한 시대 전체를 설명해줄 수 있는 가장 핵심적인 경구가 될 것이다.

아아, 자본주의 사회의 부정부패의 힘이여!

아아, 이 세상에서 가장 아름다운 별인 지구의 대폭발이여!

명시 · 56

이인주

파르마콘

석박사 약국에 약을 사러 갑니다
동네에서도 소문난 석박사 약국
발 디딜 틈 없는 사람들로 북적댑니다
모두 박사님의 환자들입니다
만병통치한다는 마법의 약*,
독감을 녹이고 홧병을 녹이고 우울증을 녹인다지요
힐끗 나를 한 번 훑어본 박사는
재빨리 조제실 너머로 사라집니다
또닥또닥 무언가를 떨어뜨려
빻기도 하고 갈기도 하는 박사의 익숙한 손끝에서
내가 한 번도 듣지 못한 성분들이 배합됩니다
창가에서는 아스파라거스가 피고 완두콩이 열립니다
출처가 꼬인 덩굴손이 남남쪽으로 뻗어갑니다
미심쩍은 햇살과 오후 두 시의 불안이

도가니 안으로 빨려듭니다
금박의 수상쩍은 자격증도 빨려듭니다
어쩌면 박사는 한눈에 나의 증상을 읽어내고
흥분제와 진정제를 묘한 비율로 섞고 있는지도 모릅니다
강단 한 알, 연민 한 술
극소량의 독 한 방울이 첨가될 지도 모릅니다
오늘부터 당신은 나의 환자입니다
약을 건네주는 박사님의 눈빛이 잔인하게 부드럽습니다
거부할 수 없는 그 눈빛에 압도된 순간
나는 내용물을 복용합니다 이름도 성분도 모르는
오래 중독될 어떤 불온을

비슷한 명함은 도처에 있습니다

* '마법의 약'이라는 뜻. 고대 그리스에서 이것은 치료제와 독약을 동시에 의미했다.

— 『애지』, 2007년, 겨울호

불안이란 무엇인가? 불안이란 심리적으로 마음이 편하지 않은 상태를 말하며, 불안이라는 개념은 현대정신분석학에서 가장 중요한 개념이라고 할 수가 있다. 프로이트의 말을 빌리면 불안이란 신체의 내부기관에서 생기는 고통스러운 감정적 경험을 말한다. 이런 흥분들은 내적, 외적인 자극에 의해서 생겨나게 되고, 인체의 자율 신경 계통의 조정을 받게 된다. 우리 인간들이 이 불안을 어떻게 방어하는가에 따라서 불안증, 강박증, 노이로제, 히스테리, 공포증, 정신분열증 등, 여러 가지로 나타나고, 이 불안이 극도로 심해지면 인격이 파괴되고 정신분열증에 걸리게 된다. 만일, 그렇다면, 우리 인간들은 왜, 불안을 그처럼 고통스러워하며, 왜, 또한, 수많은 날들을 불안 속에서 헤매여야 한단 말인가? 그것은 두말할 것도 없이 불안이 삶의 조건이며, 그 불안을 극복하는 것 자체가 우리 인간들의 삶이 되고 있기 때문이다. 불안이란 내적인 자극과 외적인 자극에 의해서 발생하는 것이며, 이때의 불안은 내외적인 위험에 대한 경계신호인 것이다. 불안은 크게 세 가지로 설명할 수가 있는데, '신경증적 불안'과 '현실적 불안', 그리고 '도덕적 불안'이 바로 그것이라고 할 수가 있다. 신경증적 불안은 자기 자신의 욕망이 충족되지 않는데서 오는 불안이며, 현실적 불안은 일상생활의 현실에서 구체적으로 겪게 되는 불안이고, 그리고 마지막으로 도덕적 불안은 자기 자신의 잘못에 대한 양심의 가책과도 같은 불안이라고 할 수가 있다(켈빈. S. 홀, 『프로이트의 심리학』, 문예출판사 참조). 어떤 사내가 은행강도가 되어서 큰 부자가 되고 싶다는 욕망을 갖고 있을 수도 있을 것이다. 만일, 그렇다면, 그의 이드는 '나는 그것을 원해요'라고 말할 것이고, 그의 자아는 '나는 그런 생각 자체를 두려워해요'라고 말할 것이며, 그리고 그의 초자아는 '그런 끔찍한 생각을 하다니, 나는 결코 너를 용서할 수가 없단다'라고 말할 것이다. 성적 욕망이 충족되지 않아도 우리는 불안에 떨게 되고, 물질적 욕망이 충족되지 않아도 우리는 불안에 떨게 된다. 외부의 적이 있어도 불안에 떨게 되고, 정리해고의 소리만 들어도 불안에 떨게 된다. 또한, 미국의 용병이 되어서 대량학살극을 벌인 사람은 전쟁이라는 말만을 들어도 불안에 떨게 되고, 어느 순진한 처녀를 강간했던 사람은 강간범이 체포되었다는 말만을 들어도 불안에 떨게 된다. 불안은 도처에 있고, 불안은 언제, 어디서나 시도 때도 없이 자라난다. 불안은 약이면서도 독약이다. 불안이 있기 때문에 천재지변과 외부의 적을 방어할 수가 있고, 그 불안이 있기 때문에, 또한 삶의 공포를 극복하고 이 세상의 삶을 살아가는 기쁨도 있는 것이다. 하지만 그 불안을 효과적으로 극복하지 못한다면 그는 정신분열증의 환자가 되거나, 또는 아주 극단적으로 자기 자신의 목숨을 끊어버릴 수도 있을 것이다. 니체는 '이성이 광기가 되고 회의가 죄 자체'가 되는 시대를 비판한 적도 있고, 미셸 푸코는 정상과 비정상은 권력의 조작이며, 사회 자체가 거대한 감옥(정신병원)이라고 역설한 적도 있다. 우리는 불안 속에서 태어나 그 불안을 효과적으로 극복(방어)하지 못하고 살아가고 있는 것인지도 모른다.

　이인주 시인은 1965년 경북 칠곡에서 태어났고, 경북대학교 화학과와 동대학원을 졸업했다. 2006년, 『서정시학』에 「단추」 외 3편으로 등단했으며, 정신분석학을 통해서 인간의 내면의식을 밝혀내고, 또, 그것을 아주 시적으로 탁월하게 승화시켜낸 바가 있다. 정신분석학의 목표가 인간의 억압된 욕망을 밝혀내고, 그 욕망의 충족과 억압 사이에서 균형을 잡아주는 것이 그 목표라면, 그의 정신분석학적인 접근 역시도 마찬가지라고 할 수가 있다. 욕망의 충족과 억압 사이에서 균형을 잡아준다는 것, 그 목표야말로 가장 도전적이고 야심만만한 시적(철학적)인 주제라고 하지 않을 수가 없는 것이다. 이미, 시사한 바가 있듯이, 이드는 쾌락원칙에 충실하고, 자아는 현실원칙에 충실하며, 그리고 마지막으로 초자아는 도덕원칙에 충실하게 된다. 이드는 그것이 성적욕망이든, 물질적 욕망이든지간에, 그 욕망을 충족시키려고 하고, 자아는 그 욕망의 실현 가능성을 따져보며 어떤 것은 실현시키고, 또 어떤 것은 억압을 하게 된다. 초자아는 그 행위들에 대한 상벌의 기능을 담당하며, 도덕적으로 올바른 행위에는 칭찬을, 그렇지 못한 행위에는 매우 엄격한 처벌을 내리게 된다. 욕망의 충족과 억압 사이에서 균형을 잡아준다는 것은 이드와 자아와 초자아의 기능들이 조화를 이루고 있다는 것을 뜻하고, 그 주체자는 어느 누구보다도 행복한 삶을 향유하고 있다는 것을 뜻한다. 시의 궁극적 목표도 행복한 삶이고, 철학의 궁극적인 목표도 행복한 삶이다. 행복한 삶이 그 목표가 아니라면 시가 무슨 필요가 있겠으며, 또한, 행복한 삶이 그 목표가 아니라면 철학(정신분석학)이 무슨 필요가 있겠는가? 시도 낙천주의를 양식화시킨 것이고, 철학도 낙천주의를 양식화시킨 것이다.

하지만 프로이트의 말대로, 우리 인간들의 욕망을 통제할 수 없다는 것이 가장 큰 불행이라고 하지 않을 수가 없다. 욕망이 충족되지 않으면 불안이 생겨나고, 그 불안이 깊어지면 불안증, 강박증, 노이로제, 히스테리, 공포증, 정신분열증 등이 생겨나게 된다. 그리고, 또한, 그 반대방향에서, 그 욕망을 지나치게 추구하다가 보면, 살인, 강도, 강간, 사기, 절도, 배임, 공금횡령, 전쟁, 싸움 등의 온갖 범죄들이 만연하게 된다. 우리 인간들은 욕망의 충족과 억압 사이에서, 그 불안이라는 삶의 텃밭을 일구어 나가면서 살아가고 있는 것이다. 바로 이 지점에서 프로이트와 현대철학자들의 염세주의가 생겨나고 있는 것이기는 하지만, 불안의 극복이야말로 지상 최대의 과제라고 하지 않을 수가 없는 것이다. 이인주 시인의 「파르마콘」은 그 '불안'을 주제로 한 시이며, 그 불안을 극복해보겠다는 목표를 지닌 시라고 할 수가 있다. 그는 "석박사 약국"으로 "약을 사러"가고 있는데, 왜냐하면 그 석박사 약국은 독감과 홧병과 우울증을 녹여 줄 수 있는 만병통치약을 조제해주고 있기 때문이다. 만병통치약은 무엇이고, 왜, 우리 인간들은 만병통치약을 그토록 간절하게 원하고 있는 것일까? 그것은 두말할 것도 없이 모든 병으로부터 해방되어 건강하고 행복한 삶을 원하고 있기 때문이다. 따라서 "독감을 녹이고 홧병을 녹이고 우울증"을 녹여 줄 수 있는 석박사 약국에는 수많은 사람들로 발 디딜 틈도 없이 북적거리게 되고, 그 역시도 수많은 사람들 중의 한 사람이 되어 찾아가게 된 것이다. 만병통치약이란 마법의 약이고, 모든 병들을 치료해줄 수 있는 약을 말한다. 시적 문맥으로 따져보면 그는―여기서의 그는 시적 화자를 말하는 것이지, 시인을 말하는 것이 아니다. 오해가 없기를 바란다―독감과 홧병과 우울증을 앓고 있는 사람이기는 하지만, 그러나 "미심쩍은 햇살과 오후 두 시의 불안"이라는 시구에서처럼, 이 모든 것이 종합된 정서불안증의 환자가 아닌가 생각된다. 그는 그 정서불안증 때문에 만병통치약을 간절하게 원하고, 또한, 모든 병으로부터 해방되어 건강하고 행복한 삶을 간절하게 원한다.

만일, 그렇다면, 석박사는 어떻게 해서 만병통치약을 개발하게 되었고, 그 만병통치약의 주원료는 무엇이란 말인가? 우리는 석박사가 어떻게 해서 그 만병통치약을 개발해냈지는 알 수가 없는데, 왜냐하면 이인주 시인은 그것에 대하여 어떠한 설명도 해주지 않고 있기 때문이다. 어쨌든 석박사의 약국은 수많은 사람들로 발 디딜 틈도 없이 북적거리고, 그의 "빻기도 하고 갈기도 하는" 손놀림은 매우 분주하기만 하다. 그의 약국, 즉, "창가에서는 아스파라거스가 피고 완두콩이 열립니다/ 출처가 꼬인 덩굴손이 남남쪽으로 뻗어갑니다"라는 시구는 매우 의미심장한 시구인데, 왜냐하면 그 시구에는 그의 회의주의가 내포되어 있기 때문이다. 모든 것을 발밑으로 내려다보는 시선은 비교적祕敎的 시선이고, 모든 것을 하늘 높이 바라다보는 시선은 통속적通俗的 시선이다. 비교적 시선은 모든 사건의 결말을 알고 있는 시선이고, 통속적 시선은 모든 사건의 결말은커녕, 그 사건의 원인조차도 알지 못하는 시선이다. 이인주 시인의 시선은 통속적인 시선이 아니라, 비교적인 시선이다. 비교적인 시선은 역사 철학적인 지식의 축적과 그 깊이가 없으면 전혀 가능하지도 않은 시선이기도 한 것이다. 하지만, 왜, 하필이면 팥이나 콩이 아닌 완두콩이며, 왜, 또한 "출처가 꼬인 덩굴손이 남남쪽으로 뻗어"가고 있는 것일까? 주지하다시피 완두콩은 그레고르 멘델이 '유전학의 기초'를 세울 때 실험의 대상으로 삼았던 식물이며, 그는 그 완두콩을 통하여 '우열의 법칙'과 '분리의 법칙', 그리고 '독립의 법칙'을 발견해낸 바가 있다. 키가 큰 완두콩과 키가 작은 완두콩을 교배시켰을 때 키가 큰 완두콩만이 나오는 것을 '우열의 법칙'이라고 부르고, 이렇게 하여 얻은 키가 큰 완두콩을 자가수분을 거쳐 다시 키웠을 때, 키가 큰 완두콩과 키가 작은 완두콩의 비율이 3대 1로 나타나는 것을 '분리의 법칙'이라고 부른다. 그리고 우열의 법칙과 분리의 법칙은 그것이 둥근 완두콩이거나 주름진 완두콩, 또는 녹색 완두콩이거나 노란 완두콩이거나 간에, 그 형질에 상관없이 독립적으로 나타났고—즉, 그 형질에 상관없이 똑같은 결과로 나타났고—, 따라서 이것을 '독립의 법칙'이라고 부르게 되었던 것이다. 그러나 이 멘델의 법칙도 현대 유전자 공학에 의하면 매우 제한적이며, 그 한계를 지닐 수밖에 없다고 한다. "창가에서는 아스파라거스가 피고 완두콩이 열립니다/ 출처가 꼬인 덩굴손이 남남쪽으로 뻗어갑니다"라는 시구는 석박사의 약국이 멘델의 실험실과도 같다는 것을 말하고, 그리고 그 실험이 실패로 끝날 수밖에 없다는 것을 말한다. "출처가 꼬인 덩굴손이 남남쪽으로 뻗어갑니다"라는 시구는 어떠한 유전자 공학으로도 "독감을 녹이고 횟병을 녹이고 우울증"을 녹일 수 있는 만병통치약을 얻을 수가 없다는 것을 뜻한다. 범죄의 유전자, 슬픔의 유전자, 횟병의 유전자, 우울증의 유전자, 불안의 유전자는 따로 따로 색출해낼 수가 없는 것이며, 그 유전자들을 따로 따로 색출해내겠다는 현대유전자 공학의 목표—유전자 공학으로 모든 질병들을 치료하겠다는 목표—야말로, 가장 공허하고 기만적인 목표에 지나지 않는 것이다. 오늘의 도덕군자가 내일의 범죄자가 될 수도 있고, 오늘의 슬픈 자가 내일의 기쁜 자가 될 수도 있다. 그 유전자들은 모두가 동일한 것이며, 그 유전자들은 시대와 위치와 상황에 따라서 서로가 상이하게 나타날 뿐인 것이다. 따라서 출처가 꼬인 덩굴손이 남남쪽으로 뻗어가듯이, 그 해바라기성의 완두콩(만병통치약)은 더욱더 수상하고 미심쩍은 불안의 열매들을 맺게 된다. '남남쪽'은 모든 식물들이 지향하고 있는 따뜻한 남쪽과 그리고 모든 식물들의 비옥한 텃밭을 지시하게 된다. 하지만 그 비옥한 텃밭에서는 더 이상 완두콩의 열매들이 열리지 않고, 오직 불안의 열매들만이 맺히게 된다. 그 불안의 열매들이 만병통치약이고, 그 만병통치약이 파르마콘에 지나지 않는다. 파르마콘은 약이면서도 독약이다. 어떤 약도 잘 쓰면 명약이 되고, 어떤 명약도 잘못 쓰면 독약이 된다. 내부의 적과 외부의 적을 효과적으로 방어할 수 있는 불안은 명약이 될 수도 있지만, 그 불안이 가중되면 그 주체자에게는 치명적인 독약(정신분열증)이 될 수도 있는 것이다. 요컨대 약이면서도 독약인 파르마콘만이 있을 뿐인 것이지, 이 세상에서 만병통치약은 있을 수가 없다는 것이 이인주 시인의 시적 전언이기도 한 것이다.

석박사는 가짜 약사이며, 대사기꾼이다. 그는 파르마콘을 조제하면서도 그 파르마콘을 만병통치약이라고 우기고, 그 허위광고—이러한 점에 있어서는 종합병원이나 다국적 제약업자들도 마찬가지이다—를 통하여 그의 환자들의 호주머니돈을 가로채 간다. 미심쩍은 햇살과 오후 두 시의 불안도 그 만병통치약의 주원료이고, 금박의 수상쩍은 자격증과 흥분제와 진정제도 그 만병통치약의 주원료이다. 강단 한 알과 연민 한 술도 그 주원료이고, 극소량의 독 한 방울과 잔인하고 부드러운 눈빛도 그 주원료이다. 그는 그 정체불명의 주원료들을 오늘도 그의 도가니 안에서 혼합하여, 그 "이름도 성분도 모르는/ 오래 중독될 어떤 불온"을 그의 환자들에게 처방하여 주고 있는 것이다. 이때에 "이름도 성분도 모르고/ 오래 중독될 어떤 불온"은 그의 정서적 불안이 치료될 수가 없다는 것을 뜻하고, 그는 그의 정서적 불안 속에서 그 정서적 불안을 통하여 살아가야만 한다는 것을 뜻한다. 석박사가 진짜 의사이고, 진짜 의사가 석박사이다. 석박사가 진짜 약사이고, 진짜 약사가 석박사이다. 진짜 의사와 가짜 의사도 구분이 되지를 않고 있고, 진짜 약사와 가짜 약사도 구분이 되지를 않고 있다. "비슷한 명함은 도처에 있습니다". 그렇다. 만병통치약은 도처에 있지만, 어느 것 하나 진짜인 만병통치약은 없는 것이다. 불안도 약이면서 독약이고, 만병통치약도 약이면서 독약이다. 이인주 시인은 이처럼, 그의 회의주의를 통하여 우리 인간들의 불안을 치료해줄 수 있는 만병통치약이 없다는 것을 역설하고 있는 것이다. 욕망의 총족과 억압 사이에서의 균형, 약과 독약 사이에서의 균형, 삶과 죽음 사이에서의 균형, 사랑과 증오 사이에서의 균형, 기쁨과 고통 사이에서의 균형을 이루고 싶다는 것이 그의 시적인 목표이겠지만, 그러나 그의 목표는 이루어질 수가 없는 것인지도 모른다. 왜냐하면 하나의 욕망이 또다른 욕망을 낳고, 또다른 욕망이 또다른 욕망만을 낳고 있기 때문이다. 그의 불안은 충족되지 않은 욕망 때문에 생겨나고, 그의 불안은 신경증적 불안과 현실적 불안, 그리고 도덕적 불안 등으로 그 수많은 가지들을 뻗어 나간다. 불안은 도처에 있고, 불안은 언제, 어디서나 시도 때도 없이 자라난다. 소크라테스는 한 사발의 독배를 마시고 이 세상을 떠나가기 직전에, "오오 크리톤, 내가 아스클레피오스에게 닭 한 마리를 빚진 것이 있다네. 기억해두었다가 갚아주게나"라고 말했다고 한다. 왜냐하면 아스클레피오스는 의술의 신이고, 병이 나으면 닭 한 마리를 바치는 것이 고대 그리스 사회의 풍습이었기 때문이다. 이상주의자이자 도덕군자인 소크라테스마저도 이 세상의 삶을 질병으로 인식하고 있었던 것이고, 다른 한편, 죽음을 삶의 해방으로 인식하고 있었던 것이다. 나는 이인주 시인이 불안을 삶의 조건으로 인식하고, 그 불안을 극복하려는 노력 자체를 삶의 기쁨으로 인식하여 주기를 바랄 뿐이다.

불안은 삶의 비옥한 텃밭이며, 우리가 죽는다면 그 비옥한 텃밭마저도 잃게 되는 것이다.

이인주 시인의 「파르마콘」은 대단히 깊이가 있고, 상징적이고 함축적인 시라고 할 수가 있다. 석박사의 약국이라는 가상의 공간을 극사실주의적으로 묘사하고 있으면서도 모든 만병통치약은 '파르마콘'—'파르마콘'이라는 말을 제목 이외에는 단 한 번도 쓰지 않고—이라는 주제를 이끌어 내는 솜씨는 가히 제일급의 솜씨라고 하지 않을 수가 없다. 그 파르마콘이라는 상징 속에는 현대 정신분석학과 멘델의 법칙이 들어 있고, 가짜 만병통치약에 열광하는 우리 인간들의 욕망이 각인되어 있다. 또한, 그 파르마콘이라는 상징 속에는 하나의 질병이 치료되었다는 순간, 더 큰 악성의 질병이 탄생하게 된다는 질병의 역사도 들어 있고, 유전자 공학과 현대의학에 의하여 우리 인간들의 수명이 연장되는 순간, 생태환경의 파괴와 모든 국가의 '부'가 사회복지비용으로 다 빠져나간다는 역설도 들어 있다. 이 모든 것이 약이면서도 독약이기도 한 것이다. 그의 시적 공간은 매우 깊이가 있는 다의적 공간, 즉, 함축의 공간이며, 그 함축적인 공간은 우리 한국어의 무한한 영광의 공간이기도 한 것이다.
 이인주 시인은 요즈음 매우 보기 드물게 역사 철학적인 지식으로 무장한 시인이며, 그의 시들은 그 지식의 열매라고 할 수가 있는 것이다. 지혜의 왼쪽에는 부귀영화가 있고, 지혜의 오른쪽에는 영생불사의 삶이 있다.
 오늘도 이인주 시인은 그 지혜의 불빛으로 시의 신전을 밝히고, 가장 찬란하고 화려한 인식의 제전을 펼쳐 보이고 있다고 해도 과언이 아니다.

| 명
| 시
| ·
| 57

조오현
아득한 성자

하루라는 오늘
오늘이라는 이 하루에

뜨는 해도 다 보고
지는 해도 다 보았다고

더 이상 더 볼 것 없다고
알 까고 죽는 하루살이 떼

죽을 때가 지났는데도
나는 살아 있지만
그 어느 날 그 하루도 산 것 같지 않고 보면

천년을 산다고 해도

성자는
아득한 하루살이 떼

— 『아득한 성자』, 시학사, 2007년

근대철학의 아버지인 데카르트는 그의 『방법서설』에서 자기 자신의 행복한 삶을 다음과 같이 설명한 바가 있다. 첫째는 전통과 관습을 존중하는 것이고, 둘째는 하나의 명제, 하나의 행동방식이 결정되면 제 아무리 더 좋은 방법이 떠오른다고 하더라도 그것을 끝까지 밀고 나가겠다는 것이다. 셋째는 세계를 변혁하기보다는 자기 자신을 변혁시키는 것이고, 넷째는 자기가 하고 싶고 좋아하는 일에만 전념을 하겠다는 것이다. 우리 인간들은 공동체 사회에서 태어나 공동체 사회가 제공하는 여러 가지 혜택을 누리면서 살아가고 있는 사회적 동물인 것이고, 따라서 전통과 관습을 존중한다는 것은 사회적 동물로서 그 공동체 사회의 이익을 위해서 살아가겠다는 것을 뜻한다. 하나의 명제, 하나의 행동방식을 끝까지 밀고 나가겠다는 것은 분명한 역사 철학적인 목표를 향하여, 언제, 어느 때나 끊임없이 정진하겠다는 것을 뜻하고, 세계를 변혁하기보다는 자기 자신을 변혁시키겠다는 것은 어설프거나 섣부른 혁명보다는 자기 자신이 먼저 그 혁명가로서의 자격을 갖추어야 한다는 것을 뜻하고, 그리고 마지막으로 자기가 하고 싶고 좋아하는 일에만 전념을 하겠다는 것은 오직 뜨거운 열정으로써 그의 삶을 아름답고 행복한 삶으로 연출해내겠다는 것을 뜻한다. 자기 자신의 사적인 이익보다는 공동체 사회의 이익을 중요시 했던 인간, 언제, 어느 때나 우유부단하지 않았던 인간, 자기 자신을 늘, 항상, 이상적인 미래의 인간형으로 연출해낼 수 있었던 인간, 자기 자신이 가장 잘 할 수 있었던 일(학문)에만 전념했던 인간—. 요컨대 데카르트의 철학은 데카르트의 행복론이며, 그는 그의 행복론을 통하여 자기 자신을 신적인 인간으로 끌어올렸다고 할 수가 있는 것이다.

조오현 시인은 1932년 경남 밀양에서 출생했고, 1939년 소머슴으로 절간에 입산을 하여 큰스님이 된 시인이다. 필명은 조오현曺五鉉이고 법명은 무산霧山이다. 법호는 만악萬嶽이고 자호는 설악雪嶽이다. 그는 「아득한 성자」라는 시를 통해서 '정지용문학상'을 수상한 바가 있으며, '최고의 선서禪書'인 『벽암록』과 『무문관』을 '역해'로 펴낸 바가 있다. 그는 시인이면서도 스님이고, 또한 스님이면서도 시인이다. 그의 시세계는 자기 자신과 중생제도를 위한 '자비의 세계'를 지향하고, 다른 한편, 그의 시세계는 만행萬行과 만덕萬德을 통하여 '화엄의 세계'를 지향한다. 자비의 세계는 가난하고 헐벗은 사람들의 고통을 어루만져주는 것을 말하고, 화엄의 세계는 그 만행과 만덕을 통하여 모든 것을 다 끌어안는 세계를 말한다. 자비의 세계는 낮은 곳으로, 더 낮은 곳으로 향하고, 화엄의 세계는 높은 곳으로, 더 높은 곳으로 향한다. 더 낮은 곳은 현실의 세계이며 이 세상의 중생들이 살고 있는 세계이고, 더 높은 곳은 이상(극락)의 세계이며 부처님이 살고 있는 세계이다. 그는 「동산의 삼 세 근」(『벽암론』, 불교시대사, 2007년)의 사족蛇足에서 이렇게 역설한 바가 있다. "이 세상에 부처 아닌 것이 어디 있는가. 반드시 고귀한 사람만이 부처인가. 아니다. 천하의 무식하고 가난한 사람, 삼베 짜는 직녀도 부처고, 똥 푸는 농부도 부처다. 몸 파는 여자도 부처고, 거지나 장애인도 부처다. 동산 화상은 이것을 일깨우기 위해 '삼 세 근'이라 했고, 운문화상은 '똥 묻은 막대기'라고 했던 것이다". 지배계급, 즉, 브라만 계급의 가치관에 반발하여, 수없이 짓밟히고 개 같이 학대를 받고 있었던 피지배계급, 즉, 민중계급을 구원해냈던 부처, 남녀차별은 물론, 그 어떤 차별도 없이 만인평등과 최초의 민주주의 이상을 실천해보였던 부처, 무욕망과 무집착을 통하여 '공空의 사상'을 실천하고 모든 민중들을 극락의 세계로 구원해냈던 부처—, 바로 그 부처를 '삼 세 근'이나 '똥 묻은 막대기'라고 표현한 것처럼 더 이상의 신성모독적인 표현은 없을 것이다. 하지만 그 신성모독적인 표현은 불교의 창시자로서의 부처와 그의 업적을 함부로 무시하는 행위가 아니다. 스승을 만나면 스승을 죽이라는 말도 있고, 부처를 만나면 부처를 죽이라는 말도 있다. 아들이 아버지보다 못하면 그 가정의 미래의 희망은 없게 되고, 또한 제자가 스승보다 못하면 그 국가의 미래의 희망은 없게 된다. 부처는 미래의 부처이지, 유일무이한 절대적인 부처가 아니다. 유일무이한 절대적인 부처는 기독교의 하나님처럼, 만인 위에 군림하는 부처이지만, 그러나 미래의 부처는 불교의 창시자로서의 그 업적을 간직한 채, 새로운 부처로서 거듭날 수가 있는 부처이다. 기독교의 하나님은 무조건적인 숭배의 대상이지만, 불교의 부처는 어느 누구나 그 부처가 될 수 있는 부처이다. 모든 욕망을 다 비우고 이 세상의 참된 '도'를 깨우치기만 하면, 천하의 무식한 사람도, 가난한 사람도, 똥 푸는 농부도, 몸 파는 여자도, 거지도, 장애인도 모두가 다같이 부처가 될 수가 있는 것이다. 낮은 곳으로, 더 낮은 곳으로 내려와 가난하고 헐벗은 사람들을 어루만져 주고, 그들을 다같이 화엄의 세계(극락의 세계)로 인도하여 주는 불교의 참된 진리가 바로 여기에 있는 것이다.

　조오현 시인의「아득한 성자」의 세계는 그 자비의 세계와 화엄의 세계에 맞닿아 있다고 해도 과언이 아니다. 아니, 조오현 시인의「아득한 성자」는 그 자비의 세계에서 화엄의 세계로 나아가는 길목에서, 그러나 잠시 잠깐 동안 길을 잃어버리고, 자기 자신의 삶에 대한 회한을 토로하고 있는 시라고 할 수가 있다. 왜 아득한 성자인가? '아득한'이란 무엇이며, '성자'란 무엇인가? '아득한'이란 형용사로서, '1. 끝없이 멀다; 2. 까마득하게 오래다; 3. 앞길이 멀어서 정신이 까무러질듯하다; 4. 막연하다'의 뜻을 지니고 있고, '성자'란 지혜와 덕이 뛰어난 사람으로서 온갖 번뇌를 끊고 이 세상의 삶의 이치(진리)를 깨달은 사람을 말한다. 따라서 '아득한 성자'란 '나는 성자가 되기에는 터무니없이 부족하다'라는 뜻과, '지혜와 덕이 뛰어난 성자의 길은 끝없이 멀기만 하다'라는 뜻이 된다. 하루살이 떼는 "하루라는 오늘/ 오늘이라는 이 하루"를 살고도 "뜨는 해도 다 보고/ 지는 해도 다 보았다고// 더 이상 더 볼 것 없다고" 열반에 들었지만, 나는 "죽을 때가 지났는데도" 여전히 살아 있고, 그리고 아직도 이 세상의 삶에 대한 미련이 남아 있어서, "그 어느 날 그 하루도 산 것 같지 않"다고 생각하고 있는 중생에 지나지 않는다. 하루살이 떼는 하룻만에 이 세상의 삶의 이치를 깨달았지만, 그러나 나는 죽을 때가 지났는데도 그 삶의 이치를 깨닫지 못했던 것이다. 하루살이 떼는 성자이고, 나는 가엾은 중생이다. 따지고 보면 손오공이 제 아무리 뛰어나다고 하더라도 부처님의 손바닥을 벗어날 수가 없듯이, "천년을 산다고 해도/ 성자는/ 아득한 하루살이 떼"에 지나지 않는다. 요컨대 "천년을 산다고 해도/ 성자는/ 아득한 하루살이 떼"라는 시구는 천년 만에 깨우친 성자는 하룻만에 깨우친 성자와 그 법력의 크기가 똑같고, 따라서, 그 천년이라는 기나 긴 시간과 그 어리석음만큼 '아득한 성자'에 지나지 않는 것이다.

만일, 그렇다면, 왜 하루살이 떼이며, 그 하루살이 떼가 함축하고 있는 의미란 무엇이란 말인가? 또한, 성자란 왜 성자이며, 그 성자는 어떤 사람이어야만 한단 말인가? 하루살이는 하루살이목과의 작은 곤충이며, 굽은꼬리하루살이, 무늬하루살이, 밀알락하루살이, 별꼬리하루살이, 병꼬리하루살이 등, 전 세계적으로 2,000여 종이나 서식하고 있다고 한다. 유충은 담수에 살고, 성충은 봄에서 여름까지 호수와 하천 등에서 산다. 홑눈은 3개이며 겹눈은 잘 발달해 있다. 더듬이는 짧고 입은 씹는 입으로 퇴화해서 작다. 다리는 3쌍으로 잘 발달해 있지만, 가늘고 약하며, 앞다리가 가운뎃다리와 뒷다리보다 길고 암컷이 수컷보다 길다고 한다. 성충은 그 수명이 매우 짧아서 짧은 것은 1시간에서 2~3일, 좀 더 오래사는 것은 기껏해야 3주일 정도라고 한다. 하루살이 떼는 물 속에다가 알을 낳는데, 부화하는 데는 일주일에서 수 개월 정도 걸리며, 그 애벌레들은 물 속에서 2년 내지 3년 정도를 살게 된다. 애벌레에서 다 자란 성충이 되면 하루살이라는 날개를 달고 그토록 아름답고 달콤한 성교 끝에, 또한, 그토록 아름답고 장엄하게 최후를 마치게 된다. 흔히들 하루살이라는 말은 '하루하루를 겨우 살아가는 사람'을 지시하는 부정적인 의미로 쓰이고 있지만, 조오현 시인은 그 부정적인 의미를 뛰어 넘어 서서, 그 하루살이 떼를 이 세상에서 가장 고귀하고 위대한 성자로 이끌어 올리고 있는 것이다. 하루살이 떼는 '하루하루 겨우 살아가는 사람'이 아니라, "하루라는 오늘/ 오늘이라는 이 하루에// 뜨는 해도 다 보고/ 지는 해도 다 보았다고// 더 이상 더 볼 것 없다고/ 알 까고 죽는 하루살이 떼"인 것이다. 하루살이 떼의 삶은 맑고 깨끗한 삶이며, 마치, 언어가 절제되어 있듯이, 군더더기가 하나도 없는 삶이다. 그 어느 누구보다도 맑고 명료한 의식으로 그토록 아름답고 달콤한 성교 끝에, 그리고 그 2세를 생산해놓은 끝에, 이 세상의 삶을 맑고 깨끗하게 정리하고 있는 것이다. 어떻게 하루살이 떼의 죽음보다도 더 아름답고 멋진 죽음이 있을 수가 있겠으며, 또한, 어떻게 하루살이 떼의 죽음보다도 더 고귀하고 위대한 죽음이 있을 수가 있겠는가! 그 죽음 앞에서는 알부민과 항암제에 의존하는 구차함도 없고, 또한 그 죽음 앞에서는 이 세상의 삶에 대한 애걸이나 눈물 따위가 개입할 여지도 없다. 아름답고 멋진 죽음은 예술적인 죽음이며, 예술적인 죽음은 삶의 완성으로서의 죽음이다. 사는 법을 배우는 것은 죽는 법을 배우는 것이고, 죽는 법을 배우는 것은 사는 법을 배우는 것이다. 죽음은 삶의 완성이며,

삶은 죽음의 완성이다. 엠페도클레스는 자기 자신의 영원불멸의 삶 (신적인 삶)을 위하여 에트나 화산에 몸을 던졌고, 스파르타의 아버지인 리쿠르고스는 스파르타의 법률을 완성하고, 스파르타의 왕이라는 신분임에도 불구하고 자기 자신의 목숨을 과감하게 끊어 버렸다. 부처와 예수는 수많은 민중들을 구원하고 십자가에 못 박혔고 (득도를 했고), 반 고흐와 모차르트는 그들이 그토록 사랑하는 예술을 위하여 순교를 했다. 조오현 시인의 '하루살이 떼'는 이러한 고귀하고 위대한 성자와도 맞닿아 있으며, 그의 시집, 『아득한 성자』에서처럼, 비록, 사회적인 천민의 삶을 살고 있을지라도 그 직업을 천직으로 알고 살아갔던 성자와도 맞닿아 있는 것이다. 조오현 시인의 『아득한 성자』는 정말로 아름답고 뛰어난 시집이며, 그 법력의 크기가 앉은뱅이도 달려가게 만들 수 있는 기적을 연출해내고 있다고 하지 않을 수가 없는 것이다. 「이 세상에서 제일로 환한 웃음」, 「어미」, 「어간대청의 문답問答」, 「망월동에 갔다 와서」, 「업業아, 네 집에 불났다」, 「염장이와 선사」 등이 바로 그것이다. 성자란 직업의 귀천을 말하는 것도 아니고, 그 혈통의 고귀함이나 그 업적의 크기를 말하는 것도 아니다. 성자란 데카르트처럼, 또는, 수많은 예술가들처럼, 오직 뜨거운 열정 하나로 자기가 하고 싶고 좋아하는 일에만 전념을 하고, 바로 그 무한한 성실성으로 자기 자신을 고귀하고 위대한 미래의 인간으로 끌어 올린 사람을 말한다. 그는 가장 아름답고 멋진 예술적인 삶을 살다가 갔던 사람이며, 이 세상에서 가장 아름답고 행복했던 삶을 살다가 갔던 사람이다. 성자는 하루살이 떼이며, 하루살이 떼는 미래의 인간이고, 이 세상의 부처이다.

조오현 시인의 「아득한 성자」는 자기 자신의 반성과 성찰이 돋보이는 시이며, 그 반성과 성찰을 통해서 자기 자신을 이상적인 미래형의 인간(부처)으로 끌어 올리는 시라고 할 수가 있다. 반성과 성찰은 낮은 곳으로, 더 낮은 곳으로 내려오는 방법적인 수단이기도 한데, 왜냐하면 '나는 하루살이 떼만도 못하다'라는 자기 인식을 얻고 있기 때문이다. 또한, 반성과 성찰은 높은 곳으로, 더 높은 곳으로 올라가는 방법적인 수단이기도 한데, 왜냐하면 그 자기 인식을 통하여, 자기 자신을 보다 더 높은 곳으로 이끌어 올리고 있기 때문이다. 자비는 내려옴(하강)의 세계이고, 화엄은 올라감(상승)의 세계이다. 중생을 구원하려면 자기 자신이 먼저 중생이 되어야만 하고, 또한, 중생을 구원하려면 자기 자신이 먼저 구원자(혁명가)로서의 자격을 갖추지 않으면 안 된다. 자비와 화엄은 둘이 아닌 하나이며, 바로 이 지점에서 그 방법적 수단으로써의 '반성과 성찰'이 중요시 되고 있는 것이다. 조오현 시인은 '하루살이는 성자이고 나는 가엾은 중생이다'라는 깨달음을 통하여, 궁극적으로는 이 세상의 삶의 욕망에 사로잡혀 있는 자기 자신과 모든 중생들을 구원해낸다. 이미, 앞에서, 조오현 시인의 「아득한 성자」는 "잠시 잠깐동안 그 길을 잃어버리고, 자기 자신의 삶에 대한 회한을 토로하고 있는 시"라고 말한 바가 있지만, 그러나 그의 「아득한 성자」는 더 이상 자기 자신의 삶에 대한 회한을 토로하고 있는 시가 아니다.

　　　하루라는 오늘
　　　오늘이라는 이 하루에

뜨는 해도 다 보고
지는 해도 다 보았다고

더 이상 더 볼 것 없다고
알 까고 죽는 하루살이 떼

죽을 때가 지났는데도
나는 살아 있지만
그 어느 날 그 하루도 산 것 같지 않고 보면

천년을 산다고 해도
성자는
아득한 하루살이 떼

　모든 성자는 천년을 산다고 해도 하루살이 떼에 지나지 않는다. 하루살이 떼는 하룻만에 자기 자신의 삶을 완성하지만, 아득한 성자는 천년 만에 자기 자신의 삶을 완성한다. 하루살이 떼의 삶은 언어와 시간이 절제되어 있지만, 아득한 성자의 삶은 언어와 시간의 낭비가 너무나도 심한 것이다. 하루살이 떼의 삶은 맑고 깨끗하고 군더더기가 하나도 없지만, 아득한 성자의 삶은 더럽고 추하고 온통 군더더기뿐인 삶에 지나지 않는다. 따라서 하루살이 떼는 성자가 되고, 아득한 성자는 하루살이 떼가 된다. '모든 성자는 하루살이 떼에 지나지 않는다'라는 이 진리의 말은 가난하고 헐벗고 굶주린 중생들, 그러나 자기 자신이 그토록 하고 싶고 좋아하는 일에만 전념을 하고 있는 중생들을 더욱더 크게 끌어안는 말이면서도, 궁극적으로는 자기 자신을 미래의 부처로 끌어 올리고 있는 말이기도 한 것이다. '모든 성자는 하루살이 떼에 지나지 않는다. 만일, 그렇다면, 당신도, 당신도, 그 어느 누구도 성자가 될 수 있다'라는 이 전언 속에는, 그러나 모든 욕망을 다 비우고 군더더기가 하나도 없는 예술적인 죽음을 죽어가야 한다는 참된 의미가 숨어 있는 것이다. 조오현 시인의 「아득한 성자」는 화엄의 세계—자비까지 포함된 화엄의 세계—이며, 시적 화자인 '나'는 소승적인 '나'가 아니라, 대승적인 '나'라고 할 수가 있다. "죽을 때가 지났는데도/ 나는 살아 있지만"은 이 세상의 중생과 격리된 소승적인 '나'일 수도 있지만, 그러나 그 '나'는 "천년을 산다고 해도/ 성자는/ 아득한 하루살이 떼"라는 깨달음을 통하여 자기 자신과 모든 중생들을 구원하고 있다는 점에서, 대승적인 '나'—통개인적이며 보편적인 '나'—라고 할 수가 있는 것이다.

조오현 시인의 「아득한 성자」는 언어도 절제되어 있고, 시간도 절제되어 있다. 자연은 언제, 어느 때나 최단의 행로를 선호하고, 또한, 자연은 언제, 어느 때나 변화가 필요할 때에도 논리적인 비약을 좋아하지 않는다. 이 절약의 법칙과 연속의 법칙이 그의 간결하고 섬세한 시구가 되고, 그리고 그 시구보다도 여백이 더 꽉 차 보이는 그 '여백의 미학' 속에는 수천 년의 시간을 찍어 누른듯이, 천세불변의 잠언적인 경구(진리)가 새겨지게 된다. '하루살이는 부처이고 부처는 하루살이이다'라는 잠언적인 경구가 바로 그것이다. 조오현 시인의 「아득한 성자」는 '하루라는 오늘/ 오늘이라는 이 하루',

'뜨는 해/ 지는 해', '하루살이/ 나', '성자/ 하루살이'라는 힘 있는 대립을 통해서 그 긴장감이 감돌게 되고, 그리고 그 긴장감에 의해서 갑자기 모든 시대, 모든 문화를 대표할 수 있는 천하 제일의 명시가 탄생을 하게 된다.

  오오, 아름답고 멋진 삶이여!

  오오, 아름답고 멋진 죽음이여!

명
시
·
58

문정희
나의 아내

나에게도 아내가 있었으면 좋겠다
봄날 환한 웃음으로 피어난
꽃 같은 아내
꼭 껴안고 자고 나면
나의 씨를 제 몸속에 키워
자식을 낳아주는 아내
내가 돈을 벌어다 주면
밥을 지어주고
밖에서 일할 때나 술을 마실 때
내 방을 치워놓고 기다리는 아내
또 시를 쓸 때나
소파에서 신문을 보고 있을 때면
살며시 차 한 잔을 끓여다 주는 아내
나 바람나지 말라고*

매일 나의 거울을 닦아주고
늘 서방님을 동경 어린 눈으로 바라보는
내 소유의 식민지
명분은 우리 집안의 해
나를 아버지로 할아버지로 만들어주고
내 성씨와 족보를 이어주는 아내
오래 전 밀림 속에 살았다는 한 동물처럼
이제 멸종되어간다는 소식도 들리지만
아직 절대 유용한 19세기의 발명품** 같은
오오, 나에게도 아내가 있었으면 좋겠다

* 미당의 시 「내 아내」 중에서.
** 매릴린 옐름의 『아내』 중에서.

— 『나는 문이다』, 문학에디션 뿔, 2007년

달라이 라마는 '관세음보살의 화신'이며, 티베트인들에게는 그들의 절대적인 숭배의 대상이자 정치적인 결정권을 갖고 있는 통치자라고 할 수가 있다. '달라이'는 몽골어로 '큰 바다'라는 뜻이고, '라마'는 티베트어로 '스승'이라는 뜻이다. 달라이 라마는 즉, '바다와도 같이 덕이 넓고 큰 스승'에게 붙여지는 헌사인 것이다. 달라이 라마는 이 땅의 중생들을 구제하기 위하여 열반에 들지 않고 다시 인간으로 환생한 관세음보살이기는 하지만, 그러나 그 달라이 라마의 역사는 '관세음보살의 역사'이기는커녕, 차라리 수난의 역사라고 하는 것이 더 나은 것처럼도 보인다. 제1대의 겐둡 둡빠에서부터 제14대인 텐진 갸초에 이르기까지, 몽고와 청나라와 중국의 지배를 받아야만 했던 티베트의 역사가 바로 그것을 말해준다. 제14대인 텐진 캬초, 즉, 오늘날의 달라이 라마는 1959년 티베트를 탈출하여 인도에 망명 정부를 세운 망명객에 지나지 않지만, 그러나 그의 종교간의 진정한 조화를 추구하는 '종교적 다원주의'와 '비폭력 평화운동'

은 오늘날 전세계인들의 마음을 사로잡아 가고 있다고 하지 않을 수가 없다. 인간의 사악한 탐욕을 더욱더 맑고 깨끗하게 씻어주고, 늘, 항상, 경건한 마음과 감사한 마음으로 살아갈 수 있도록 인도해주고 있는 것은 라마 불교의 교주로서 그가 지닌 최대의 덕목이라고 하지 않을 수가 없는 것이다. 그러나 나는 지금 이 자리에서 라마 불교의 선禪사상이나 달라이 라마의 종교적 영향력을 논하고자 이 글을 쓰고 있는 것은 아니다. 이 글을 쓰고 있는 나의 머리 속에는 지극히 유감스럽게도 그 달라이 라마와 연관된 매우 좋지 않은 사건이 떠나지 않고 있는 것이다.

화가 P는 여성이며 인천여고를 졸업하자마자, 아버지의 권유에 따라서 한 남성과 결혼을 한 바가 있었다. 그 남성은 매우 건강하고 성실한 남편이었으며, 대기업의 해외지사의 사원이었다. 화가 P는 그 남자와 결혼을 하자마자 유럽으로 떠나갔고, 유럽에서 10여 년 간의 외국 생활을 하다가 귀국을 했다. 남편의 사업은 곧잘 되었고, 그녀의 부부가 귀국할 때에는 한 평생을 먹고도 남을 만큼의 많은 돈을 가지고 있었다고 한다. 그들 부부는 화가 P의 향수병 때문에 귀국을 한 것이지만, 그녀는 귀국을 하자마자 대학을 진학하고 대학원까지 마쳤으며, 그리고 급기야는 그 어눌했던 모국어의 솜씨를 단숨에 고쳐버리고, 대한민국 국전을 통하여 화가로서 데뷔를 한 바가 있었다. 화가 P는 매우 자상하고 친절했으며, 불쌍한 사람을 만나면 도와주지 않고는 못 견디는 성미였다. 그러나 그녀에게는 아주 나쁜 단점이 있었는데, 그 나쁜 단점은 그녀를 '악모악처惡母惡妻'의 전형이라고 부르기에 조금도 모자람이 없었던 것이다. 첫 번째는 자기보다 못한 사람들 하고만 사귀고 있는 것이었고, 두 번째는 이렇다 할 돈벌이도 없으면서 사랑하는 남편과 아이들이 있는 가정을 떠나서 혼자 살고 있는 것이었고, 그리고 마지막으로 세 번째는 최소한도의 경제 개념도 없이 물 쓰듯이 함부로 돈을 낭비하고 있는 것이었다. 아내를 고를 때는 한 계단 내려서고 친구를 고를 때에는 한 계단 올라서라는 말이 있다. 친구를 보면 그 사람의 사회적 위치를 알 수가 있는 것이지만, 화가 P는 그 교훈의 정반대방향에서, 짜장면 한 그릇 값도 없는 친구들만을 사귀며, 그 친구들 앞에서만 정신적, 물질적 교주 노릇을 하고 있었던 것이다. 날이면 날마다 뼈 빠지게 일을 하며 돈을 벌어다가 주는 남편에게 고마운 마음도 전혀 없었던 모양이고, 대학입시를 앞둔 아이들의 등, 하교 길과 그 뒷바라지도 전혀 안중에도 없었던 모양이다. 현모양처인 신사임당도 그녀의 곁을 떠나가고 없었고, '맹모 삼천지교'라는 맹자의 어머니도 그녀의 곁을 떠나가고 없었다. 이제 화가 P의 집안은 경제적으로 파산상태가 되어가고 있었고, 그녀의 착하고 어진 남편은 조그만 어선의 일용잡부가 되어 망망대해를 떠돌아 다니고 있었다. 그런데도 화가 P는 아직도 제 정신을 차리지 못하고 달라이 라마의 설교를 듣겠다고 인도로 여행을 떠나가고 없었던 것이다. 자기 자신의 남편이 달라이 라마이며 부처인 줄도 모르고, 그 어질고 착한 남편을 그토록 파멸시켜가고 있는 그녀를 우리는 과연 어떻게 불러야 한단 말인가? 과연, '비교하지 말고, 과욕하지 말며, 집착하지 말고', 즉, '욕망의 절제'를 통하여 아름답고 행복했던 삶을 강조했던 달라이 라마가, 그녀의 무절제한 과소비를 부추기고, 저 만고의 진리인 '가화만사성家和萬事成'을 파괴하라고 할 수가 있단 말인가? '악모악처'는 자기 자신의 가정을 돌보지 않고 그 가정을 파탄에 빠뜨리는 여자를 말한다. 화가 P는 달라이 라마의 설교를 들을 자격도 없으며, 그녀의 남편과 그 아이들의 미래를 갉아먹는 암적인 종양에 지나지 않는다.

문정희 시인은 전남 보성에서 출생했고, 1969년 『월간문학』으로 등단했다. 시집으로는 『새떼』, 『찔레』, 『남자를 위하여』, 『오라』, 『거짓 사랑아』, 『아우내의 새』, 『나는 문이다』 등이 있으며, '현대문학상', '소월시문학상', '정지용문학상' 등을 수상했고, 현재 고려대학교 문예창작학과 교수로 재직 중이다. 문정희 시인의 「나의 아내」는 봉건사회와 남성중심주의의 이데올로기의 반영이며, 이제는 그만큼 낡고 시대착오적인 노래일는지도 모른다. 봉건사회는 유교사상이 지배했던 사회이며, 가부장적인 남성중심주의가 주조를 이루고 있었던 사회라고 할 수가 있다. 삼강오륜三綱五倫과 여필종부女必從夫가 바로 그것을 말해준다. 군위신강君爲臣綱은 임금과 신하 사이에 마땅히 지켜야 할 도리를 말하고, 부위자강父爲子綱은 아버지와 자식, 그리고 부위부강夫爲婦綱은 남편과 아내 사이에 마땅히 지켜야 할 도리를 말한다. 이상이 '삼강三綱'이라면, '부자유친父子有親', '군신유의君臣有義', '부부유별 夫婦有別', '장유유서長幼有序', '붕우유신朋友有信'은 '오륜五倫'이라고 할 수가 있다. 아버지와 아들 사이에는 사랑이 있어야 하고, 임금과 신하 사이에는 의리가 있어야 한다. 부부 사이에도 때로는 서로가 침범할 수 있는 구별이 있어야 하고, 어른과 어린 아이 사이에는 질서가 있어야 하며, 그리고 친구와 친구 사이에는 믿음이 있어야 한다. 이와같은 '삼강오륜'이 지배 이데올로기로 작용하고 있었던 유교사회에서는 남성은 주존재요, 여성은 어디까지나 부존재에 지나지 않았던 것이다. 일찍이 아리스토텔레스마저도 "여성이 여성인 것은 어떤 특질이 결여되어 있기 때문"이라고 역설한 바가 있었고, 심지어는 성 토마스 아퀴나스마저도 '여자는 불완전한 남자'라고 역설한 바가 있었다. 봉건사회는 남성중심의 사회이며, 그것은 동서양의 모든 역사가 증명해주고 있다고 해도 과언이 아니다. 여자는 시부모에게 순종하지 않으면 안 되고, 아들을 낳지 못해도 안 되고, 외간 남자와 음탕한 짓을 해서도 안 되고, 비록, 남편이 첩을 얻었을지라도 질투를 해서는 안 된다. 감히, 여자의 몸으로 나쁜 병을 앓아서도 안 되고, 함부로 말 대답을 하거나 말이 많아서도 안 되고, 또, 그리고, 남의 물건을 함부로 탐내거나 도둑질을 해서도 안 된다. 이 '칠거지악七去之惡'은 모든 여성(아내)들에게 덧씌워진 멍에이며, 그 멍에를 씌운 힘은 '여필종부'라는 남성중심의 이데올로기라고 할 수가 있는 것이다.

봉건사회는 농경사회이며, 사회적 이동이 거의 없었던 씨족사회였다고 할 수가 있다. 따라서 씨족사회의 가계와 그 혈통을 이어가는 것이 그 무엇보다도 중요했던 것이며, 그리고 그 씨족사회의 도덕적 질서와 남성지배의 정당성을 합리화시켜주는 유교사상이 절대적으로 필요했던 것인지도 모른다. 봉건사회는 가부장적인 남성중심의 사회이며, 아내는 반드시 그 남편의 말에 순종을 하지 않으면 안 되는 사회였던 것이다. 그 아내는 "봄날 환한 웃음으로 피어난/ 꽃 같은 아내"이지 않으면 안 되고, "꼭 껴안고 자고 나면/ 나의 씨를/ 제 몸속에 키워/ 자식을 낳아주는 아내"이지 않으면 안 된다. 그 아내는 "내가 돈을 벌어다 주면/ 밥을 지어주고/ 밖에서 일할 때나 술을 마실 때/ 내 방을 치워놓고 기다리는 아내"이지 않으면 안 되고, "내 소유의 식민지/ 명분은 우리 집안의 해/ 나를 아버지로 할아버지로 만들어주고/ 내 성씨와 족보를 이어주는 아내"이지 않으면 안 된다. 남편은 하나님이고 아내는 그 남편의 몸종에 지나지 않았던 것이다. 학문과 예술도 여성들에게는 허용되지를 않았고, 연애를 하거나 배우자를 고르는 일도 여성들에게는 허용되지를 않았다. 심지어는 자기 자신의 이름을 갖고 있는 것조차도 허용되지를 않았으며, 어디까지나 가부장적인 순결의 이데올로기 밑에서 칠거지악과 여필종부의 삶을 살아가야만 했던 것이다.

하지만, 그러나, 오늘날은 어떠한가? 자본주의 사회는 씨족은 물론, 가정이 급속도로 해체되어가고 있는 사회이며, 여성의 사회적 지위가 남성의 지위를 압도하는 사회라고 할 수가 있다. 모든 여성들이 봉건사회의 가부장적인 억압 속에서 뛰쳐나와 고등교육을 받게 되었고, 그 고등교육을 받은 결과, 모든 남성들과 똑같이 한 표의 권리를 행사할 수가 있게 되었다. 대부분의 여성들은 그들의 자유로운 생활과 그 직업을 쫓아서 산아제한을 하거나 금산禁産을 하게 되었고, 이제는 전통적인 남성주의에 반하여, '여성호주제'가 그 문패를 내걸게 되었던 것이다. 모든 일반직 공무원과 교육직 공무원들의 70%가 여성들로 구성되어가고 있으며, 사법고시와 외무고시와 행정고시마저도 여성들이 50% 이상의 합격률을 자랑하고 있게 되었다. 어느덧 군대의 가산점도 옛말이 되어버렸고, 온라인 통장과 함께, 가정의 경제권도 여성들이 장악하게 되었다. 이제는 머지 않은 장래에 가문의 혈통도 끊어지게 되었고, 앞으로는 '남성해방운동'이 미래의 주요한 사회적 운동이 되어갈는지도 모른다. 요컨대 '벌벌기는 남자'와 '펄펄 나는 여자'가 이 시대의 새로운 신조어가 되어가고 있는 실정이기도 한 것이다.

  문정희 시인은 여성 시인이며, 대한민국의 명문 사학 중의 하나인 고려대학교 문예창작학과 교수이다. 그는 개인의 자유와 창의성을 선호하고, 자유와 사랑과 평등을 그 이념으로 내세우는 현대 자본주의 사회의 최고의 수혜자이자 그 우등생이라고 할 수가 있다. 만일, 그렇다면, 그는, 왜, 그 여성주의의 반대방향에서, 「나의 아내」를 쓰게 된 것이며, 이 「나의 아내」를 통해서 그 무엇을 말해주고 싶었던 것일까? 우리 인간들은 가정에서 태어나 그 가정 속에서 살다가, 그 가정의 구성원으로서 죽어가게 된다. 가정은 존재의 모태이며, 영원한 안식처이고, 그 존재의 삶의 근거이다. 할아버지가 살다가 간 곳도 가정이며, 할머니가 살다가 간 곳도 가정이다. 아버지가 살고 있는 곳도 가정이며, 어머니가 살고 있는 곳도 가정이다. 아들이 살고 있는 곳도 가정이며, 딸이 살고 있는 곳도 가정이다. 손자가 태어난 곳도 가정이며, 손녀가 태어난 곳도 가정이다. 요컨대, 가정은 이 세계의 중심인 것이고, 봉건사회와 유교사상이 남성중심주의의 이데올로기를 반영하고 있다고 해서, 우리 인간들의 삶의 존재의 근거인 가정마저도 해체되어야 하는 것은 아닌 것이다. 남성과 여성과의 성 차이는 인정해야 하지만, 그러나 그 차이가 성 차별과 인간 차별의 잣대로 악용되어서는 아니된다. 봉건사회가 남성중심주의로 기울어져 있었다면, 현대자본주의 사회는 여성중심주의로 기울어져 가고 있는 것인지도 모른다. 남자는 사냥을 하고 사회적인 활동을 하기에 더 적합한 존재이고, 여자는 아이를 낳고 아이를 양육하기에 더 적합한 존재이다. 남자는 그 가족들을 위해서 돈을 벌어와야만 하고, 여자는 그 가족들을 위해서 더욱더 훌륭한 살림꾼이 되지 않으면 안 된다. 이처럼 너무나도 자명하고 분명한 생물학적인 역할 분담이 자본주의 사회의 그릇된 가치관에 의하여 파괴되어가고 있는 것이며, 여성의 사회적 진출이 늘어나고 있는 이상, 그 어떠한 방법도 없는 것인지도 모른다. 만일, 모든 공직사회와 군대마저도 여성들이 장악한다면 어떻게 될 것이며, 내가 누구의 자손이며, 누구의 사생아인지도 모르는 마당에 역사와 전통이 무슨 필요가 있겠는가? 또한 나의 성씨가 문씨이면 어떻고 아베(또는 부시)이면 어떻게 될 것이며, 자기 자신의 죽음마저도 지켜주고 물 한 그릇 떠놓아 줄 이가 없는 그의 사후가 도대체 무슨 명복이 있을 것이란 말인가? 현대사회는 모든 가계의 전통과 그 존재의 근거인 가정마저도 해체되어가고 있는 패륜사회이며, 그 패륜사회의 궁극적인 원인은 극단적인 개인주의와 이기주의라고 해도 지나친 말이 아니다.

문정희 시인은 자본주의 사회의 최고의 수혜자이자 우등생으로서, 왜, 그 기득권을 버리고 "나에게도 아내가 있었으면 좋겠다"고 했었던 것일까? 왜, 그는 남성보다도 더 남성다운 그 극렬한 여성주의자들의 반대방향에서, "나 바람나지 말라고/ 매일 나의 거울을 닦아주고/ 늘 서방님을 동경 어린 눈으로 바라보는/ 내 소유의 식민지/ 명분은 우리 집안의 해/ 나를 아버지로 할아버지로 만들어주고/ 내 성씨와 족보를 이어주는 아내"를 그처럼 소망했던 것일까? 그것은 두말할 것도 없이 가정의 해체는 인류의 역사상 최고의 파렴치한 만행이며, 그 가정이 해체되면 인간의 역사는 종말을 맞이하게 될 것이기 때문이다. 산아제한, 금산, 여성호주제, 수많은 사생아들―. 우리 인간들은 이제 사랑하는 아내도 없고, 그 아내가 기다리고 있는 가정도 없는 것인지도 모른다. 혹자는, 그 극렬한 여성주의자들은, 나와 문정희 시인같은 구 시대의 인물들에게 이렇게 비난을 퍼부어 댈지도 모른다. "우리 여성들은 더 이상 아이를 낳는 기계도 아니고, 그대 서방님들의 방이나 치워주고 차나 끓여다 주는 몸종이 아닙니다"라고―. 또한, "우리 여성들은 가계의 혈통 따위나 따지는 전근대적인 인물도 아니며, 그 지긋지긋한 족보와 가정중심주의는 안중에도 없습니다"라고―. 그러나, 그러나, 그대들 극단적인 여성주의자들이여, 그대들의 죽음은 기껏해야 양로원의 죽음일 수밖에 없으며, 이 땅의 무남독녀의 외딸과 무녀독남의 외아들, 그리고 그 사생아들의 '바다'보다도 더 외롭고 쓸쓸한 삶을 그대들은 과연 어떻게 보상해주어야 할 것이란 말인가?

　문정희 시인의 「나의 아내」는 사랑하는 남편과 그 가정의 소중함을 일깨워주고 있는 시이며, 이 세상의 떠돌이―나그네들을 그 존재의 근거인 가정으로 불러들이고 있는 시라고 할 수가 있다. 남성은 씨를 뿌리고 또 뿌리는 존재이며, 여성은 낳고 또 낳는 존재이다. 남성은 돈을 벌어오고 또 벌어오는 존재이며, 여성은 아이를 기르고 또 기르는 존재이다. 이 남성과 여성의 생물학적인 역할 분담을 성차별로 인식하고, 그것을 남성중심주의로 몰아붙이는 세태풍조야말로 가장 나쁜 악습이며, 우리 인간들의 역사를 최후의 종말로 몰아가고 있는 것이라고 하지 않을 수가 없는 것이다.

문정희 시인의 「나의 아내」는 시적 화자가 소망하는 아내일 수도 있지만, 그러나 오늘날 진정한 아내를 잃어버리고 살아가는 모든 남성들의 이상적인 아내일 수도 있다. 문정희 시인의 「나의 아내」는 오직 사랑하는 남편과 그 가정의 행복을 기원하는 '현모양처'의 시이며, 부처(예수)와도 같은 대성인大聖人을 낳을 수 있는 어머니의 시이기도 한 것이다. 왜냐하면 그 어진 아내의 사랑에 의해서 '가화만사성'이 이루어지고, 모든 인류의 역사는 진보하기 때문이다.

> 늘 서방님을 동경 어린 눈으로 바라보는
> 내 소유의 식민지
> 명분은 우리 집안의 해
> 나를 아버지로 할아버지로 만들어주고
> 내 성씨와 족보를 이어주는 아내
> 오래 전 밀림 속에 살았다는 한 동물처럼
> 이제 멸종되어간다는 소식도 들리지만
> 아직 절대 유용한 19세기의 발명품같은
> 오오, 나에게도 아내가 있었으면 좋겠다

문정희 시인의 「나의 아내」는 이 세상의 중심이며, 모든 인간들의 어머니이기도 한 것이다.

오오, 나의 사랑하는 아내여!

오오, 모든 인간들의 어머니여!

명
시
·
59

정가일
고슴도치

요것, 요 작은 구멍, 요 작은 구멍 때문에
길게 자라버린 손가락에 비누거품을 내어 조물조물 조물거리기만 했다

그러자 이게 웬 일
몸속의 혈액이 선홍색으로 붉어지며, 콩닥콩닥
까마득히 깊은 곳에서 들려오는 발의 심장 소리

복중에 나 아닌 다른 생명이 새로운 다섯 발가락을 가진 발을 가지고
세상을 향해 좁은 통로로 한발 내 딛고 있었다

오래전 내 발을 세상에 내 놓기 위해
나의 선님도,
선님의 거칠어진 발도 손도 청결히 하였을 것이나
아가야, 아가야

누군가 저쪽 어딘가에서 불러서 가며 넘어지며 투박해지는
발,

태어날 아기의 양말을 빨다가
조그만 발로 어기영차 날 심장을 끌고 다닐, 좀처럼 열리지 않는
유배지의 한낮엔 소름이 돋고

발바닥이 가렵다
까마득한 과거와 미래의 소통
오냐, 내 새끼
내 새끼,

― 『애지』, 2007년, 가을호

정가일 시인은 충북 청원에서 태어났으며, 2002년 《평화신문》 신춘문예로 등단한 바가 있다. 시집으로는 『얼룩나비 술에 취하다』가 있으며, 그의 시세계는 인간 존재의 근원으로 더듬어 올라가, 순수하고 때 묻지 않은 삶에 대한 끈질긴 탐구로 이루어져 있다고 할 수가 있다. 그의 시는 티없이 맑고 순수하며, 또한 그만큼 부드럽고 감미로운 언어로 이루어져 있다고 할 수가 있다. 그는 문학 예술의 근본 문제를 '아름답고 행복한 삶'에 두었던 것이고, 이 「고슴도치」는 그 행복론의 결정체라고 할 수가 있는 것이다. 정가일 시인은 이제 마악 첫 손주를 본 초로의 여인(할머니)이며, 이 「고슴도치」는 첫 손주에 대한 그의 사랑이 고스란히 담겨 있다고 해도 과언이 아니다. "요것, 요 작은 구멍, 요 작은 구멍 때문에/ 길게 자라버린 손가락에 비누거품을 내어 조물조물 조물거리기만 했다"라는 시구는 아직 태어나지 않은 아가의 양말을 빠는 행위를 뜻하고, "그러자 이게 웬 일/ 몸속의 혈액이 선홍색으로 붉어지며, 콩닥콩닥/ 까마득히 깊은 곳에서 들려오는 발의 심장 소리"라는 시구는 그 아가의 양말을 빨면서, 마치 자기 자신이 출산을 앞둔 엄마처럼, 상상의 나래를 펴고 있다는 것을 뜻한다. 아가의 양말은 작고 그 앙증맞은 구멍 때문에, 마치 동화 속의 세계에서처럼, "요것, 요 작은 구멍, 요 작은 구멍 때문에"라는 표현이 가능해지고, 그 빨래 행위마저도 그 귀여운 아가가 장난감을 가지고 놀듯이, "비누거품을 내어 조물조물 조물거리기만 했다"라는 표현이 가능해진다. 어린 아이는 아버지의 아버지이고, 어머니의 어머니이다. 어린 아이는 부처의 부처이고, 예수의 예수이다. 어린 아가의 탄생은 한 집안의 크나큰 경사이며, 만인들로부터 축복을 받을 만한 일인데, 왜냐하면 그 어린 아가는 우리 인간들의 꿈나무이기 때문이다. 그 어린 아가는 가계의 혈통과 인간이라는 종을 이어주고, 아버지와 어머니와 그리고 모든 인간들이 이루어내지 못한 숙원사업을 완성시켜 줄는지도 모른다. 어린 아이는 보다 낫고 보다 완전한 존재이며, 궁극적으로는 전지전능한 신적인 존재이다. 따라서 아직 엄마의 뱃속에서 태어나지 않은 그 아가에 대한 생각만으로도 정가일 시인의 상상력은 풍요로워지고, 그의 시는 더욱더 제일급의 시로서 아름다워진다. 아가는 귀엽고 예쁘고, 그 아가는 더없이 해맑고 총명한 눈동자를 지녔다. 아직 태어나지 않은 손주의 양말을 빨면서도 정가일 시인은 그 아가를 생각하는 동안, 어느덧 자기 자신도 모르게, "그러자 이게 웬 일/ 몸속의 혈액이 선홍색으로 붉어지며, 콩닥콩닥/ 까마득히 깊은 곳에서 들려오는 발의 심장 소리"를 듣기도 하고, 이제는 한 걸음 더 나아가, "복중에 나 아닌 다른 생명이 새로운 다섯 발가락을 가진 발을 가지고/ 세상을 향해 좁은 통로로 한발 내 딛고 있었다"라고, 자기 자신의 뱃속에서 그 아가의 움직임을 감지하고 있는 것이다. 얼마나 손주가 그리웠으면 태어나지도 않은 아가의 양말이 더러워졌을 정도로 오래전에 사두었던 것이며, 또한 얼마나 그 손주를 사랑하고 있으면, 마치 자기 자신의 뱃속에서 아가가 뛰어놀고 있듯이 상상임신을 추체험할 수가 있단 말인가? 몸속의 혈액이 선홍색으로 붉어지고 있는 곳도 할머니의 몸이고, 아가의 발의 심장 소리가 들려오고 있는 곳도 할머니의 몸이다. "나 아닌 생명이 새로운 다섯 발가락을 가지고" 있는 곳도 할머니의 몸이고, 그 아가가 "세상을 향해 좁은 통로로 한 발 내딛고" 있는 곳도 할머니의 몸이다. 이제 어린 아가를 임신한 것은 며느리가 아니라, 시인인 할머니 자신인 것이다. 시인의 상상력은 위대하고, 또 위대하다. 시인의 상상력은 고사목에서도 꽃을 피워내고, 불모의 성性마저도 아름다운 성性으로 변모시켜 놓는다. 너무나도 완벽한 상상임신과 너무나도 완벽한 감정이입이 바로 여기에 있는 것이다. 상상력은 그의 마음을 집중하게 만들고, 그 집중의 힘으로 무아지경의 황홀한 시간을 연출해놓는다. 따라서 그 할머니 임산부는 더욱더 그의 상상력의 나래를 펼치고, "오래전 내 발을 세상에 내 놓기 위해/ 나의 선님도/ 선님의 거칠어진 발도 손도 청결히 하였을 것"을 떠올려 보고, "누군가 저쪽 어딘가에서 불러서 가며 넘어지며 투박해지는/ 발"을 또다시 떠올려 본다. 발은 그 주체자의 일어섬과 그 삶의 목표와도 맞닿아 있다. 발이 없으면 홀로 일어설 수도 없고, 발이 없으면 그의 원대한 꿈도 추구할 수가 없다. 발이 있기 때문에 그의 웅대한 기상이 펼쳐지고, 발이 있기 때문에 이 세계는 더욱더 아름답고 넓어지는 것이다. 발은 그 주체자의 꿈의 상징이며, 세계정복운동의 원동력인 것이다. "오래전 내 발을 세상에 내 놓기 위해/ 나의 선님도/ 선님의 거칠어진 발도 손도 청결히 하였을 것"이라는 시구는 새로운 미래의 주인공을 맞이하는 선님들(부모님들)의 마음 가짐을 뜻하고, 이때에 손과 발을 깨끗하게 씻었다는 것은 불결의 실제적인 결과를 닦아냈음을 뜻한다. "아가야, 아가야/ 누군가 저쪽 어딘가에서 불러서 가며 넘어지며 투박해지는/ 발"은 그 아가가 홀로서기까지의 안쓰러움이 담겨 있는 시구이면서도, 그러나 그 "투박해지는 발"이 의미하고 있듯이, 그 아가는 건강하고 튼튼한 어른으로 성장할 것이라는 기대감으로 가득 차 있는 시구이기도 하다. 바로 이 지점에서 '투박하다'의 의미는 '모양없이 튼튼하다'라는 뜻이 아니라, '건강하고 튼튼하다'라는 말에 더 어울리기도 한다.

정가일 시인은 할머니로서, 아직도 태어나지 않은 "아가의 양말을 빨다가" 그 아가를 생각하는 동안은 즐겁고, 기쁘고, 행복했었지만, 그러나 제5연에서는 제 정신을 차리고 다시 현실을 직시하게 된다. "태어날 아기의 양말을 빨다가/ 조그만 발로 어기영차 날 심장을 끌고 다닐, 좀처럼 열리지 않는/ 유배지의 한낮엔 소름이 돋고"라는 시구가 바로 그것이다. 아가는 미래의 영웅이고, 예수이며, 부처이다. 그 아가에게는 어떠한 장애물도 문제가 될 리 없고, 어떠한 외부의 적과의 싸움도 문제가 될 리 없다. 그 아가는 전지전능한 존재이며, 죽음을 모르는 영생불사의 존재이다. 그러나 이러한 기대와 상상은, 다만 기대와 상상일 뿐, 그 아가가 "조그만 발로 어기영차 날 심장을 끌고" 다녀 보았자, 그의 꿈은 좀처럼 이루어지지 않게 될 것이다. 왜냐하면 그 아가는 불완전한 존재이며, 태어나면 이윽고 죽어야만 하는 유한한 존재이기 때문이다. 기대는 배반을 낳게 되고, 꿈은 현실의 쇠망치에 의하여 산산이 부서지게 되어 있다. 그렇다. 정가일 시인의 "유배지의 한낮엔 소름이 돋고"라는 명언은 너무나도 급격한 반전의 말이면서도, 너무나도 뼈 아프고 한 맺힌 절규의 목소리라고 하지 않을 수가 없다. 하지만, 왜, 그는 그처럼 예쁘고 귀여운 손주에 대한 상상을 죄 많은 인간의 한숨으로 덧칠해놓고 있는 것이며, 왜, 또한, 그는 그 손주의 삶마저도, 마치 지난 날의 수용소 군도와도 같은 악법의 멍에에서 벗어날 수 없다고 예측하고 있는 것일까? 기독교는 그것을 에덴동산 이후의 원죄로 설명하고, 불교는 그것을 전생의 업보로 설명한다. 원죄와 업보는 태어남 자체를 저주받은 자의 그것으로 설명을 하고, 이 세상의 삶 자체를 그 형벌의 삶으로써 설명을 한다. 모든 죄를 씻고 그 고통으로부터 해방된다는 것, 바로 이것이 구원의 삶이기는 하지만, 그러나 그 구원의 삶은 지나치게 소극적인 삶이며, 내가 생각하고 있는 지상낙원의 삶과는 너무나도 거리가 먼 삶에 지나지 않는다. 과연 이 세상에서 아름답고 행복한 삶은 영원히 불가능한 것일까? 어쨌든 정가일 시인의 사유가 기독교와 불교의 사유에 맞닿아 있다고 나는 생각하지 않는다. 정가일 시인의 사유는 '우리 인간들은 불완전한 존재이며, 그 꿈은 이루어지지 않는다'는 철학적 사유에 맞닿아 있는 것이지, 기독교와 불교의 사유에 맞닿아 있는 것은 아니다. '인간은 불완전한 존재이며 그 인간의 꿈은 이루어지지 않는다'. 이러한 비극적 세계인식이 그의 아가에 대한 상상력을 '유배지'의 그것으로 덧칠해놓고 있지만, 그러나 어쨌든 그 아가에 대한 사랑스러운 마음으로 그 아가를 더욱더 크게 끌어안는다.

발바닥이 가렵다
까마득한 과거와 미래의 소통
오냐, 내 새끼
내 새끼

내가 혼자일 때는 나는 단지 과거 속의 존재로 사라져 가지만, 그러나 내가 부부가 되었거나, 어느 특정 가계의 혈통 속의 존재일 때는, 과거와 현재와 미래의 시간의 흐름은 단절되지 않고, 새로운 역사의 힘찬 수레바퀴를 굴려갈 수가 있는 것이다. "발바닥이 가렵다"는 것은 그 아가와 나를 이어주는 인연의 끈을 뜻하고, 또한, 그 인연의 끈을 통해서 그 아가의 탄생의 신호음이 들려오고 있다는 것을 뜻한다. 발과 발에 의해서 그 아가와 나는 인연이 맺어진 것이고, "까마득한 과거와 미래의 소통"이 가능해진 것이다. "오냐, 내 새끼/ 내 새끼"는 그 아가의 탄생을 진정으로 축하하고, 또 사랑한다는 시적인 표현이기도 한 것이다. 왜냐하면 '오냐'는 감탄사로서, 아랫 사람을 끌어안는 말이며, 모든 것을 다 받아주겠다는 긍정의 표현이기 때문이다. 다시 한 번 이 지점에서, '인간은 불완전한 존재이며, 그 인간의 꿈은 이루어지지 않는다'라는 비극적 세계인식에 대한 반전이 일어나게 된다. '인간은 불완전한 존재이며, 그 인간의 꿈은 이루어지지 않는다'. 그러나, 그러나, 그 불가능한 꿈이 있다는 것만으로도 이 유배지의 삶은 행복하고, 언제, 어느 때나 그 유배지를 개간하여 새로운 지상낙원으로 건설할 수가 있는 것이다. 유배지의 삶은 온몸의 떨림과 황홀함이라는 이중적인 감정이 교차하는 삶의 현장이다. 유배지의 삶은 고통스럽고 그 고통스러움은 떨림(두려움)의 감정을 낳는다. 다른 한편, 그 유배지의 삶 자체를 더욱더 열심히 살고 그 유배지를 새로운 지상낙원으로 변모시키려는 꿈은 삶의 황홀함(기쁨)을 낳게 된다. "유배지의 한낮엔 소름이 돋고"라는 시구는 온몸의 떨림에 해당되고, "까마득한 과거와 미래의 소통/ 오냐, 내 새끼/ 내 새끼"라는 시구는 삶의 황홀함에 해당된다. 성교의 지향성은 삶의 의지이고, 어린 아가의 탄생도 삶의 의지이다. 그 삶의 의지가 있는 한 유배지의 삶은 지상낙원의 삶으로 변모되고, 새 시대의 새로운 영웅이 탄생했다는 낙천주의자의 타종 소리는 그치지 않게 될 것이다.

> 동방박사 세 사람 귀한 예물 가지고
> 산을 넘고 물을 건너 별 따라 왔도다
> 오 탄일의 밤의 밝은 별
> 명랑하고 귀한 별
> 아기 예수 계신 곳에 우리 인도하여라
> ―「동방박사 세 사람」중에서

고슴도치는 고슴도치과의 포유류이며, 몸 길이는 23cm에서 32cm

가 되는 동물이다. 네 다리는 짧고 뭉툭한 몸집을 가졌으며 날카로운 침 모양의 털(가시)이 박혀 있다. 평야지대의 숲속에서 흔히 볼 수도 있고, 때때로는 민가 근처에도 나타난다. 고슴도치는 야행성이며, 곤충과 지렁이와 도마뱀과 개구리와 나무 열매와 과일 등을 먹고 살아간다. 고슴도치도 제 새끼는 사랑할 줄 안다는 말이 있다. '고슴도치 딜레마'란 어느 누구와도 사귈 수가 없다는 것을 뜻하고 있는데, 왜냐하면 그 고슴도치와 가까이 할수록 그 가시에 의해서 상처를 입게 되기 때문이다. 고슴도치는 사악한 동물이며, 영원히 가까이 할 수 없는 동물이다. 그러나 그 사악한 이단자마저도 자기 자식은 그토록 끔찍하게 사랑하고 있는 것이고 보면, 사랑이 그토록 달콤하고 짜릿한 것은 자기 자신의 보존욕망, 즉, 종족의 본능이 그 모든 본능보다도 우선하고 있기 때문일 것이다. "오냐, 내 새끼/ 내 새끼"는 무한한 긍정의 말이면서도 참다운 사랑의 말이기도 한 것이다. 참된 사랑이 그 영혼마저도 감싸고 있는 것이라면, 비록, 그 아가의 삶이 '유배지의 삶'에 불과할지라도 기꺼이 그 아가의 삶을 돌보아 주겠다는 의지의 표현이라고 하지 않을 수가 없는 것이다.

유배지의 기쁨, 유배지의 희열, 유배지의 행복—. 그 유배지의 삶이 아름답고 행복한 삶일 수가 있는 것은 이처럼 어린 아가의 울음소리가 그치지 않고 있기 때문일 것이다.

정가일 시인의 「고슴도치」는 대단히 상징적이고도 함축적인 시이며, 이 세상에서 가장 아름답고 행복한 삶이 무엇인가를 시사해주고 있는 시라고 할 수가 있는 것이다.

명
시
·
60

김병호
거풍

회갑을 넘긴 윤년의 생신에
어머니는 길지 않은 하루 해 안에서
당신 수의를 준비하셨다

당신이 이 별로 자리를 옮기던
그날의 하늘빛과 구름, 바람의 방향과 햇살의 농도
그리고 당신을 처음 맞았던 뒤안 살구나무의 체온을 천천히 짚으며
어머니는, 윤달은 왠지 덤인 것 같다 하셨다

너무 촘촘하지도 성기지도 않은 삼베에
어머니는 치자로 물을 들여
실매듭도 짓지 않고 주머니도 만들지 않고
날개옷 한 벌을 지으셨다

그리고 매년 칠월 칠석이 되면
자개농 깊숙이 넣어둔 오동나무 함의
수의를 꺼내 말랑한 그늘에서 거풍시키신다

그런 날이면 어머니는 다른 날보다 더 오래
공들여 뒤안의 장독들을 닦고
그런 날이면 햇살은 다른 날보다 더 오래
머뭇거리며 어머니의 등을 닦는다

― 『애지』, 2007년, 겨울호

그 옛날 '마조 화상'은 문병을 온 원주가 "요사이 화상의 건강은 어떠하신지요"라고 묻자, "일면불 월면불—面佛 月面佛"이라고 대답했다고 한다. 월면이라는 부처님은 그 수명이 하루낮과 하룻밤이고, 일면이라는 부처님은 그 수명이 족히 8천 1백세나 되었다고 한다. 따라서 '일면불 월면불'이라는 마조 화상의 대답은 "걱정하지 마라. 오늘 죽어도 좋고 내일 죽어도 좋다"(조오현 역해, 『벽암록』, 불교시대사)라는 의미가 될 것이다. 삶과 죽음의 문제에서 자유롭다면 그 어떠한 일에도 자유롭지 못한 것이 없고, 더 더군다나 이 세상의 부귀영화 때문에, 더 이상의 비굴한 아첨과 온갖 권모술수를 쓸 필요조차 없게 될 것이다.
　나는 나의 『행복의 깊이』 제1권 제3장, 「하강의 깊이」에서 나의 죽음에 대한 생각을 다음과 같이 역설한 바가 있다.

　　나는 '우리 인간들이 살아있는 한 죽음이란 없고 죽음이 찾아오면 우리들은 존재하지 않는다'라는 에피쿠로스의 철학적 명제를 나의 철학적 명제, 즉, '우리 인간들은 죽어갈 수가 있어서 권태롭지 않고, 또다시 태어날 수가 있어서 허무하지 않다'라고 바꾸어 놓고자 한다. 왜냐하면 에피쿠로스의 철학적 명제는 애써 죽음과의 연관성을 부정한 말에 지나지 않지만, 나의 철학적 명제는 어떤 두려움이나 공포도 없이 자기 자신의 죽음을 죽어갈 수 있게 만들어 주고 있기 때문이다. 아름답고 행복한 죽음은 이 세상의 삶에 대한 옹호이며, 삶의 완성으로써의 예술적인 죽음이라고 해도 과언이 아니다. 권태란 무엇인가? 그것은 더없이 지루한 것, 어떠한 소망도 이루어지지 않는 것을 말한다. 허무란 무엇인가? 그것은 우리 인간들의 존재의 근거가 텅 빈 '無'라는 것, 그리고 인생의 모든 것이 허망하다는 것을 말한다. 또다시 태어날 수가 있다는 말은 무엇을 뜻하고 있는가? 그것은 死後에나 제대로 평가를 받게 되는 그의 예술적인 죽음과 그 사상(예술)을 토대로 하여, 언제나 늘 푸르고 새롭게 자라나는 이 땅의 젊은이들을 말한다. 우리가 우리들의 인생을 한 편의 예술 작품으로 이해를 하게 되면, 예수의 부활처럼 어리석고 우매하기 짝이 없는 모조품도 없을 것이다. 왜냐하면 두 번 살고, 두 번 죽고, 그리고, 또다시 영원히 살아가겠다는 것은 인생이라는 예술의 무대에서 그 아름다운 퇴장을 모르는 삼류 배우의 그것에 지나지 않고 있기 때문이다. 그러나 '우리는 죽어갈 수가 있어서 권태롭지 않고 또다시 태어날 수가 있어서 허무하지 않다'라는 낙천주의의 죽음을 배우게 된다면, 우리 인간들의 질병인 삶의 공포와 죽음의 공포가 하나의 이적처럼, 그 종적을 감추게 될 것이다. 따라서 '우리는 죽어갈 수가 있어서 권태롭지 않고, 또다시 태어날 수가 있어서 허무하지 않다'라는 말을 다른 말로 설명해 본다면, '우리는 죽어 갈 수가 있어서 기쁘고, 또다시 태어날 수가 있어서 행복하다'라는 말이 될 것이다. 목표가 있는 삶은 행복한 삶이고, 그것은 성공과 실패를 초월해 있다. 우리들의 인생은 회의되거나 부정되기 이전에 향유되지 않으면 안 된다. 죽음이란 무엇인가? 죽음은 생물학적으로 신체의 소멸을 뜻하고, 이 세상의 삶의 종말을 뜻한다. 그러나 나는 너희들에게 너희들의 삶을 살고, 너희들의 죽음을 죽으라고 가르쳐 주고 싶다. 어느 누구도 흉내낼 수 없는 아름답고 행복한 죽음, 그 예술적인 죽음을 너희들은 죽어가지 않으면 안 된다.

김병호 시인은 1971년 광주에서 태어났고, 2003년 《문화일보》 신춘문예로 등단했다. 시집으로는 『달 안을 걷다』가 있으며, 현재 협성대학교 문예창작학과 교수로 재직 중이다. 그의 「거풍」은 회갑을 넘긴 어머니가 이승의 삶을 마감하고 죽음을 준비하는 과정의 경건함과 그 엄숙함을 노래하고 있는 시라고 하지 않을 수가 없다. 죽음이란 무엇인가? 죽음이란 생물학적으로 신체의 소멸을 뜻하고, 이 세상의 삶의 종말을 뜻한다. 하지만 죽음은 그처럼 단순하지만은 않은데, 왜냐하면 죽음이란 삶의 완성이며, 또다른 생(삶)이 기다리고 있기 때문이다. 죽음은 삶의 완성이고, 삶은 죽음의 완성이다. 따라서 죽음으로써 이 세상의 삶을 완성한 자는 윤회사상에 따라서 또 다른 삶을 살아가지 않으면 안 된다. 오늘 죽어도 즐겁고 기쁜 것이고, 내일 죽어도 즐겁고 기쁜 것이다. 죽음은 이곳이 아닌 저곳으로의 이사감이며, 따라서 우리는 그 죽음 앞에서 더 이상 벌벌벌, 떨고 있을 필요가 없는 것이다. 오히려, 거꾸로, 우리가 다른 나라로 이민을 가는 사람들을 환송해주고 있듯이, 이 세상에서의 떠나감을 더없이 즐겁고 기쁘게 환송해주어야만 하는 것이다. 어떻게 죽음으로써 삶을 완성하고 삶으로써 죽음을 완성하는 자가 그 대단원의 막을 즐겁고 기쁘게 받아들이지 않을 수가 있겠으며, 또한 어떻게 이 세상의 삶을 완성하고 아름답고 행복한 죽음을 죽어가는 사람 앞에서 그처럼 서럽고 슬프게 울 수가 있겠는가? 김병호 시인의 「거풍」은 생사를 떠난 경지에서, 가장 아름답고 훌륭한 '죽음맞이의 노래'라고 하지 않을 수가 없는 것이다. 경건함과 엄숙함이 주조를 이루고 있으면서도, 그 내면에는 고대 오후의 행복 같은 즐거움과 기쁨이 넘쳐나고 있는 시가 바로 이 「거풍」이라고 할 수가 있는 것이다.

  김병호 시인은 "회갑을 넘긴 윤년의 생신에/ 어머니는 길지 않은 하루 해 안에서/ 당신의 수의를 준비하셨다"라고 노래하고, "당신이 이 별로 자리를 옮기던/ 그날의 하늘빛과 구름, 바람의 방향과 햇살의 농도/ 그리고 당신을 처음 맞았던 뒤안의 살구나무의 체온을 천천히 짚으며/ 어머니는, 윤달은 왠지 덤인 것 같다 하셨다"라고 노래한다. 회갑이란 무엇이고, 윤년이란 무엇이며, 또한, 수의란 무엇이란 말인가? 회갑이란 천간天干과 지지地支를 합쳐서 60갑자가 되므로, 태어난 간지干支의 해가 다시 돌아왔음을 뜻하고, '축 수연壽宴의 회갑 잔치'를 하는 해를 뜻한다. 윤년이란 양력으로는 4년마다 돌아오는 윤일과 음력으로는 5년에 두 번의 비율로 윤달이 드는 해를 뜻하고, 그 상서로운 해에 조상의 산소를 돌보거나 노부모의 수의와 관을 만들어 놓을 수 있는 해를 뜻한다. 수의란 염할 때 망자의 시체에 입히는 옷을 말하고, 그 수의는 주로 윤달에, 그것도 하루 안에 완성하지 않으면 안 되는 옷을 말한다. 「거풍」의 어머니는 회갑을 갓 넘기신 어머니이며, 윤년의 생신을 맞이하여 당신의 수의를 손수 만드시는 어머니이다. 회갑을 갓 넘기신 어머니는 스스로 떠나가야 할 때를 알고 있는 어머니이며, '축 수연의 회갑 잔치'를 뒤로 하고, '여기'가 아닌 '다른 곳'으로 입고 갈 "날개옷"을 만드시는 어머니이다. '축 수연의 회갑 잔치'가 벌어지면 상서로운 윤년이 춤을 추고, 상서로운 윤년이 춤을 추면, 우화등선의 날개옷이 그 어머니를 하늘 나라로 모셔가고 있는 것이다. 그 어머니는 날개옷을 만드시기 전에, "당신이 이 별로 자리를 옮기던/ 그날의 하늘빛과 구름, 바람의 방향과 햇살의 농도"를 생각해보고, 또한, 그 어머니는 그 날개옷을 만드시기 전에, "당신을 처음 맞았던 뒤안의 살구나무의 체온을 천천히 짚으며/ 어머니는, 윤달은 왠지 덤인 것 같다"고 말씀하시고 있는 것이다. 이때에 "이 별로 자리를 옮기던"이라는 시구는 전생을 이은 재생의 삶을 뜻하고, "당신을 처음 맞았던 뒤안의 살구나무"는 친정을 떠나와 최초로 시집왔을 때의 '살구나무'를 뜻한다. "당신이 이 별로 자리를 옮기던/ 그날의 하늘빛과 구름, 바람의 방향과 햇살의 농도"는 힌두교와 불교의 문맥 속에서만 이해되고 있는데, 왜냐하면 "당신이 이 별로 자리를 옮기던"이라는 시구는 윤회사상 속에 그 역사 철학적인 뿌리를 두고 있기 때문이다. 또한 "당신을 처음 맞았던 뒤안의 살구나무"는 결혼제도의 전통 속에서만 이해되고 있는데, 왜냐하면 "당신을 처음 맞았던 뒤안의 살구나무"는 시댁의 살구나무이기 때문이다. 별에서 또다른 별로의 우주적인 자리옮김은 시공간을 초월했다는 것을 뜻하고, 시집왔을 때의 살구나무와 아직도 살아 있는 살구나무는 시공간 속에 구속되어 있다는 것을 뜻한다. 어머니는 전생에서 이승으로 이사왔을 때, 즉, 이 지구상에서 최초로 태어났을 때의 "하늘빛과 구름, 바람의 방향과 햇살의 농도"를 생각해보신 것이고, 또, 그리고, 당신이 처음으로 시집왔을 때의 살구나무와 지금의 살구나무를 생각해보면서, "애야, 윤달은 왠지 덤인 것 같구나"라고 말씀하신 것이다. 따라서, "애야, 윤달은 왠지 덤인 것 같구나"라는 어머니의 말씀 속에는, "애야, 이제는 살 만큼 살았구나. 덤으로 사는 인생이 너무너무 기쁘면서도, 다른 한편으로는 또한 그만큼 부끄럽구나"라는 뜻이 담겨 있다고 해도 과언이 아니다. 윤달 같은 인생, 덤 같은 인생은 즐겁고 기쁜 인생이면서도, 그러나 그 무임승차의 죄과 때문에, 또한 그만큼 부끄러운 인생이기도 한 것이다.

'육십이이순六十而耳順'이라는 말도 있고, '칠십이종심소욕 불유구七十而從心所欲 不踰矩'이라는 말도 있다. 육십은 그 모든 말들을 다 들어줄 수 있는 달관의 나이이며, 칠십은 그 어느 것을 해도 모자라거나 넘쳐남이 없는 나이이다. 그런데도 김병호 시인의 어머니는 육십을 덤 같은 인생으로 규정하고, 그 행복감에 젖어서, "너무 촘촘하지도 성기지도 않은 삼베에/ 어머니는 치자로 물을 들여/ 실매듭도 짓지 않고 주머니도 만들지 않고/ 날개옷 한 벌을" 지으신 것이다. 다시 말해서 수의란 망자의 시체에 입히는 옷을 말하고, 주로 윤년이 되는 윤달에 짓는 옷을 말한다. 수의의 종류로는 적삼과 바지와 속바지와 저고리와 허리띠 등이 있으며, 반드시 하루 안에 만들어야 하고, 그 옷감으로는 비단과 명주와 삼베 등을 사용한다. 그 어머니는 당신의 날개옷감으로 "너무 촘촘하지도 성기지도 않은 삼베"를 선택하신 것이고, 그 옷감에다가 치자나무의 열매로 물을 들이신 것이다. 치자나무는 상록활엽의 관목이며, 그 열매는 황갈색을 띠고 있어서, 천연의 색소(황색)로도 많이 사용되고 있는 것이다. "실매듭도 짓지 않고"는 매듭이 없는 맑고 깨끗하고 영원한 삶을 말하고, "주머니도 만들지 않고"는 모든 것을 다 놓아두고 가는 무소유의 떠나감을 뜻하고, 그리고, 또한, "날개옷 한 벌"은 이 세상의 삶과 유한한 존재의 한계를 떠나서, 모든 것이 가능하고 어느 것 하나 부족한 것이 없는 '하늘나라(천국)'의 삶을 뜻한다. 「거풍」의 어머니는 예의범절에 그 흠결이 없는 어머니이며, 살아야 할 때와 죽어가야 할 때를 알고 있는 고귀하고 우아한 성품의 어머니이다. 이 세상에서 처음으로 태어났을 때에도 기뻤고, 아들과 딸을 낳고 '축 수연의 잔치상'을 받았을 때에도 기뻤고, 윤년의 윤달을 맞이하여, 당신의 날개옷 한 벌을 만들 때에도 기뻤다. 언제, 어느 때나 졸졸졸, 넘쳐 흐르는 샘물처럼 늘 행복했었고, 이 세상과 타인들을 끊임없이 비방하고 헐뜯기보다는 늘 감사한 마음으로 살아왔던 것이다. 수의를 만드는 마음은 떠날 때를 아는 마음이며, 수의를 만드는 마음은 더 이상의 원망이나 후회가 없는 마음이다. 수의를 바라보는 마음도 모든 욕망에서 벗어난 행복한 마음이며, 그 수의를 거풍시키는 마음도 아름답고 행복한 삶에 감사할 줄 아는 마음이다. 꿀처럼 달콤한 행복과 이 세상의 삶에 대한 감사한 마음은 그 무소유의 기쁨을 향유하면서, "그리고 매년 칠월 칠석이 되면/ 자개농 깊숙이 넣어둔 오동나무 함의/ 수의를 꺼내 말랑한 그늘에서 거풍"시키게 되는 것이다. '칠월칠석'이란 무엇이고, '오동나무'란 무엇이며, 또한, '거풍擧風'이란 무엇이란 말인가? 칠월칠석이란 명절 중의 하나이며, 견우와 직녀가 1년에 단 한 번 만날 수 있는 날을 말한다. 목동인 견우와 옥황상제의 손녀인 직녀는 모든 반대를 무릅쓰고 결혼을 했었지만, 그러나 자기 자신들의 임무를 소홀하게 한 댓가로 견우성과 직녀성으로 유배를 가게 되었고, 1년에 단 한 번, 그것도 칠월칠석날에만 만날 수가 있게 되었던 것이다. 하지만 견우성과 직녀성 사이에는 거대한 은하수가 있어서, 그들이 만날 수가 없게 되자, 수많은 까마귀와 까치들이 머리를 맞대어 '오작교'라는 다리를 만들어 주었던 것이다. 오동나무란 대한민국의 특산종으로 평안남도와 경기도 이남의 따뜻한 곳에서 자생하고 있는 나무이며, 15년내지 20년 정도만 자라나게 되어도 그 목재로 유용하게 사용할 수가 있게 된다. 오동나무는 목질이 부드럽고 습기나 불에 강하며, 바로 그 때문에 수많은 가구와 악기와 관 등을 만드는 데 사용되기도 한다. 거풍이란 책이나 옷같은 물건들을 꺼내어 바람을 쏘이는 것을 말하고, 이 거풍에 의하여 그 물건들이 썩어가거나 곰팡이가 피는 것을 막을 수가 있는 것이다. 따라서 어머니는 매년 칠월칠석날이면 견우와 직녀가 만나듯이, "자개농 깊숙이 넣어둔 오동나무 함의/ 수의를 꺼내 말랑한 그늘에서 거풍"시키게 되는 것이다. 매년 칠월칠석날 그 수의를 거풍시킨다는 것은 아마도 이미 하늘나라로 승천하신 남편을 마치, 직녀처럼 만날 수 있기를 소망한다는 의미도 내포되어 있을 것이고, 또한 그 아름다운 명절날에, 앞으로 죽어갈 당신의 모습을 또

다시 만나본다는 의미도 내포되어 있을 것이다. 칠월칠석날은 경건하고 엄숙한 날이며, 고대의 오후같이 행복한 날이기도 한 것이다.

> 그런 날이면 어머니는 다른 날보다 더 오래
> 공들여 뒤안의 장독들을 닦고
> 그런 날이면 햇살은 다른 날보다 더 오래
> 머뭇거리며 어머니의 등을 닦는다

김병호 시인의 「거풍」은 생사를 떠난 경지에서, 가장 아름답고 훌륭한 '죽음맞이의 노래'이며, 다른 한편, 그 '죽음맞이의 노래'를 통하여 아름답고 행복한 삶, 즉, '예술적인 삶'을 완성해가고 있는 시라고 할 수가 있는 것이다. 회갑을 넘긴 윤년의 생신날에, 당신이 손수 수의를 만드시던 어머니, 그 수의를 치자로 물들이며 실매듭도 짓지 않고 주머니도 만들지 않으시던 어머니, 이 지구라는 별에서 처음으로 태어났을 때와 회갑을 갓 넘긴 현실을 생각해보고, 윤달은 왠지 덤인 것 같다고 말씀하시던 어머니, 그리고 매년 칠월칠석날이면 당신의 날개옷을 거풍시키며, 견우와 직녀를 생각해보시던 어머니─. 죽음은 삶의 완성이기 때문에 경건하고 엄숙한 것이며, 또한 죽음은 삶의 완성이기 때문에, 고대 오후의 행복같이 즐거움과 기쁨이 넘쳐나고 있는 것인지도 모른다. 어떻게 그 죽음을 생각하면서 "다른 날보다 더 오래／ 공들여 뒤안의 장독을" 닦지 않을 수가 있겠으며, 또한, 어떻게 그 아름다운 예술적인 삶을 완성해가는 한 여인을 바라보면서, 그 따뜻한 햇살마저도 "다른 날보다 더 오래／ 머뭇거리며 그 어머니의 등을" 닮지 않을 수가 있겠는가!

  에너지 보존법칙에 의하면 무無(없는 것)에서 유有(있는 것)가 생겨날 수도 없고, 유가 무로 소멸되어갈 수도 없다. 왜냐하면 에너지는 그 형태만 바뀔 뿐 그 총량에는 변함이 없기 때문이다. 만일, 당신이 죽는다면, 당신의 뼈와 살과 피와 머리카락마저도 4원소, 즉, '물, 불, 바람, 흙'으로 분해되어, 또다른 생명들의 모태가 되어주게 되어 있는 것이다. 당신의 육체에 의해서 수많은 나무와 풀들이 생겨날 수도 있고, 당신의 육체에 의해서 수많은 개미와 구더기들도 생겨날 수도 있다. 당신의 육체에 의해서 수많은 가스가 생겨날 수도 있고, 당신의 육체에 의해서 맑은 샘물이 더욱더 풍부한 영양만점의 샘물이 되어갈 수도 있다. 이 에너지 보존법칙은 윤회사상의 토대가 되어주고 있는 것이며, 따라서 우리 인간들의 죽음은 최후의 종착역이 아니라, 또다른 탄생의 시작인 것이다. 죽음이란 또다른 별로 이사가는 것이며, 우리는 그 죽음을 위하여 아름다운 날개옷을 준비해놓지 않으면 안 된다.

  니체는 그의 『짜라투스트라는 이렇게 말했다』에서 그 윤회사상을 다음과 같이 노래한 바가 있다.

    모든 것이 가고 모든 것이 되돌아온다. 존재의 수레바퀴는 영원히 회전한다. 모든 것이 죽고 모든 것이 새로 꽃피어난다. 존재의 해(年)는 영원히 계속된다.

    모든 것이 부서져버리고 모든 것이 새로이 짜맞춰진다. 동일한 존재의 집이 영원히 세워진다. 모든 것이 헤어지고 모든 것이 다시 만나 인사한다. 존재의 환幻은 영원히 자신에게 충실하다.
　　어느 찰나에나 존재는 시작된다. 모든 여기를 중심으로 저기의 공은 굴러간다. 중심은 곳곳에 있다. 영원의 오솔길은 곡선이다.

　이 세상의 삶 중에서, 오오 시인이여, 죽음보다 더 즐겁고 행복한 것은 없다. 죽음이야말로 모든 슬픔과 고통과 질병으로부터의 해방이며, 그러한 죽음으로 인하여 인생 자체가 아름다운 예술품으로 완성되고, 영원불멸의 삶이 시작되고 있는 것이다.
　오오, 시인이여, 너무나도 즐겁고 기쁜 마음으로 죽음 앞에서 춤을 출 수 있는 시인이여! 나는 당신처럼 살아가는 사람을 낙천주의자라고 부르고자 한다.
　우리는 죽어갈 수가 있어서 기쁘고 또다시 태어날 수가 있어서 행복하다.

명시 · 61

이진명
청련, 청년, 백련

靑蓮이 있대요
파랗게 핀대요
파아란 연기같이 오른대요

아름다운 靑蓮
희귀한 핏줄
불러줘 데려다 줘
내 청년으로 삼고 말거야

아름다운 내 청년
어디에 사나요
蓮도래지 남쪽바다 휘허한 옛 甲國
그림자 없는 無影池 그런 나라에

먼 청년
내 靑蓮

떠도는 소문 깊이
저 세상으로 깊이
白蓮이 피면
그 이름을 따로 불렀습니다
부를 수 없는 이름으로 불렀습니다
靑蓮

희고지고희고지고희고지어서
흰빛의 목숨이 그만 끊기는 거기

파아란
내 청년은 깃들어

— 『단 한 사람』, 열림원, 2004년

이진명 시인은 1955년 서울에서 출생했고, 1990년 『작가세계』로 등단했다. 시집으로는 『밤에 용서라는 말을 들었다』와 『집에 돌아갈 날짜를 세어보다』가 있고, 그리고, 또한, 『단 한 사람』 등을 출간한 바가 있다. 그의 「청련, 청년, 백련」은 아름답고 절묘한 말의 울림과 함께, 그 설화적인 기법을 통하여 아름다운 삶과 아름다운 죽음을 머나먼 꿈나라인 듯, 노래한 시라고 할 수가 있다. "靑蓮이 있대요/ 파랗게 핀대요/ 파아란 연기같이 오른대요// 아름다운 靑蓮/ 희귀한 핏줄/ 불러줘 데려다 줘/ 내 청년으로 삼고 말거야// 아름다운 내 청년/ 어디에 사나요/ 蓮도래지 남쪽바다 휘허한 옛 甲國/ 그림자 없는 無影池 그런 나라에// 먼 청년/ 내 靑蓮// 떠도는 소문 깊이/ 저 세상으로 깊이/ 白蓮이 피면/ 그 이름을 따로 불렀습니다/ 부를 수 없는 이름으로 불렀습니다/ 靑蓮// 희고지고희고지고희고지어서/ 빛의 목숨이 그만 끊기는 거기// 파아란/ 내 청년은 깃들어"라는 시구가 바로 그것이라고 할 수가 있는 것이다. "靑蓮이 있대요/

파랗게 핀대요/ 파아란 연기같이 오른대요"라는 제1연의 시구는 청문형聽聞型의 종결어미를 통해서 강조법과 점층법을 사용하고 있고, "아름다운 靑蓮/ 희귀한 핏줄/ 불러줘 데려다 줘/ 내 청년으로 삼고 말거야"라는 제2연의 시구는 "불러줘/ 데려다 줘"라는 청원형請願型의 문법을 통해서 강조법과 점층법을 사용하고 있다. 청문형이란 남에게서 들은 소문이나 전설을 차용했다는 것을 말하고(설화적 기법), 청원형이란 자기 자신의 소망과 희망을 드러냈다는 것을 말한다. 그는 "靑蓮이 있대요/ 파랗게 핀대요/ 파아란 연기같이 오른대요"라는 청문형의 종결어미를 통해서 설화 속의 '靑蓮'의 존재와 그 존재의 의미를 점점 더 부각시키고, 그리고 그 존재를 "아름다운 靑蓮/ 희귀한 핏줄"로 최고급의 존재로 미화(성화)시켜 놓고 있는 것이다. 따라서 이 청문형과 청원형 사이에서, 파아란 '靑蓮'은 "아름다운 내 청년"으로 변모되고, 그 편 효과는 그 아름다운 청년을 끝끝내는 나의 연인으로 삼고 말겠다는 시적 화자의 의지를 낳게 된다. 아름답고 희귀한 핏줄의 '靑蓮'은 그의 이상적인 연인이며, 그 이상적인 연인을 생각해볼 때, "불러줘 데려다 줘/ 내 청년으로 삼고 말거야"의 청원형과 그 의지 표명은 너무나도 아름답고 절묘한 말의 울림과 함께, 그의 설화적인 기법이 낳은 시구라고 하지 않을 수가 없다. '있대요/ 핀대요/ 오른대요'라는 종결어미들이 톡톡톡, 튀어나오면서 그 울림을 점점 더 고조시켜 놓으면, "아름다운 靑蓮/ 희귀한 핏줄/ 불러줘 데려다 줘/ 내 청년으로 삼고 말거야"라는 시구들이 톡톡톡, 튀어나오면서 그 울림에 화답을 하고, 다른 한편, "아름다운 내 청년/ 어디에 사나요"라는 의문형의 시구들이 그 물음을 던지면, "蓮도래지 남쪽바다 휘허한 옛 甲國/ 그림자 없는 無影池 그런 나라에"라는 시구들이 그 물음에 화답을 한다. 청문형의 종결어미들이 청원형을 낳고, 청원형의 시구들이 의문형의 시구들을 낳고, 의문형의 시구들이 화답형의 시구들을 낳는다. 강조법이 점층법을 낳고, 점층법이 그 파아란 靑蓮을 '아름다운 청년'으로 변모시키는 이적을 낳게 된다. 이진명 시인의 자유자재로운 상상력과 그 설화적 기법이 낳은 마술의 효과라고 하지 않을 수가 없는것이다.

만일, 그렇다면 그 "아름다운 내 청년"은 어디에 살고 있으며, "蓮도래지 남쪽바다 휘허한 옛 甲國"은 어디에 있으며, 그리고, 또한 "그림자 없는 無影池"는 어디에 있단 말인가? 너무나도 분명한 사실이지만, 아름다운 내 청년은 "蓮도래지 남쪽바다 휘허한 옛 甲國"에 살고 있고, 그 "蓮도래지 남쪽바다 휘허한 옛 甲國"은 "그림자 없는 無影池"의 나라에 지나지 않는다. 연은 수련과의 여러해살이 수초이며, 아시아 남부와 호주의 북부가 원산지로 되어 있다. 연은 진흙 속에서 자라나고, 아름답고 고귀한 식물로 너무나도 잘 알려져 있다. 연은 붉은 꽃을 피우는 홍련紅蓮과 흰꽃을 피우는 백련白蓮이 있으며, 7월 달과 8월 달에 꽃이 피고, 그 꽃은 곧바로 부처의 화신이며, 극락의 세계를 지시하고 있다고 해도 틀린 말이 아니다. 연꽃은 아름다움의 상징이며, 그 아름다움의 세계는 극락의 세계이다. 극락의 세계는 모든 고통이 사라진 세계이며, 최고급의 인간인 부처가 살고 있는 세계이다. 하지만 그 아름다운 세계는 '색즉시공色卽是空'의 세계에 지나지 않으며, 이 세상의 그 어디에도 존재하지 않는 세계이다. '색즉시공공즉시색色卽示空空卽示色'의 말장난과도 같은 세계가 "蓮도래지 남쪽바다 휘허한 옛 甲國"의 세계에 지나지 않는 것이다. 나는 "휘허한 옛 甲國"의 이 '휘허한'이라는 형용사를 어떻게 이해하고 해석할 수가 없어서, 조금쯤은 머리를 싸매고 전전긍긍할 수밖에 없었다. "휘허한 옛 甲國"의 '휘허한'이라는 형용사는 '휘영찬란한 옛 甲國'인지, 또는 '무서울정도로 고즈넉하고 쓸쓸한 옛 甲國'인지 그 의미가 너무나도 불분명해보였던 것이다. 아름다운 "蓮도래지 남쪽바다 휘허한 옛 甲國"은 과거의, 혹은 설화 속의 부귀영화를 생각해볼 때는 '휘영찬란한 옛 甲國'이 더 어울리고, 다른 한편, 그 반대방향에서, 꿈과 현실 사이, 혹은 수천 년의 시간의 풍화작용에 따라, 그 흔적만을 간직하고 있다는 점에서 '무서울 정도로 고즈넉하고 쓸쓸한 옛 甲國'이라는 해석이 더 어울린다. 그러나 이 첫 번째의 해석과 두 번째의 해석을 제각각 따로 따로 살려 놓으면서, 그 두 해석의 의미들이 아주 중층적이면서도 복합적으로 살아 있는 세 번째의 해석의 의미로 이해하는 것이 이 시의 깊은 울림과 그 다의적인 공간을 살리게 되는 일일 것이다. 시는 깊디 깊은 울림이 있어야 하며, 다양한 관점에서 다양한 해석들이 수천 년의 시간들을 찍어누르면서 살아 움직이지 않으면 안 된다. 진리는 하나이되 현자는 이를 여럿의 이름으로 언표한다. 아니, 단 하나의 진리는 없으며, 다양한 해석들만이 아름답고 풍요로운 샘물처럼 솟아나오고 있을 뿐인 것이다. "蓮도래지 남쪽바다 휘허한 옛 甲國"은 극락의 세계이며, "그림자 없는 無影池"의 세계는 그림자, 즉, 모든 고통(그늘)이 극복된 이상적인 세계이다.

하지만 그 휘허한 옛 甲國은 어디에 있으며, 그림자 없는 無影池의 나라는 어디에 있는 것일까? '甲國'의 '甲'은 첫 번째의 의미와 대개 물 속에 살며 딱딱한 등껍질로 되어 있는 갑각류甲殼類의 의미가 담겨 있지만, 이때의 '甲國'은 첫 번째의 나라로 해석하지 않으면 안 된다. '甲國'은 첫 번째, 즉, 으뜸의 나라이지만, 그러나 그 으뜸의 나라는 이 세상 그 어디에도 존재하지 않는다. 전지전능한 부처도 없고, 그림자 없는 이상적인 세계도 없다. 아름다운 연꽃은 다만 피고지고 피고지는, 여러해살이의 수초에 지나지 않으며, 그 아름다운 연꽃 역시도 '색色의 허상(空)'에 지나지 않을 뿐인 것이다. 따라서 파아란 '靑蓮'이 아름다운 '靑年'이 되고, 그 아름다운 청년은 내 이상적인 청년이 되고 있지만, 그러나 그 청년은 '휘허한 옛 甲國'에 사는 '먼 청년'에 지나지 않게 된다. 아름다운 靑蓮이 죽음의 꽃이듯이, 그 '먼 청년' 역시도 죽음의 인간에 지나지 않는다. 요컨대, 그 '먼 청년'은 "내 靑蓮"이며, "떠도는 소문 깊이/ 저 세상으로 깊이/ 白蓮이 피면/ 그 이름을 따로 불렀습니다/ 부를 수 없는 이름으로" 불러야 하는 청년에 지나지 않았던 것이다. 이때의 '白蓮'은 실제로 흰꽃이 피는 백련이 아닌데, 왜냐하면 그 '흰 백白 자字'가 '늙음'과 '죽음'을 상징하고 있기 때문이다. 연꽃은 홍련과 백련만이 존재하고, 따라서 파아란 꽃이 피는 청련이 허상의 존재이듯이, 그 청년 역시도 허상의 존재에 불과했던 것이다. 그 청년은 먼 청년이고, '저 세상'에서 '白蓮'으로 핀 존재에 지나지 않으며, 그 죽음의 꽃인 '白蓮'이 피면, "부를 수 없는 이름으로" "그 이름을 따로" 불러야만 하는 '靑蓮'에 불과했던 것이다. "희고지고 희고지고 희고지어서/ 빛의 목숨이 그만 끊기는 거기// 파아란/ 내 청년은 깃들어"라는 시구가 바로 그것을 증명해준다. 비록, 옛날의 설화 속의 이야기 같은 시이기는 하지만, '靑蓮'이 '靑年'이 되고, 그 '靑年'이 '白蓮'이 되는 그 이적 속에는 우리 인간들의 아름답고 행복한 삶과 아름답고 행복한 죽음이 들어 있다고 나는 생각하지 않을 수가 없는 것이다.

나는 나의 「사색인의 십계명」(『행복의 깊이 4』) 제2장에서 이진명의 「청련, 청년, 백련」을 다음과 같이 분석해 놓은 바가 있다.

이진명의 「청련, 청년, 백련」은 아름답고 절묘한 말의 울림과 함께, 언어의 마술사로서 그녀의 자유로운 상상력이 돋보이는 시라고 할 수가 있다. 이진명의 '靑蓮'은 상상 속의 꽃이며, 그녀는 그 파아란 청련을 통해서 아름다운 '靑年'을 연상해낸다. 그 청년은 그녀의 마음 속의 이상형이며, 그와의 사랑을 통하여 "蓮도래지 남쪽바다 휘허한 옛 甲國/ 그림자 없는 無影池"의 나라에서 살고 싶다는 소망을 간직하게 된다. "아름다운 내 靑年/ 어디에 사나요"라는 시구가 바로 그것이며, 따라서 「청련, 청년, 백련」은 '아름다운 인간―행복한 삶'을 노래한 시라고 하지 않을 수가 없는 것이다. "아름다운 靑蓮"도 아름다운 인간의 행복을 자라나게 하고 있고, "아름다운 내 靑年"도 아름다운 인간의 행복을 자라나게 하고 있다. 그러나 그 '아름다운 인간―행복한 삶'은 이 시의 후반부에 접어들면서 '아름다운 인간―행복한 죽음'으로 자연스럽게 시적인 승화를 이룩하게 된다. 왜냐하면 '아름다운 靑蓮'과 '아름다운 내 靑年'이 살고 있는 '蓮도래지 남쪽바다 휘허한 옛 甲國'은 '白蓮'이 피는 죽음의 나라이기 때문이다. 그러므로 '백련'이 피는 죽음의 나라는 '아름다운 인간—행복한 죽음'의 나라로 지칭되는데, 왜냐하면 그 행복한 죽음의 나라는 "파아란 내 靑年이 깃들어" 있기 때문이다. '백련'은 아름답고 행복한 죽음의 상징이며, 머나먼 하늘 나라의 꽃이라고 할 수가 있는 것이다. '아름다운 인간—행복한 삶'이 '아름다운 인간—행복한 죽음'이며, 그것은 곧바로 우리 인간들의 행복으로 승화된다. 「청련, 청년, 백련」은 삶과 죽음이, 마치 자웅동체처럼 육화되어 있는 시이며, 한국현대문학사 속에서 가장 아름답고 훌륭한 시라고 하지 않을 수가 없다. 낙천주의의 목표는 '아름다운 인간—행복한 삶'과 '아름다운 인간—행복한 죽음'이다.

연꽃과 불교에 대해서는 더 언급하고 싶은 생각도 없지는 않지만, 아래의 인용문으로 대신하고자 한다.

> 연꽃은 불교를 상징하는 꽃이다.
> 부처님은 설법을 하실 때에도 연꽃의 비유를 많이 들었다. 또한 선가禪家에서 '염화시중拈花示衆의 미소요, 이심전심以心傳心의 묘법妙法'이라는 말이 있다. 이는 어느 날 영산회상靈山會上에서 부처님이 설법은 하시지 않고 곁의 연꽃 한 송이를 들어 대중에게 보였는데 제자 중에 가섭존자만 홀로 미소를 지었다고 한다. 이것은 마음으로 마음을 속속들이 전하는 도리로서 선종禪宗에서는 세 곳에서 마음 전한(三處傳心)이치라 하여 중히 여기고 있다.
> 연꽃이 불교의 상징적인 꽃으로 된 것은 다음 몇 가지 이유에서이다.

첫째, 처렴상정處染常淨이다.

즉 연꽃은 깨끗한 물에서는 살지 않는다. 더럽고 추하게 보이는 물에 살지만, 그 더러움을 조금도 자신의 꽃이나 잎에는 묻히지 않는 것이다. 이것은 마치 불자佛子가 세속에 처해 있어도 세상의 더러움에 물들지 않고 오직 부처님의 가르침을 받들어 아름다운 신행信行의 꽃을 피우는 것과 같은 것이다. 또한 보살菩薩이 홀로 자신의 안락을 위하여 열반涅槃의 경지에 머물러 있지 않고 중생의 구제를 위하여 온갖 죄업과 더러움이 있는 생사의 세계로 뛰어드는 것을 의미한다.

둘째, 화과동시花果同時이기 때문이다.

연꽃은 꽃이 핌과 동시에 열매가 그 속에 자리를 잡는다. 이것을 '연밥(蓮實)'이라 하는데, 즉 꽃은 열매를 맺기 위한 수단이며 열매의 원인인 것이다. 이 꽃과 열매의 관계를 인因과 과果의 관계라 할 수 있으며 인과因果의 도리는 곧 부처님의 가르침인 것이다. 중생들은 이 인과의 도리를 바로 깨닫지 못하고 있기 때문에 온갖 죄악罪惡을 범하고 있는 것이다. 우리가 자신이 짓는 온갖 행위에 대한 과보果報를, 마치 연꽃 속에 들어 있는 연밥처럼, 환히 알 수 있다면 아무도 악의 씨를 뿌리려 하지 않을 것이며 죄의 꽃은 피지 않을 것이다. 이러한 인과의 도리를 가장 잘 나타내고 있는 꽃이 연꽃인 것이다.

셋째, 연꽃의 봉오리는 마치 우리 불교 신도가 합장하고 서 있는 모습이기 때문이다.

부처님 앞에 합장하고 경건히 서 있는 불자의 모습은 마치 한 송이 연꽃이 막 피어오르는 것과 흡사한 것이다. 이러한 몇 가지 이유에서 연꽃은 불교의 상징적인 꽃으로 사랑을 받는 것이다.

― 집필자 sjysjysj(2003-06-13 18:12, 네이버 지식 IN)에서

명시 · 62

박노해
물음으로 가는 길

엄니 나는 어느 별에서 보내왔어
성아 배꽃이 왜 하얗게 울어
뻐꾸기는 왜 소리만 보인당가
잠든 아부지를 왜 땅에다 심어

세상의 모든 것은 물음이었다
내가 살아 있다는 건 물음이 있다는 거였다
물음이 멈춘 나는 살아도 산 것이 아니었다

어느 날, 내가 맞닥뜨린 세상은
묻는 것이 금지되고
묻는 내가 불온해지고
물음 자체가 죄가 되는 시대였다
멈추지 못한 물음으로 나는 고독해지고

가난한 내 사랑은 핏빛 사랑이었다

나는 물음을 멈추지 않았다
멈출래야 멈출 수가 없었다
괴로운 노동이 내 몸을 짓누를수록
물음은 내 안에서 더 크게 종 울려왔다
해고와 천대와 군화 발에 피 흘리면서
나는 세상을 향해 목숨으로 부르짖었다

멀리서 가슴 떨리는 메아리가 있었다
그 답이 눈부시게 왔다고 생각한 순간
세상에, 물음으로 살아온 내가
물음을 물리치는 답안이 되어 있었다
밖에서 금지된 물음에 맞서
내 안의 물음이 금지되었다

   *

푸른 물음이 끊기자
내 사람이 무섭게 메말라갔고
무너져야 할 세상보다
내가 먼저 금이 가고 있었다
나는 하루아침에 빛나는 길을 잃고

캄캄 벼랑 끝에 홀로 세워져 있었다

눈보라는 차갑고 아무것도 의지할 데 하나 없고
돌아설 수도 나아갈 수도 없는 시대의 끝간 곳
나는 차라리 온몸을 물음표로 내던졌다

한 말씀만 하소서!

얼음장 밑으로 시간은 차게 흐르고
나는 침묵의 불덩어리를 품고 참혹했다
나는 세상에서 잊히며 죽어 있었지만
목숨 건 물음이 있었기에 살아 있었다
나는 바탕 뿌리부터 하나하나 다시 물었다
저들을 향해, 세상을 향해, 던지는 물음을
묻는 나 자신에게도 돌이켜 물었다
처절한 물음은 나의 투쟁이고 나의 사랑이고
마지막 남은 희망이었다

*

물어야 길이 나온다
물음이 길을 가르쳐준다
아니 물음이 바로 길이다

사무치는 물음이 곧 사는 길
물음이 끊긴 길은 곧게 빛나도 죽은 길

나에게 죽음은 길이 없는 게 아니고
물음이 그치고 물음이 멈춘 것이다
나에게 두려운 건 답이 틀리는 게 아니고
내 안의 물음이 사라져버리는 것이다
물음이 없는 삶은 살아도 죽은 것

— 『오늘은 다르게』, 해냄, 2007년

박노해(본명 박기평, 세례명 가스발) 시인은 1957년 전라남도 함평에서 태어났고, 선린상업고등학교 야간부를 졸업했다. 1984년 첫 시집, 『노동의 새벽』을 통해 '얼굴 없는 시인'으로 불리며, '노동해방운동의 기수'로 한 시대를 풍미한 바가 있다. 그는 1991년 '사노맹사건'으로 무기징역을 선고받고 6년 여의 수배생활과 8년 여의 감옥 생활 끝에 1998년 '8·15 특별사면'으로 석방된 바가 있다. 첫 시집 『노동의 새벽』이외에도 두 번째 시집 『참된 시작』과 옥중 산문집 『사람만이 희망이다』, 그리고 대한민국 산문의 진수인 『오늘은 다르게』를 펴낸 바가 있다.
　나의 「사색인의 십계명」 제2계는 다음과 같다.

　　제2계, 잘 질문한다;
　　외디프스가 그의 수수께끼를 풀었을 때에도 스핑크스는 자살을 할 수밖에 없었고, 오딧세우스가 그녀의 노래 소리를 들었을 때에도 사이

렌은 자살을 할 수밖에 없었다.

우리에게는 영웅적인 용기와 비수匕首가 필요하다.

모든 진리는 시간과 장소에 의해서 규정되는 잠정적인 진리에 불과하다.

우리 학자님들, 그대들은 왜 노벨상을 타지 못하고, 한국문학이론을 정립하지 못하는 즐거움만을 만끽하고 계시는지요? 도대체가 아무런 명명의 힘도 없는 그대들이 한국 사회의 파산 상태의 주범들이 아니시던가요?

나는 이미 나의 「사색인의 십계명」 제1장에서 역설한 바가 있듯이, '愛知'의 첫 번째 조건은 깊이 있게 배우는 것이며, 두 번째 조건은 잘 질문한다는 것이다. 깊이 있게 배운다는 것은 잘 질문한다는 것이며, 잘 질문한다는 것은 깊이 있게 배운다는 것이다. 깊이 있게 배우지 못한 사람은 잘 질문할 줄을 모르며, 잘 질문할 줄을 모르는 사람은 깊이 있게 배우지를 못한다. 임마뉴엘 칸트는 '우리가 알 수 있는 것은 현상이지, 물 자체는 아니다'라고 말한 바가 있고, 헤겔은 '사물의 본질은 사물 자체 속에 폐쇄되어 있지만 그것은 다양한 현상들로 나타난다'고 말한 바가 있다. 요컨대 임마뉴엘 칸트는 영국의 철학자들의 말을 빌려, 다만, '현상론'을 피력해본 것이고, 헤겔은 칸트의 '현상론'을 정면으로 공격하고, 그 현상론을 넘어서서, 사물의 본질을 탐구할 수 있는 '현상학'—다양한 현상들을 탐구하면서 사물의 본질에 다가갈 수 있는 현상학—을 역설해본 것이다. 잘 질문할 줄 모르는 사람은 우리 한국인들처럼, 타인의 사상과 이론만을 따라가는 노예에 불과하지만, 잘 질문할 줄 아는 사람은 타인의 사상과 이론을 뛰어 넘어서, 헤겔처럼, 마르크스처럼, 자기 자신만의 독창적인 사상과 이론을 정립하게 된다. 깊이 있게 배우고 잘 질문한다는 것은 이처럼 중요하고, 또한 그것은 진정한 '愛知者'의 전제조건이라고 하지 않을 수가 없다. 그 '애지자'는 창조적 천재이며, 그의 지혜에 의하여 과거의 역사와 문화유산이 보존되고, 그리고 한 걸음 더 나아가, 천세불변의 사상의 신전과 고급문화의 새싹이 움트게 된다. 잘 질문한다는 것은 깊이 있게 배운다는 것이며, 어느 누구도 감히 꿈꿀 수 없는 독창적인 사상과 이론으로, 우리 인간들의 지상 최대의 행복론을 연출해낼 수가 있다는 것에 다름이 아닌 것이다.

　모든 물음은 새로운 것을 추구하는 것이며, 기존의 가치를 부정하는 것이며, 그만큼 불순하고 위험한 것이다. 박노해의 물음에는 어린 왕자처럼, 순진함, 정직함, 천진함, 명랑함, 용기, 지적인 민감성 등이 살아서 숨쉬고 있다. 「해거리」, 「서로 눈을 마주봐요」, 「나 닮은 아이 하나 기르지 못하고」, 「산들바람처럼」의 시와 산문이 그렇지만, 「물음으로 가는 길」은 어린 아이의 동심이 그 무엇보다도 맑고 투명하게 각인되어 있다. "성아 배꽃이 왜 하얗게 울어"라는 동심이 자라서, "물음이 끝난 길은 곧게 빛나도 죽은 길"이라는 경구를 낳고, "잠든 아버지는 왜 땅에다 심어"라는 동심이 자라서 "해고와 천대와 군화발에 피를 흘리고", "내가 살아 있다는 것은 물음이 있다는 거였다/ 물음이 멈춘 나는 살아도 산 것이 아니었다"라는, 시구를 낳게 된다. 그 물음은 상대적 완전성과 상대적 절대성에 맞닿아 있는 방법적 회의이며, 데카르트가 아닌, 하이데거적인 의미에서 새로운 존재의 탄생과 그 성숙을 의미하는 물음이다. 물음이 내면으로 향할 때는 "세상에 물음으로 산다는 내가/ 물음을 물리치는 답안이 되었다"라는 시구에서처럼, 자아의 반성과 성찰로 이어지고, 그 물음이 시인의 바깥으로 향할 때는 "해고와 천대와 군화발"이 암시하듯, 우리 인간들의 삶을 억압하는 사회적 모순의 문제와도 만난다. 그 물음은 우리 인간들의 존엄성과 행복을 위해서 열려 있는 물음이며, 따라서 그의 물음은 회의주의자의 물음도 아니고, 염세주의자의 물음도 아니다. 그러나 우리가 살고 있는 사회는 학연, 지연, 혈연을 통해서 야만적인 사색당파와 패거리를 짓고 사회적 불평등과 빈곤을 구조적으로 재생산해가는 사회이지, 그 물음을 진지하고 정직하게 수용하고 있는 사회가 아니다. "상징자본, 경제자본, 문화자본, 사회자본"을 통해서 지배 체제의 정당성만을 옹호하고 있는 권력자들과 자본가들과 학자들, 또 그 "오인의 메커니즘"(『부르디외의 사회학 이해』 나남출판사)을 통해서 상징적 폭력과 물리적 폭력을 합리화시켜 주는 여러 제도와 장치들, 자본가와 권력자에 기생하여 그들의 약육강식의 논리를 사상과 이념으로 정교하고 세련되게 무장시켜 주고 있는 학자들—, 바로 그들이 그 물음의 진실을 은폐하고, 그 물음의 주체자들을 전면적으로 관리하고 통제를 해왔다고 해도 과언이 아니다. 따라서 박노해의 물음은 힘에의 의지를 통해서 앎(진실)에의 의지를 추구하고 있는 물음이며, 그 앎에의 의지를 삶에의 의지(도덕에의 의지, 실천에의 의지)로 승화시켜 나가고 있는 물음이다. 우리 인간들의 삶의 양식과 의식 구조가 하나의 수수께끼이듯이, 그의 물음은 하나의 모범답안을 작성하고자 하는 물음도 아니고, 돈과 명예와 명성만을 추구하는 물음도 아니다. 그 물음은 박노해 시인과 우리 인간들의 존재론적 성숙과 공동체 사회의 행복에 맞닿아 있는 물음인 것이다. 우리 인간들의 의지가 자기 보존 본능에 충실한 힘에의 의지이듯이, 우리 인간들의 물음에는 새로운 인간, 새로운 삶의 추구라는 대전제 아래, 어떠한 불이익, 불명예, 고통, 좌절, 실패, 두려움, 공포 앞에서도 결코 용기를 잃지 않겠다는 신념이 진하게 배어 있다. 박노해의 물음은 동심에서 나오고, 그의 동심은 순진함, 정직함, 천진함, 명랑함, 용기, 지적인 민감성 등에 맞닿아 있다. 박노해의 티없이 밝고 순수한 마음은 그의 용기에서 솟아나오고, 그의 용기는 사회주의 혁명가로서, 또는 성자의 영웅주의로서 이 세계를 떠받쳐 주는 건강한 초석이 된다. 그의 순진함, 천진함, 명랑함은 어린 아이의 표정과 사회주의의 혁명가, 혹은 문화적 영웅의 표정이 겹쳐져 있다. 그렇다. "물어야 길이 나온다", "사무치는 물음이 곧 사는 길"이라던 그의 용기는 「그대 미래를 품었는가」라는 아름다운 산문에서처럼, "긴 호흡으로 재창조하는 삶"을 이룩해낸 영웅들, 즉 예수, 붓다, 간디, 등소평, 만델라, 마르크스로 만개를 하게 된다.(반경환, 「박노해 비판」, 『비판, 비판 그리고 또 비판』, 도서출판 지혜를 참고할 것)

박노해의 질문이 내면으로 향할 때는 자아의 반성과 성찰로 이어지고, 그 물음이 시인의 바깥으로 향할 때는 우리 인간들의 삶을 억압하는 사회적인 모순의 문제와도 만나게 된다. 그는 그 질문을 통해서 자기 자신의 존재론적 성숙을 이룩하게 되고, 그리고 한 걸음

더 나아가, 현대사회의 구조적 모순을 해결해내려는 사회주의의 혁명가, 즉, 문화적 영웅의 길로 걸어가게 된다. 그의 질문은 상대적 완전성과 상대적 절대성에 맞닿아 있는 방법적인 회의이며, 궁극적으로는 새로운 인간의 삶과 그 행복을 연출해내려는 방법적인 수단이다. 비평이란 질문이 양식화되어 있는 모든 학문의 물질적 토대이며, 나는 언젠가, 어느 때는 '질문의 사회학'을 정립해보고 싶다는 소망을 간직하면서 살아가고 있다. 진정으로 알지 못해서 그것을 알려고 던지는 질문, 어느 일의 궁극적인 목적을 알고 있으면서도 그 진행 과정을 알아보려는 질문, 상대방의 진심을 알고 있으면서도 다시 한 번 확인의 차원에서 다짐을 해두고자 하는 질문, 궁지에 몰린 동료나 이웃을 도와주고자 하는 유도성 질문, 상대방의 장점을 더욱 더 강화시켜 주고자 하는 질문, 어느 누구도 감히 이의를 제기할 수 없을만큼 그의 최종적인 승리가 확실해지고 있을 때 그를 단 한 방에 K.O패 시켜버리려는 질문 등―, 요컨대 이러한 질문의 유형들은 얼마나 다종다양하며, 우리 인간들의 삶 속을 파고 들고 있는 것이란 말인가? 이것이 무엇이지요? '질문의 사회학'에 대한 기초 자료조사는 어느 정도 되어가고 있는지요? 이 다음에 장, 차관이 되더라도 우리 아버님의 은혜를 잊어서는 안 돼요? 순찰 중에 떼강도를 잡지 못한 것은 크나큰 실수이지만, 철조망에 걸려 넘어졌기 때문에 어쩔 수가 없는 일이 아니었던가요? 그분은 주경야독으로 오랫동안 연구한 끝에, 세계에서 최초로, '미적분 방정식'을 정립하지 않았던가요? 아니, 이 보세요, 그분의 미적분 방정식은 라이프니츠의 이론을 하나하나 모조리 표절한 것이 아니었던가요? 이문열이『우리들의 일그러진 영웅』으로 '이상문학상'을 수상하고 한국문학의 최정상에 올라설 수가 있었지만, 그 작품은 황석영의「아우를 위하여」를 모조리 표절한 것이 아니던가요? 이 '표절의 공화국'인 대한민국은 세계적인 대석학들이 단 한 사람도 없고, 우리 한국인들의 백만 두뇌는 모조리 무력화되어 있는 것이 아니던가요? 이처럼 잘 질문한다는 것은 모르는 것을 배운다는 뜻도 내포되어 있지만, 기존의 사상과 이론의 존재론적 근거를 통째로 베어버리고 새로운 사상과 이론을 창출해내겠다는 의지도 내포되어 있는 것이다. 잘 질문한다는 것은 비평의 전제조건이며, 비평은 그 질문이 양식화되어 있는 모든 학문의 물질적인 토대이다. 문학비평, 미술비평, 영화비평, 철학비평, 과학비평, 정신분석비평, 경제비평 등, 그 모든 학문들은 이 비평의 토대에서만이 생성되고 소멸되어갈 수밖에 없는 것이다. 비평이란 이 세상의 사물의 의미와 우리 인간들의 사상과 이론을 평가하는 것이며, 그것은 비평가의 비판철학을 통해서 관철된다. 만일, 비평이 이 세상의 사물의 의미와 우리 인간들의 사상과 이론을 평가하는 것이라면, 비평가는 그 비평의 대상과 그 주체자들에 대한 신비의 베일을 걷어내는 작업을 수행하지 않으면 안 된다. 따라서 비평의 손길은 매우 따뜻할 수도 있지만, 다른 한편, 더없이 날카롭고 싸늘할 수도 있다. 어쨌든 비평이란 사물의 의미와 그 가치―사상과 이론의 의미와 그 가치―를 평가하는 것이며, 비평가는 우리 인간들을 인도하는 진리의 사제인 것이다. 비평가의 비평은 상대방의 약점을 집중적으로 공격함으로써 그것을 보완할 수 있게 해주며, 또한 상대방의 역비판을 야기함으로써 자기 자신의 약점을 보완할 수도 있는 것이고, 그리고 궁극적으로는 서로간의 생사를 넘어선 싸움을 통해서 '논쟁의 문화'를 활성화시키고, 모든 독자들로 하여금 손에 땀을 쥐고 그 '논쟁의 문화'에 참여할 수 있게끔 해주지 않으면 안 된다. 잘 질문한다는 것, 즉 비평가의 사명이란 이처럼 엄청나고도 중대한 것이다.

　나는 일찍이 비평의 기능을 정화기능과 강화기능, 그리고 성화기능으로 설명을 한 바가 있다. 정화기능은 그 주체자의 더럽고 추한 때를 맑고 깨끗하게 씻어주는 기능이며, 강화기능은 그 더럽고 추한 때를 씻고 새로운 장점을 구축해주는 기능이며, 그리고 마지막으로 성화기능은 그 장점이 극대화된 결과, 언제, 어느 때나 최종적인 승리를 거두고 궁극적으로는 문화적 영웅(부처, 예수, 대서사시인 등)으로 수직 상승시켜주는 기능이라고 할 수가 있다. 가령, 예컨대, 나의 플라톤 비판은 플라톤의 약점을 씻어주는 정화기능이며, 그리고 만일, 플라톤이 그 약점들을 극복하게 된다면, 그를 더욱더 강하고 튼튼하게 단련시켜주는 강화기능이 될 것이다. 따라서 플라톤은 더욱더 호전적이고 전투적인 비판의 정신으로 그 모든 논쟁의 무대에서 언제나 최종적인 승리를 거두게 될 것이고, 우리는 그 사상의 신전을 우러러보면서, 언제, 어느 때나 시를 짓고 노래를 부르며, 찬양과 찬송을 하게 될 것이다. 아아, 플라톤이여, 소크라테스여! 이제는 수천 년의 역사와 그 시간의 무게를 떨쳐버리고, 그대들의 무덤 속에서 뛰쳐나와, 그 모든 것을 낙천적으로만 생각하고 있는 이 반경환이를 단칼에 베어버리고, 또 베어버려 보려므나! 그러면, 나는 그때마다 더욱더 호전적이고 전투적인 정신으로 무장을 하고, 나의 낙천주의 사상의 칼날을 더욱더 날카롭고 예리하게 그대들의 심장에다가 들이대게 될 것이다. 논쟁은 만물의 아버지이며, 우리 인간들은 오늘도 그 논쟁의 핏줄로 살아가고 있다. 아아, 반경환이여, 비판을 받고 또 비판을 받아 보아라! 그러면 그대가 얼마나 더럽고 추악하게 타락했는가를 알 수가 있을 것이다. 아아, 반경환이여, 비판을 하고 또 비판을 해보아라! 그러면 그대는 더욱더 낙천주의 사상의 주인공이 되어갈 수가 있을 것이다.

모든 문화가 힘에 의해서 구축되고 그 힘에 의해서 성장해나가듯이, 비평 역시도 힘에 의해서 구축되고 그 힘에 의해서 성장해나간다. 실증주의 비평, 현실주의 비평, 정신분석 비평, 구조주의 비평, 탈구조주의 비평, 현상학적 비평, 그리고 나의 낙천주의 비평 등이 바로 그것이다. 하지만 비평이란 모든 분야에서 그 힘을 기르는 수단으로 작용을 하며, 어떠한 총과 칼과 화약 냄새도 없이 힘과 힘이 맞부딪치는 처절한 생존경쟁의 장이 된다. 정치, 경제, 문화, 예술, 역사, 스포츠, 오락, 심지어는 연애까지도 그 비평의 장을 통하지 않고는 결코 성장해나갈 수가 없다. 비평만이 위대하고 비평만이 고급문화의 최종적인 심급인 것이다. 신생아의 첫 울음 소리는 그 비평의 장에 내던져진 것에 대한 두려움의 산물일는지도 모른다. 아아, 우리 학자들이여, 어서 빨리 그대의 날카롭고 예리한 '비판의 칼날'(질문의 칼날)을 들고 비평의 장에 나서 보아라! 바로 그러면, 그때에는, 그대는 소크라테스처럼, 플라톤처럼, 가장 위대하고 가장 훌륭한 철학자가 될 수도 있을 것이다. 깊이 있게 배우고 잘 질문한다는 것은 상대방을 막다른 골목으로 몰아 넣는다는 것이며, 자기 자신만이 최종적인 승리자가 되겠다는 것이다.

우리는 약하기 때문에 힘을 원하고 빈 손으로 태어났기 때문에 도움을 필요로 하고, 또 그리고 어리석기 때문에 판단력을 필요로 한다고 루소는 말한다. 우리 인간들의 최대의 약점은 힘(지식)이 결여되어 있다는 것이며, 그 힘 때문에 자유롭고 선량하지 못하다는 것이다. 힘을 가진 자는 신처럼 자유롭고 선량할 수 있지만, 힘이 없는 자는 예속되어 있고 사악하다라고, 루소는 또 말한다. 따라서 힘이 없으니까 신을 창조해놓고 그 예배의 형식으로 종교를 안출해낸 것이며, 그 종교의 교리에 우리 인간들을 묶어두고 있는 것이다. 그러나, 그러나 그 종교의 마력을 벗어나는 힘은 이 비평의 힘에서 나온다. 그대 신이여, 그 허깨비의 환영을 벗어던지고, 이 세상에서 사라져가 버려라! 바로, 이 내가, 너를 비판하는 내가 신이란 말이다. 나는 이미 신성모독자의 존재론과 그 행복론을 역설한 바가 있다. "나는 신성모독을 범한다, 고로 존재한다"와 "세계는 나의 범죄의 표상이다, 고로 행복하다"라는 제일급의 명제가 바로 그것이다.

  박노해 시인은 노동자 시인으로서 한국문학사상 그만의 독창적이고도 독특한 시와 산문의 진수를 선보인 바가 있는데, 그것이 그가 오랜 절차탁마의 과정 끝에 앎과 행동을 극단적으로 일치시켜 나갈 수가 있었기 때문일 것이다. 안다는 것은 행동한다는 것이며, 행동한다는 것은 그 앎을 실천한다는 것이다. 박노해 시인의 「물음으로 가는 길」은 '질문의 사회학'을 쓰고 싶을 만큼 나의 지적 욕망을 자극시킨 시이며, 모든 비평의 예비학으로서 그 물음의 중요성을 역설하고 있는 시라고 하지 않을 수가 없는 것이다.

  * 이 글은 나의 「사색인 십계명」 제1장의 특정부문의 글이며, 나의 생각들을 약간 덧붙

이고 추가한 글에 지나지 않는다. 왜냐하면 나의 '명시감상의 독자들'에게 이 글만큼은 꼭 소개를 하고 싶었기 때문이다.

| 명시 · 63

박언숙
발가락에 대하여

보도블럭 위를 알짱거리는
비둘기 발가락을 무심코 본 후로
종종 걸음 멈추고 안쓰럽게 세는 버릇

발가락 하나가 잘리고 없는 놈
그나마 둘 달린 놈
드물지만 한 쪽 발가락 다 잘리고
뒤뚱거리는 녀석도 보게 된다

배고픈 날 서대구공단 야적장을 뒤진 모양이다
명줄만큼 질긴 나일론실에 걸렸을 것이고
올가미처럼 졸려서 발가락들은 질식당해 있다

작두에 잘린 할머니 집게손가락 생각한다

겨울이면 그 손가락 시려 콧김 호호 쐬면서
손발이 성해야 벌어먹기가 수월하다는 당부
잠금장치에 갇혀 군말 없던 내 발가락들
곰팡내로 밀폐된 독방살이를 이제는 알겠다

밥벌이에 골몰해 손발가락 내 줄 뻔했던 일
바쁜 걸음 멈추고 비둘기 발가락 보다가
내 손발의 품삯이 어찌나 송구스럽던지
꼼지락거리며 경배 드리듯 엎드려 아는 체 해 본다

— 『나비, 봄을 짜다』, 애지문학회편, 종려나무, 2007년

밥이란 무엇인가? 밥이란 곡물을 익혀 끼니로 먹는 음식을 말하고, 우리 한국인들에게는 주로 쌀밥을 의미하게 된다. 물론 보리밥과 수수밥과 조밥과 팥밥 등도 있지만, 그 밥들은 어디까지나 부차적인 밥들에 지나지 않는다. 밥이란 동물의 먹이의 총칭을 가리키기도 하고, 또한 여러 식물들의 먹이(자양분)의 총칭을 가리키기도 한다. 밥(먹이)이란 동체성을 보존하는 유일한 젖줄이며, '열흘을 굶어서 도둑질을 하지 않을 사람은 단 한 명도 없다'라는 말이 있듯이, 그 먹이를 구하지 못하면 곧바로 죽음을 맞이하게 될 수밖에 없는 것이다. 유리걸식流離乞食, 남부여대男負女戴, 초근목피草根木皮는 지난 날 우리 한국인들이 외세에 짓밟히고 사랑하는 조국과 그 비옥한 터전을 잃어버렸을 때에 아주 유행했던 용어들이라고 할 수가 있다. 모든 다툼, 싸움, 전쟁은 그 먹이를 둘러싸고 일어나는 일들에 지나지 않는다. 농사꾼의 물꼬싸움도 밥그릇 싸움이며, 장사꾼의 영업 행위도 밥그릇 싸움이다. 학자들의 연구실적 싸움도 밥그릇 싸움이며, 회사원들의 승진을 둘러싼 싸움도 밥그릇 싸움이다. 정치인들의 온갖 권모술수도 밥그릇 싸움이며, 문학상을 둘러싼 시인들의 이전투구도 밥그릇 싸움이다. 국가와 국가간의 영토분쟁도 밥그릇 싸움이며, 국가와 국가간의 피비린내 나는 전면전도 밥그릇(천연자원의 확보와 상품판매 시장의 확보) 싸움이다. 더욱더 비옥한 땅과 보다 나은 자리, 더욱더 좋은 회사와 보다 나은 인간 관계, 더욱더 부유한 국가와 더욱더 부유한 문화시민이 될 수만 있다면, 이 세계는 보다 풍요롭고 행복한 세계일 수도 있지만, 그러나 그렇지가 못하면 이 세계는 그 어떠한 의미도 없는 불행한 세계일 수밖에 없다. 부자일 때는 가난한 자를 욕하고, 가난할 때는 부자를 욕한다. 인간의 심리란 고정불변한 어떤 것이 아니라, 자기 자신의 위치에 따라서 끊임없이 극좌에서 극우로, 또는 극우에서 극좌로 그때 그때마다 변신을 하게 되어 있는 것이다. 가난한 자는 밥그릇 싸움에서 패배한 자를 말하고, 부유한 자는 밥그릇 싸움에서 승리한 자를 말한다. 가난한 자는 자기 자신의 못남과 게으름 따위는 안중에도 없으며, 오직 만인평등과 부의 공정한 분배만을 외치게 되고, 부유한 자는 그의 노동력 착취와 사기와 약탈에 대한 그 어떠한 반성도 없이, 끊임없이 자기 자신의 부유함과 미덕만을 합리화시키게 된다.

　박언숙 시인은 경남 합천에서 출생했고, 2005년 계간시전문지 『애지』를 통해서 등단했다. 현실은 시의 텃밭이며 상상력은 그 텃밭의 꿈나무들이다. 그의 시, 「발가락에 대하여」는 그 현실과 꿈의 변증법의 산물이며, 비록, 그의 꿈이 현실이라는 덫에 걸려서 뒤뚱거리거나 허우적대고 있을지라도 보다 나은 세계로 가고 싶은 소망을 너무나도 간절하게 간직하고 있다고 하지 않을 수가 없다. 어느 날 그는 "보도블럭 위를 알짱거리는/ 비둘기 발가락을 무심코 본 후로/ 종종 걸음 멈추고 안쓰럽게 세는 버릇"이 생겨났다고 말하고 있는데, 왜냐하면 "발가락 하나가 잘리고 없는 놈/ 그나마 둘 달린 놈/ 드물지만 한 쪽 발가락 다 잘리고/ 뒤뚱거리는 녀석"들을 보았기 때문이다. 만일, 그렇다면 비둘기란 어떠한 새란 말인가? 비둘기는 흔히 평화의 상징이라고 불리우며, 집비둘기와 들비둘기로 대별된다. 집비둘기는 '리비아 비둘기'를 개량하여 만들어낸 품종이고, 우리 대한민국의 들비둘기로는 멧비둘기, 양비둘기, 흑비둘기, 염주비둘기, 녹색비둘기 등의 다섯 종류가 있다고 한다. 비둘기는 하늘을 날아다니는 새이며 자유와 평화의 상징이다. 그 자유와 평화의 새가 인간의 손에 길들여져 집비둘기가 된 것은 다른 한편, 매우 커다란 불행이라고 하지 않을 수가 없다. 집비둘기는 자연의 터전과 야성을 잃어버린 애완용의 새에 지나지 않으며, 스스로 먹이를 사냥하고 자기 자신의 세계로 날아갈 줄을 모르는 불행한 새에 지나지 않는다. 그는 먹이의 사냥 방법(먹이를 구하는 방법)을 모르고, 우리 인간들에게 의존하지 않고서는 자기 자신의 동체성을 보존할 수가 없는 것이다. 자유로운 비둘기보다는 배 부른 노예가 된 것이지만, 그러나 그 비둘기는 그나마도 먹고 살 걱정이 없어서 다행일는지도 모른다. 들비둘기와 집비둘기 사이에는 떠돌이—부랑자로서의 비둘기가 있는데, 그 집비둘기를 마다하고 뛰쳐나간 비둘기이거나 대도시의 공원에서 살고 있는 비둘기가 바로 그 새들이다. 그들은 자기 스스로 먹이를 사냥하는 것도 아니며, 또 그렇다고 자기 자신의 주인으로부터 먹이를 얻어먹고 있는 것도 아니다. 들비둘기는 되도록 인가人家를 피해서 숲속에서 살며 먹이를 구하고 집비둘기는 하루종일 재롱을 떨어대는 댓가로 주인으로부터 배 부르게 먹이를 얻어 먹으면서 살아간다. 따라서 이 집비둘기도 아니고 들비둘기도 아닌 떠돌이—부랑자의 비둘기가 자연의 비옥한 터전과 그 야성을 잃어버리고 인간의 도시에다가 그 정처를 마련하게 되었던 것이다. 이 비둘기는 우리 인간들을 무서워하지 않으며, 대도시의 공원, 상가, 쓰레기 하치장, 공단 등을 떠돌아 다니며, 너무나도 손쉽게 다양한 먹이들을 찾아서 먹고 살아가게 된다. 때때로 먹고 살기가 너무나도 힘겨운 들비둘기보다도 그들은 더 행복하고, 언제, 어느 때나 새장 속에 갇혀서 재롱이나 떨어대는 집비둘기보다도 그들은 더 행복하다. 하지만 이 안일함과 이 행복함의 댓가는 때때로 너무나도 크기만 한데, 왜냐하면 수은에 중독되거나 자동차에 부딪치거나, 그것도 아니라면, "배 고픈 날 서대구공단의 야적장"에서처럼, "명줄만큼"이나 "질긴 나일론 실에" 걸리게 되었기 때문이다. 그 결과, "발가락 하나가 잘리고 없는 놈/ 그나마 둘 달린 놈/ 드물지만 한 쪽 발가락 다 잘리고/ 뒤뚱거리는 녀석"들을 심심찮게 보게 된다. 박언숙 시인은 그 비둘기들의 발가락을 본 후로는 "종종 걸음을 멈추고 안쓰럽게 세는 버릇"을 가지게 되었다고 말하고 있는데, 왜냐하면 "보도블럭 위를 알짱거리는" 비둘기는 절대로 '하는 일 없이 자꾸만 돌아다니는 비둘기'가 아니라, '사느냐/ 죽느냐', 또는 '먹이를 구하느냐/ 못 구하느냐'라는 생존경쟁의 장에 내몰린 비둘기에 지나지 않고 있기 때문이다. 그 비둘기를 바라보는 박언숙 시인의 마음은 매우 착잡하고, 그 착잡함은 그를 옛날의 기억 속으로 되돌아가 보게 만든다. 그 옛날, 그의 할머니 역시도 "작두에" "집게손가락"을 잘렸던 것이고, "겨울이면 그 손가락 시려 콧김 호호 쐬면서/ 손발이 성해야 벌어먹기가 수월하다는 당부"를 하시곤 했던 것이다. 그는 떠돌이―부랑자의 비둘기를 바라보면서 그 옛날의 할머니를 생각하게 된다. 이때에 비둘기와 할머니는 동일시되고, 그 할머니의 시린 손과 "손발이 성해야 벌어먹기가 수월하다는 당부"의 말씀을 떠올려보면서 그 비둘기를 더욱더 안타까운 마음으로 바라보게 된다. 이 안타까운 마음은 동정과 연민이 아니며, 그 비둘기의 아픔에 기꺼이 동참하는 안타까운 마음이다. 작두란 말과 소에게 먹일 짚이나 콩깍지 등을 써는 연장을 말하며, 그 시퍼런 칼날에 손가락을 잘린 사람이 한 두 명이 아니다. 손은 물건을 집을 때 사용되고, 발은 그 목적지를 향해 걸어갈 때 사용된다. 손과 발이 불편하면 그는 불구자가 되고, 그 불구자는 생존경쟁의 장에서 유리한 위치를 차지할 수가 없게 된다. "겨울이면 그 손가락 시려 콧김 호호 쐬던" 할머니를 생각해볼 때, 그 비둘기들의 발들은 얼마나 시릴 것이며, 또한 "손발이 성해야 벌어먹기가 수월하다는" 할머니의 당부 말씀을 생각해볼 때, 그 비둘기들의 밥벌이란 얼마나 더욱더 힘들고 고단할 것이란 말인가? 그는 그 안타까움―안쓰러움 때문에 눈시울을 붉히면서, 그제서야 간신히 "잠금장치에 갇혀 군말 없던 내 발가락들/ 곰팡내로 밀폐된 독방살이를 이제는 알겠다"라고 자기 자신을 되돌아 보게 된다. 이때에 "잠금장치에 갇혀 군말 없던 내 발가락들/ 곰팡내로 밀폐된 독방살이를 이제는 알겠다"라는 시구는 이제 내 발가락들은 신발에 의하여 안전하게 보호되고 있다는 것을 뜻한다. 타인들의 불행을 보고 자기 자신의 처지가 얼마나 대단한 행운인가를 깨닫게 되는 것이다.

아무튼 떠돌이―부랑자의 삶을 살고 있는 비둘기의 삶이란 얼마나 고통스럽고 불행한 삶이겠으며, 또한 작두날에 집게손가락을 잘려버린 할머니의 삶은 얼마나 고통스럽고 불행한 삶이었단 말인가? 그 비둘기와 할머니의 삶을 안타깝게 바라보면서도, "밥벌이에 골몰해 손발가락 내 줄 뻔했던 일/ 바쁜 걸음 멈추고 비둘기 발가락 보다가/ 내 손발의 품삯이 어찌나 송구스럽던지/ 꼼지락거리며 경배 드리듯 엎드려 아는 체 해 본다"라고 타산지석他山之石의 교훈을 깨닫게 된다. 그 역시도 "밥벌이에 골몰하다가 손발가락 내 줄 뻔했던 일"이 있었으며, 따라서 그는 "바쁜 걸음 멈추고 비둘기 발가락 보다가/ 내 손발의 품삯이 어찌나 송구스럽던지/ 꼼지락거리며 경배 드리듯 엎드려 아는 체 해"보고 있는 것이다. 집비둘기이건, 들비둘기이건, 떠돌이―부랑자의 비둘기이건, 할머니이건, 손녀이건, 모든 생물들에게는 밥벌이처럼 소중한 것이 없다. 나의 손발이 소중하면 타인의 손발도 소중하고, 나의 밥벌이가 소중하면 타인의 밥벌이도 소중하다. 이 너와 나의 '타자의 현상학'에 의해서 사랑이 생기고, 그 사랑에 의해서 만인의 심금을 울릴 수 있는 경배의 마음이 생긴다. 손과 발이 성하고 내 손과 발의 품삯이 보장되어 있다는 것은 결코 조금도 부끄러운 일이 아니며, 또한 그만큼 자랑스러운 일이기도 하지만, 그러나 박언숙 시인은 그것을 더욱더 송구스럽게 생각한다. 왜냐하면 비둘기를 진정으로 사랑하고 있기 때문이다. 밥벌이는 신성한 일이며, 그 신성한 일을 위해서 불구가 된 모든 존재들은 다같이 거룩한 존재들인 것이다. 밥벌이에는 수많은 위험이 도사리고 있으며, 어느 것 하나 장난인 것이 없다. 「발가락에 대하여」는 밥과 밥벌이(일)의 중요성을 알고, 그 밥벌이를 위해서 최선의 노력을 다하는 존재에 대한 박언숙 시인의 경의의 찬가라고 하지 않을 수가 없다. 그는 더없이 선량한 양심과 티없이 맑은 천성을 지닌 시인이다. 그의 선량한 양심은 떠돌이―부랑자의 비둘기, 즉, 그의 할머니가 암시하고 있듯이, 더욱더 낮은 곳으로 향하고, 그의 티없이 맑은 천성은 밥벌이를 위하여 최선의 노력을 다하는 존재에 대한 경배심에서 알 수가 있듯이, 더욱더 높은 곳으로 향한다. 현실은 시의 비옥한 텃밭이며, 상상력은 그 텃밭의 꿈나무들이다. 그는 그 어렵고 힘든 밥벌이의 텃밭 속에서, 그 밥벌이의 신성함과 그 신성한 일에 종사하고 있는 존재들에 대한 무한한 경의의 꿈나무를 심고 있는 것이다. 박언숙 시인의 시는 무기교의 기교의 시이며, 그 삶의 진정성에 의하여 만인의 심금을 울릴 수 있는 감동의 메아리로 울려 퍼지게 된다. 화장도 존재의 본질을 은폐하고, 기교도 존재의 본질을 은폐한다. 화장이나 기교가 필요한 것은 그 존재의 아름다움을 더욱더 빛내주고, 그 존재의 가치를 더욱더 돋보이게 해줄 때이지만, 그러나 때로는 화장이나 기교가 그 주체자를 죽이고, 그 시를 더욱더 형편없이 만들어 버린다. 왜냐하면 화장이나 기교가 그 진정성을 은폐하고 있기 때문이다. 진정성의 세계는 발가벗음의 세계이며, 진실이 진실 그 자체로서 살아 움직이는 세계이다. 그 세계는 기교가 필요없는 세계―'무기교의 기교의 세계'―이며, 남녀노소의 구별 없이 그 어느 누구도 영원히 돌아가 안기고픈 우리들의 마음 속의 고향이기도 한 것이다.

명
시
·
64

최금녀
박쥐 머릿장

골동품 많은 인사동
전통찻집에서 차를 마신다
찻잔에 어리는
어스름한 세월 속으로 들어간다

누군가, 연장을 들고
대갓집 안방마님 머릿맡에 놓을
박쥐 머릿장을 짠다
먹빛이 잘 결은 먹감 나무로 짠다

목질에 노릿 노릿 기름기 돌고
먹빛이 산허리를 휘감으며
구름무늬를 띈 놈으로 골라
먹줄을 튕겨 톱질을 한다

귀에 꽂았던 몽당연필로는
실금을 그어
귀이개, 뒤꽂이, 동침 넣어둘 서랍도
몇 개 만들어 앙증맞게 끼운다

아침 저녁
마님의 손길이 분주하다
마님의 벗이 되어
날마다 마님의 부름을 받아
마님의 살 냄새 은은히 배어드는
머릿맡에서
박쥐모양의 백통장식이
손결에 닳아 윤기나는
전생의 내 박쥐 머릿장 하나

골동품 많은 인사동
전통 찻집에서 차를 마신다.

― 『시안』, 2007년, 봄호

우리 인간들은 누구나 다같이 귀족이 되어서 하늘을 나는 새도 떨어뜨리고, 수많은 시녀들과 시종들을 거느리면서 살아가고 싶어 한다. 귀족은 고귀하고 위대한 인간이며, 모든 특전과 특권을 향유하고 있는 인간이다. 그는 늘, 항상, 국가의 미래를 걱정하며, 그가 속한 국가와 그 국민들의 영광을 위해서 최선의 노력을 다하고자 한다. 그는 충忠과 효孝의 다툼이 있으면 언제, 어느 때나 충을 선택하고, 또한 그는 눈앞의 사소한 이익과 전체의 이익과의 다툼이 일어나면 언제, 어느 때나 전체의 이익을 선택한다. 그는 도덕군자이며, 늘, 항상, 솔선수범하는 고귀하고 위대한 인간이다. 그는 늘 국력과 민심을 결집시키는데 뛰어난 재주가 있으며, 그 자비롭고 친절한 인품으로 살아 있는 성자로 불리우기도 한다.
　그러나 그는 다른 한편으로는 더없이 그가 속한 지배계급의 사고와 판단과 취향의 체계를 사회화시켜 나간다. 고귀하고 위대한 인간이 그 민족과 국가를 이끌어 나가야 한다는 것이 바로 그것이다. 고귀하고 위대한 인간은 그 민족의 지도자이며, 그의 말 한 마디에는 전 민족을 복종시킬 만한 힘이 담겨 있지 않으면 안 된다. 그의 권력은 타인의 권력을 인정하지 않고, 또한 타인의 의견도 인정하지를 않는다. 그는 독창적인 명명자이며, 모든 가치의 창조자이다. 그는 알렉산더나 나폴레옹처럼 영원한 제국을 건설하기 위하여 언제, 어느 때나 호전적이고 전투적인 정신을 연마하기에 여념이 없는 것이다. 그 고귀하고 위대한 인간은 "겁많은 인간, 전전긍긍하는 인간, 소심한 인간, 눈앞의 이익에만 급급하는 인간, 편협하고 의심 많은 인간, 비굴한 인간, 학대를 감수하는 개같은 인간, 거지같은 아첨꾼, 그리고 특히 거짓말쟁이들을 경멸(니체, 『선악을 넘어서』)"한다. 또한 그는 자기 자신이 더럽고 추한 평민계급의 출신이라는 것을 알고 있으면서도 그 출신성분을 극복하고 고귀하고 위대한 인간이 되려고 노력하지 않는 모든 인간들을 경멸한다.

우리 인간들은 누구가 다같이 고귀하고 위대한 인간이 되어 갈 수가 있다. 실내수영장과 영화감상관과 실내 공연장을 갖춘 대저택에서 살 수도 있고, 또한 그의 영지에서 언제, 어느 때나 골프와 수상스키와 사냥마저도 즐기면서 살아갈 수가 있는 것이다. 수많은 시녀들과 시종들이 그의 의전儀典과 진수성찬을 위해서 수고를 아끼지 않으며, 언제, 어느 때나 값비싼 황금도포와 황금의자에 앉아서 그가 속한 국가와 민족의 영광을 위해서 깊고 깊은 사색에 잠길 수도 있는 것이다. 그는 힘 있는 자로서 스스로 명령해야 할 때와 그렇지 않을 때를 알고 있으며, 그의 고귀하고 굳센 의지를 관철시키기 위해서는 언제, 어느 때나 피비린내 나는 전쟁마저도 서슴지 않게 된다.

그렇다. 주인과 노예, 부자와 가난한 자의 대립 이전에, 우리 인간들은 누구나 다같이 고귀하고 위대한 인간이 되고 싶어하는 것이다.

주지하다시피 최금녀 시인의 시적 경향은 두 가지인데, 하나는 고전적인 세계이며, 나머지 하나는 현대적인 세계이다. 고전적인 세계에서는 우리 인간들의 아름다운 삶을 옹호하고, 현대적인 세계에서는 문명의 이기利器들을 통하여 자기 자신의 정체성과 우리 인간들의 존재의 기원을 찾아 나선다. 그의 「박쥐 머릿장」은 고전적인 세계에 속하며, 그는 고귀하고 우아한 시인의 탈을 쓰고 "골동품 많은 인사동/ 전통찻집에서 차를 마신다". 그는 그 차의 아름답고 감미로운 맛을 음미하면서, "찻잔에 어리는/ 어스름한 세월 속으로" 빠져 들어가게 된다. 이때에 '찻잔에 어리는 어스름한 세월 속으로 빠져 들어간다'는 것은 전통찻집의 복고적인 분위기에 젖어서, 이 '박쥐 머릿장'을 바라보고 그 옛날의 과거 속으로 상상의 나래를 펼쳐 나간다는 것을 뜻한다. 골동품은 중국 요리에서 뼈를 장시간 고아 만든 국물을 지칭하는 말이었는데, 그러나 후에, 그 뜻이 변용이 되어서, 그 옛날 사람들이 애용하던 고물古物을 지칭하게 되었다고 한다. 어쨌든 골동품은 오랜 시간의 풍화작용 속에서도 그 빛을 잃지 않고 있는 유서깊은 기물器物이나 예술품을 지칭하며, 이 '박쥐 머릿장'도 예외는 아니다.

최금녀 시인은 "마님의 벗이 되어/ 날마다 마님의 부름을 받아/ 마님의 살 냄새 은은히 배어드는/ 머릿맡에서/ 박쥐모양의 백통장식이/ 손결에 닳아 윤기나는/ 전생의 내 박쥐 머릿장 하나"에 빠져 들어서, 그 상상의 나래를 펴고, 그 회고적인 관점으로 '박쥐 머릿장'을 짜는 과정을 재구성해 보인다. 마님은 대가집의 고귀하고 우아한 마님이며, 그 혈통, 문벌, 재산, 사회적 지위에 의하여 모든 특전과 특권을 향유하고 있는 고귀하고 위대한 신분의 여인을 뜻한다. 이 '박쥐 머릿장'은 그 마님에게는 꼭 필요한 필수품이며, 바로 그 머릿장에는 필통, 연적, 서류함, 가위, 실패, 골무, 실, 귀이개, 뒤꽂이, 동침 등을 넣어두게 된다. 따라서 "누군가가 연장을 들고" 그 마님을 위해서 '박쥐 머릿장'을 짜게 되고, 그 '박쥐 머릿장'은 또한 "먹빛이 잘 결은 먹감 나무"로 짜지 않으면 안 된다. '먹감 나무'는 여러 해 묵어 속이 검은 감나무이며, 그 결이 단단하고 고우므로 목공예품으로는 더없이 좋은 나무였던 것이다. 따라서 목수는 "목질에 노릿 노릿 기름기 돌고/ 먹빛이 산허리를 휘감으며/ 구름무늬를 띈 놈으로 골라/ 먹줄을 튕겨 톱질을" 하지 않으면 안 되고, 또한 그 목수는 "귀에 꽂았던 몽당연필로는/ 실금을 그어/ 귀이개, 뒤꽂이, 동침 넣어둘 서랍도/ 몇 개 만들어 앙증맞게" 끼우지 않으면 안 된다.

최금녀 시인은 고전주의자이면서도 현실주의자이다. 그가 고전주의자라는 점에서는 전통과 역사를 존중하면서도 이 「박쥐 머릿장」을 통해서 골동품의 미학을 완벽하게 선보이고 있다는 점이 돋보이고, 그가 현실주의자라는 점에서는 비록, 과거에 대한 상상 속에서의 일이기는 하지만, 목수가 '박쥐 머릿장'을 만드는 과정을 극사실주의적인 기법으로 재현해내고 있다는 점이 돋보인다. 그는 전통과 역사를 존중하면서도 현실을 중요시하고, 또한, 그는 현실을 중요시하면서도 언제, 어느 때나 전통과 역사와 함께, 그 보조를 맞춰 나간다. "누군가, 연장을 들고/ 대갓집 안방마님 머릿맡에 놓을/ 박쥐 머릿장을 짠다/ 먹빛이 잘 결은 먹감 나무로 짠다"라는 시구와 "목질에 노릿 노릿 기름기 돌고/ 먹빛이 산허리를 휘감으며/ 구름무늬를 띈 놈으로 골라/ 먹줄을 튕겨 톱질을 한다/ 귀에 꽂았던 몽당연필로는/ 실금을 그어/ 귀이개, 뒤꽂이, 동침 넣어둘 서랍도/ 몇 개 만들어 앙증맞게 끼운다"라는 시구는 고전주의자가 아니면 쓸 수 없는 시구들이며, 또한, 그 시구들은 현실주의자가 아니면 쓸 수가 없는 시구들이라고 하지 않을 수가 없다. 누군가가 연장을 들고 먹빛이 잘 결은 먹감 나무로 박쥐 머릿장을 짠다라는 시구도 탁월하고, 목질에 노릿 노릿한 기름기가 도는 먹감나무에 먹줄을 튕겨 톱질을 한다는 시구도 탁월하다. 귀에 꽂은 몽당연필로 실금을 긋는 광경도 탁월하고, "귀이개, 뒤꽂이, 동침"을 넣어둘 서랍을 만드는 장면도 탁월하다. 귀이개는 귀지를 파내는 도구이고, 뒤꽂이는 쪽진 머리 뒤에 덧꽂는 비녀 이외의 물건이며, 동침은 가늘고 긴 침 중의 하나이다. "귀이개, 뒤꽂이, 동침 넣어둘 서랍도/ 몇 개 만들어 앙증맞게 끼운다"라는 시구에서, 이 '앙증맞다'는 '1. 얄밉게 앙증맞다', '2. 그 모양이 제격에 어울리지 않게 작다'라는 뜻이 있지만, 그러나 바로 이 대목에서는 '너무 작아서 끔찍하게 예쁘다'라는 뜻으로 이해하지 않으면 안 된다.

최금녀 시인은 고귀하고 우아한 마님의 체취가 물씬 풍기는 박쥐 머릿장을 바라보면서, 또다시 그 옛날의 과거 속으로 상상의 나래를 펼쳐나간다. '박쥐 머릿장'은 어느새 그 마님의 벗이 되어 있고, 따라서 '박쥐 머릿장'은 어느새 그 마님의 살냄새가 배어 있게 되었던 것이다. "아침 저녁/ 마님의 손길이 분주하다/ 마님의 벗이 되어"라는 시구가 그것을 말해주고, "날마다 마님의 부름을 받아/ 마님의 살 냄새 은은히 배어드는/ 머릿맡에서"라는 시구가 그것을 말해준다. 요컨대 얼마나 가까웠으면 마님의 벗이 되었던 것이고, 또한, 얼마나 가까웠으면 마님의 살냄새가 배어 있게 되었던 것일까? 이제 마님이 박쥐 머릿장이 되고, 박쥐 머릿장이 마님이 된다. 아니, 이제, 그 박쥐 머릿장이 마님이 되고 그 마님이 최금녀 시인이 된다. 최금녀 시인의 "전생의 내 박쥐머릿장 하나"는 그 황홀한 몰입의 상태를 말해주고, 그리고 그 상상 속의 황홀한 몰입의 상태는 또한, 그로 하여금 자기 자신을 그 옛날의 박쥐 머릿장으로 변용시키게 만들고 있는 것이다. "골동품 많은 인사동/ 전통찻집에서 차"를 마시는 시간은 참으로 황홀한 시간이며, 최금녀 시인은 그 황홀한 시간을 통하여 이처럼 아름답고 뛰어난 「박쥐 머릿장」을 쓰게 된 것이다. 황홀恍惚은 '1. 눈이 부시어 어릿어릿할 정도로 찬란하거나 화려함; 2. 어떤 사물에 마음이나 시선이 혹하여 달뜸; 3. 미묘하여 헤아려 알기 어려움; 4. 흐릿하여 분명하지 아니함'의 국어사전적인 의미가 담겨 있지만, 내가 말한 황홀함은 두 번째 의미, 즉, 어떠한 사물과 하나가 되어갔다는 것을 뜻한다.

마님의 살 냄새 은은히 배어드는
머릿맡에서
박쥐모양의 백통장식이
손결에 닳아 윤기나는
전생의 내 박쥐 머릿장 하나

최금녀 시인은 고귀하고 우아한 시인이며, 그 자태가 '박쥐 머릿장'만큼이나 아름답고 품위가 있는 시인이다. 또한 그는 그토록 뛰어나고 명석한 두뇌를 지녔으면서도 언제, 어느 때나 황홀하게 몰입할 수 있는 집중력을 자랑하기도 한다.
 오오, '전생의 박쥐 머릿장' 같은 시인이여!

　요즘 나는 오랜 수형受刑 생활에서 벗어난 것처럼 몸이 가볍다. 시와의 만남이 내 새로운 삶의 활력소가 된 것이다. 참으로 오랜만에 눈부신 햇빛을 느낀다. 내가 그리던 바깥세상이다. 시의 여신이 아침부터 밤까지 나를 안내한다. 이때까지 한 번도 가보지 못했던 아름다운 곳, 뜨거운 곳, 전쟁보다 더 긴박한 곳을 보여준다. 보는 것만으로 얼마나 경이롭고 가슴 설레고 행복한가. 나는 언제라도 날 준비가 되어 있는 수많은 고치들을 본다. 부화하여 나비가 될 꿈을 꾸고 있는 지상의 불꽃들이 너무도 아름답다.
　— 최금녀, 「다시 만나기 위한 긴 우회로迂廻路」, 「시안」, 2007년, 가을호

| 명
| 시
| ·
| 65

천양희
여름 한때

    비 갠 하늘에서 땡볕이 내려온다. 촘촘한 나뭇잎이 화들짝 잠을 깬다. 공터가 물끄러미 길을 엿보는데, 두살박이 아기가 뒤뚱뒤뚱 걸어간다.

    생생한 生! 우주가 저렇게 뭉클하다
    고통만이 내 선생이 아니란 걸
    깨닫는다. 몸 한쪽이 조금 기우뚱한다

    바람이 간혹 숲속에서 달려나온다. 놀란 새들이 공처럼 튀어오르고, 가파른 언덕이 헐떡거린다.
    웬 氣가— 저렇게 기막히다

    발밑에 밟히는 시름꽃들, 삶이란
    원래 기막힌 것이라고 중얼거린다

나는 다시
숨을 쉬며 부푼다, 살아 붐빈다.

― 『마음의 수수밭』, 창비, 1994년

태풍颱風이란 무엇인가? 그 옛날 중국에서는 태풍과 같이 바람이 강하고 바람의 방향이 선회하는 풍계風系를 '구풍颶風'이라는 불렀는데, 이 '구풍颶風'은 사방의 바람을 빙빙 돌리면서 불어온다는 뜻이라고 한다. 아라비아의 사람들은 이 '구풍'에 대한 지식을 중국인들로부터 배웠고, 그 바람의 뜻을 새겨서 'tūfān'이라고 이름을 붙이게 되었다고 한다. 이 아랍어 '타이푼tūfān'은 빙글빙글 도는 바람을 의미하고, 프랑스어의 'typhon'과 영어의 'typhoon'은 이 아랍어를 그 기원으로 두고 있다고 할 수가 있는 것이다. 태풍은 빙글빙글 도는 바람이며, 열대성 저기압으로 최대 풍속이 17m/s 이상인 것을 말한다. 태풍은 또한, 거대한 적란운이 형성되면서 큰비를 몰고오게 된다.
　두산백과사전에 의하면 태풍의 이름을 명명하는 과정은 다음과도 같다는 것을 알 수가 있다.

그러나 1953년부터 태풍에 매년 발생순서에 따라 일련번호를 붙여서 제 몇 호 태풍이라고 부르게 되었다. 괌에 있는 미국태풍합동경보센터에서 태풍의 이름을 23개씩 4개조, 총 92개로 구성하였다. 태풍의 이름을 알파벳 순으로 미리 만들어 놓고 발생순서에 따라 하나씩 차례로 사용하였다. 1978년 이전에는 여성의 이름만 사용하였으나 각국 여성단체의 항의로 남성과 여성의 이름이 함께 사용되었다. 각 조의 마지막 이름 다음에는 다음조의 첫 번째 이름을 사용하며, 92개를 모두 사용하면 다시 1번부터 재사용하였다.

그러나 2000년부터는 아시아 태풍위원회에서 아시아 각국 국민들의 태풍에 대한 관심과 경계를 강화하기 위해 각 국가별로 제출한 10개의 이름을 순차적으로 적용하여 사용하고 있다. 총 140개의 이름이 28개씩 5개의 조로 구성되어 있으며 140개를 모두 사용하고 나면 처음 1번부터 다시 사용한다.

각 나라별로 제출한 이름은 아래와 같다.

한국 : 개미 Kaemi, 나리 Nari, 장미 Changmi, 수달 Sudal, 노루 Noru, 제비 Chebi, 너구리 Noguri, 고니 Koni, 메기 Megi, 나비 Nabi

북한 : 기러기 Kirogi, 도라지 Toraji, 갈매기 Kalmaegi, 매미 Maemi, 메아리 Meari, 소나무 Sonamu, 버들 Podul, 봉선화 Pongsona, 민들레 Mindulle, 날개 Nalgae

캄보디아 : 돔레이 Damrey, 콩레이 Kong-rey, 나크리 Nakri, 크

로반 Krovanh, 사리카 Sarika, 보파 Bopha, 크로사 Krosa, 마이삭 Matsak, 찬투 Chanthu, 네삿 Nesat

중국 : 롱방 Longwang, 위투 Yutu, 펑셴 Fengshen, 두지앤 Dujuan, 하이마 Haima, 우콩 Wukong, 하이엔 Haiyan, 하이셴 Haishen, 디앤무 Dianmu, 하이탕 Haitang

홍콩 : 카이탁 Kai-tak, 마니 Man-yi, 풍웡 Fung-wong, 초이완 Choi-wan, 망온 Ma-on, 산산 Shanshan, 링링 Lingling, 야냔 Yan-yan, 팅팅 Tingting, 바냔 Banyan

일본 : 뎬빈 Tembin, 우사기 Usagi, 간무리 Kammuri, 곳푸 Koppu, 도카게 Tokage, 야기 Yagi, 가지키 Kajiki, 구지라 Kujira, 곤파스 Kompasu, 와시 Washi

라오스 : 볼라벤 Bolaven, 파북 Pabuk, 판폰 Phanfone, 켓사나 Ketsana, 녹텐 Nock-ten, 샹산 Xangsane, 파사이 Faxai, 찬홈 Chanhom, 남테우른 Namtheun, 맛사 Matsa

마카오 : 잔쯔 Chanchu, 우딥 Wutip, 봉퐁 Vongfong, 파마 Parma, 무이파 Muifa, 버빈카 Bebinca, 와메이 Vamei, 린파 Linfa, 말로우 Malou, 산우 Sanvu

말레이시아 : 절라왓 Jelawat, 서팟 Sepat, 루사 Rusa, 멀로 Melor, 머르복 Merbok, 룸비아 Rumbia, 타파 Tapah, 낭카 Nangka, 머란티 Meranti, 마와 Mawar

미크로네시아 : 에위냐 Ewiniar, 피토 Fitow, 신라쿠 Sinlaku, 니파탁 Nepartak, 난마돌 Nanmadol, 솔릭 Soulik, 미톡 Mitag, 소델로 Soudelor, 라나님 Rananim, 구촐 Guchol

필리핀 : 빌리스 Bilis, 다나스 Danas, 하구핏 Hagupit, 루핏 Lupit, 탈라스 Talas, 시마론 Cimaron, 하기비스 Hagibis, 임부도 Imbudo, 말라카스 Malakas, 탈림 Talim

태국 : 프라피룬 Prapiroon, 비파 Wipha, 멕클라 Mekkhala, 니다 Nida, 쿨라브 Kulap, 두리안 Durian, 라마순 Rammasun, 모라콧 Morakot, 차바 Chaba, 카눈 Khanun

미국 : 마리아 Maria, 프란시스코 Francisco, 히고스 Higos, 오마이스 Omais, 로키 Roke, 우토 Utor, 차타안 Chataan, 아타우 Etau, 아이에라이 Aere, 비센티 Vicente

베트남 : 사오마이 Saomai, 레기마 Lekima, 바비 Bavi, 콘손 conson, 손카 Sonca, 차미 Trami, 할롱 Halong, 밤코 Vamco, 송다 Songda, 사올라 Saola

세계기상기구(WNO)의 관측에 의하면 1992년, 미국 플로리다주를 강타한 '앤드류'는 초속 80m에 달했다고 하며, 2003년, 우리나라를 강타한 '매미'는 초속 5~60m이었다고 한다. '앤드류'는 미국의 역사상 가장 강한 태풍이었고, '매미' 역시도 우리나라에 그 엄청난 물폭탄을 쏟아부은 바가 있었다. 2007년 9월 16일, 제주도를 강타한 태풍 '나리' 역시도 순간 초속이 50m에 이르고, 순식간에 500mm에 가까운 물폭탄을 쏟아부었으며, 추석명절을 준비하고 있었던 제주도를 초토화시킨 바가 있었다. 내가 천양희 시인의「여름 한때」를 생각해낸 것은 태풍이 지나가고 맑게 개인 9월 20일 날, '애지愛知의 숲'을 산책할 때였다. 하늘은 언제 그랬던가 싶을 만큼 시치미를 뚝 떼고 구름 한 점 없이 맑고 푸르기만 했었다. 천고마비의 계절이며, 철학예술가가 산책을 하고 공부하기가 가장 좋은 계절이었다. 제주도민들과 남부지방의 수재민들에게는 참으로 미안한 말이기는 하지만, 태풍 '나리'가 그 모든 쓰레기들을 대청소해준 것과도 같은 기분이었다.

천양희 시인의「여름 한때」는 '비 갠 뒤', 그 맑고 깨끗한 하늘 아래서 우주적인 삶의 찬가를 노래한 시라고 하지 않을 수가 없다. 우선 그는 "비 갠 하늘에서 땡볕이 내려온다"라고 말하고, "촘촘한 나뭇잎이 화들짝 잠을 깬다"라고 말한다. 맑게 개인 하늘에서 뜨거운 햇볕이 쏟아져 내리면, 어두운 먹구름 속에서 잠을 자고 있던 촘촘한 나뭇잎들이 화들짝 잠을 깨며 '탄소동화작용'을 시작하는 것이다. '광합성 작용', 즉 '탄소동화작용'이란 산소를 뱉어내고 이산화탄소를 흡수하는 것을 말한다. 하늘은 맑고 푸르고, 공기는 싱그럽고 맑고 깨끗할 수밖에 없다. 따라서 "공터가 물끄러미 길을 엿보는데, 두 살박이 아기가 뒤뚱뒤뚱 걸어"가게 된다. 공터는 텅 빈 공터이기는 하지만, 그 어린 아기가 자기 자신의 삶을 살아가야 할 미래의 터전이며, 두살박이 아기는 노아의 방주 이후, 새로운 세상에서 새롭게 태어난 아기를 뜻한다. '공터가 물끄러미 길을 엿본다'는 것은 그 아기의 미래를 인도해주고 있다는 것을 뜻하고, '두살박이 아기가 뒤뚱뒤뚱 걸어간다'는 것은 비록, 두살박이 아기에 지나지 않지만, 자기 자신의 미래의 삶을 위하여, 단 한 걸음도 생략할 수 없는 발걸음으로 걸어간다는 것을 뜻한다.

> 생생한 生! 우주가 저렇게 뭉클하다
> 고통만이 내 선생이 아니란 걸
> 깨닫는다. 몸 한쪽이 조금 기우뚱한다

하늘은 맑고 푸르고, 공기는 싱그럽고 맑고 깨끗하다. 한 여름의 태양은 이글이글 타오르고, 촘촘한 나무들은 화들짝 잠을 깨면서 이산화탄소를 들이마시고, 싱그러운 산소를 뿜어 놓는다. 구름이 길을 인도하고, 바위는 샘물을 내뿜고, 하늘에서는 만나가 쏟아져 내리며, 홍해바다는 쩌억 갈라진다. 공터는 천지창조의 공터이며, 그 두살박이 아기가 살아가야 할 미래의 삶의 터전이다. 그 어린 아기는 축복받은 아기이지, 저주받은 아기가 아니다. "생생한 生! 우주가 저렇게 뭉클하다"라는 시구는 바로 이러한 우주적인 삶의 찬가인 것이다. 따라서 "고통만이 내 선생이 아니란 걸/ 깨닫는다"에서의 '고통'은 사나운 비바람(태풍) 속에서—그 역경을 극복해나가면서—삶의 지혜를 깨닫는다는 것을 뜻하지만, 그 "고통만이 내 선생이 아니란 걸/ 깨닫는다"라는 시구는 그 고통과는 정반대 방향에서, 삶의 '기쁨' 역시도 '내 선생'이라는 것을 깨닫고 있다는 것을 뜻한다. 고통은 삶의 지혜를 깨우쳐 주는 선생이고, 기쁨은 삶의 보람과 그 향유를 깨우쳐 주는 선생이다. "생생한 生! 우주가 저렇게 뭉클"하기 때문에, 사나운 비바람 속에서 그 모든 것을 다 잃어버리고서도 또다시 삶에의 의지를 불태워 나가고 있는 것이다. 이때에 "몸 한쪽이 조금 기우뚱한다"라는 시구는 고통 속에서 삶의 기쁨으로 건너갈 때에 그 몸의 균형을 잠시 잡지 못한 것을 뜻하고, 그것은 어쨌든 존재론적 상승을 뜻하게 된다. 내가 고통만이 선생이 아니라는 것을 깨닫고 그 고통을 벗어나 삶의 기쁨 속으로 건너갈 때, "바람은 간혹 숲속에서 달려"나오고, "놀란 새들은 공처럼 튀어오르고", 그리고, "가파른 언덕이 헐떡"거리게 된다. 모든 생명들이 살아 움직이며, 그 역동적인 모습으로 '생생한 生'을 그 무엇보다도 아름답고 조화롭게 연주하고 있는 것이다. 따라서 천양희 시인은 "웬 氣가— 저렇게 기막히다"라고, 그 놀라움과 감탄의 의문문을 저절로 표현해 보이고 있는 것이다. "웬 氣가"는 "웬 氣가?!"라고 표기하는 것이 더욱더 어울리는 놀라움과 감탄의 의문문이고, '기가 막히다'는 '기가 막히다!'라고 표기하는 것이 더욱더 어울리는 감탄문이라고 할 수가 있다. "웬 氣가"는 만물을 생성하는 우주의 힘에 대한 놀라움과 감탄의 의문문이며, 따라서, '생생한 生'에 대하여 "저렇게 기막히다"라는 표현이 가능해지고 있는 것이다. '저렇게'는 만물이 살아 움

직이는 우주적인 힘을 가리키는 부사어이며, 이때의 '기막히다'는,

    1, 숨이 막히다;

    2, 어떤 일이 하도 어이가 없거나 엄청나서 질릴 정도이다;

    3, 너무 놀라서 어찌할 바를 모른다;

    4, 어떻게 표현할 수 없을 만큼 그 모양이나 경치가 너무나도 아름답다;

라는 국어사전적인 의미에 가 닿아 있는 것이다. 요컨대 '저렇게 기가 막히다'라는 가장 아름답고 유효적절한 표현은 만물을 생성하는 우주의 힘이 숨이 막힐 정도로 놀랍고, 그리고, 또한, 어떻게 달리 표현할 수 없을 정도로 장엄하고 아름답다는 표현에 다름이 아닌 것이다.

    발밑에 밟히는 시름꽃들, 삶이란
    원래 기막힌 것이라고 중얼거린다

  발밑에는 시름꽃이 밟히고, 삶이란 그 시름꽃처럼 기가 막힌다. 천양희 시인은 어느 누구보다도 언어에 민감하고, 이 언어의 다의적인 의미에 주목하여 '펀 효과'를 가장 잘 사용할 줄 아는 시인이다. 제3연의 '기氣'와 제4연의 '기氣'는, 따라서 정반대의 의미를 지니고 있다고 하지 않을 수가 없다. '기氣'는 '기운 기'와 '숨 기'이며, 그 뜻은 다음과 같이 설명할 수가 있다.

1, 동양철학에서 만물을 생성하는 근원을 세기勢氣라고 부름.
2, 생활, 활동의 힘. 기(힘)가 부족하다.
3, 있는 힘의 전부. 기(힘)를 쓰다.
4, 인간의 정신 활동. 정신력.
5, 숨쉴 때에 나오는 기운. 기(숨)가 막히다.
6, 객기를 쓰는 기운. 기를 꺾다.
7, 막연한 전체적인 느낌. 분위기. 살벌한 느낌. 살벌한 분위기.

나는 시름꽃이 실제로 존재하고 있는지는 알 수가 없지만, 그러나 그것은 늘 마음에 걸리는 근심과 걱정이 아닐까 생각한다. 시름꽃은 그의 생활의 현실에 피어 있는 꽃이며, 그 근심과 걱정으로 인하여 영양분이 부족한 식물이나 병든 짐승처럼 삶의 기운이 빠져 있다는 것을 뜻하게 된다. "발밑에 밟히는 시름꽃들"은 만물이 생성하는 우주의 힘에 비하여, 더없이 초라하고 보잘것없는 어떤 것에 지나지 않지만, 그러나 그 기가 막힌 현실 속에서도 "생생한 生! 우주가 저렇게 뭉클하다"라고 만물의 역동적인 힘을 발견해내는 천양희 시인의 시적 직관력은 놀랍다고 하지 않을 수가 없다. "발밑에 밟히는 시름꽃들"은 천양희 시인의 어렵고 힘든 생활의 현실을 지시하고, 그 생활의 현실에서는 우주적인 아름다움에 반하여 "삶이란 원래 기막힌 것이라고 중얼"거리게 된다. 이때의 기가 막히다는 제3연에서의 긍정의 힘이 모조리 제거된 채, 어떤 장애물에 의하여 그 기가 꺾이고 위축된 것을 뜻하게 된다. '기가 꺾이고, 기가 부족하고, 살벌한 느낌과 살벌한 분위기 뿐이다'가 바로 그 '기가 막히다'라는 말에 내포되어 있는 것이다. 좀 더 솔직하게 말한다면 천양희 시인의 생활 현실은 상승곡선이 아닌 하강곡선을 그리고 있는 것이며, 따라서 최소한도의 의식주의 해결마저도 어렵고 힘들다는 것을 고백하는 시구라고 할 수가 있는 것이다. 기가 막히게 아름답고 장엄한 우주적인 힘과 기가 막히게 그 힘이 꺾이고 위축된 시름꽃(시인), 이 조물주와 시인의 대비는 그러나 제5연에서 "나는 다시/ 숨을 쉬며 부푼다, 살아 붐빈다"라는 시구에 의해서 그 대립 자체가 지양되고 우주적인 힘과 그 질서로 자리잡게 된다. 천양희 시인의 「여름 한때」는 '기氣'의 이중적인 의미에 의해서 변증법적(正反合)인 구조를 간직하게 된다. 변증법이란 하나의 명제를 정하면(正), 그에 대한 반대명제를 정하고(反), 그리하여 상호모순점을 지양해나가는 것을 말한다. 천양희 시인의 「여름 한때」를 변증법적으로 설명을 해본다면,

    1, 생생한 生! 우주가 저렇게 뭉클하다. (비 갠 하늘에서 땡볕이 쏟아지고, 촘촘한 나뭇잎이 화들짝 잠을 깨고, 두살박이 아기가 뒤뚱뒤뚱 걸어간다, 놀란 새들이 공처럼 튀어오르고 가파픈 언덕이 헐떡거린다)
    웬 氣가— 저렇게 기막힌다(正);
    2, 발밑에 밟히는 시름꽃들, 삶이란/ 원래 기막힌 것이라고 중얼거린다(反);
    3, 나는 다시/ 숨을 쉬며 부푼다, 살아 붐빈다(合);

라는 것이 될 것이다. 1은 비 갠 뒤의 '생생한 生'의 정립이며, 2는 그

명제에 반하여 어둡고 암울한 생에 대한 정립이고, 3은 그 명제와 반명제를 지양하여 우주적인 생명(삶)의 질서를 긍정한 것이다. 비 갠 뒤, 하늘에서 땡볕이 쏟아져 나올 때, '나'는 그 땡볕이 더욱더 아름답고 찬란하게 쏟아져 나올 수 있도록 먹구름이 되었던 것이고, '두살박이 아기가 뒤뚱뒤뚱 걸어나오고, 새들이 공처럼 튀어오르고, 생생한 生과 우주가 펼쳐질 때', '나'는 그 우주가 펼쳐지기 위한 고통의 초상, 즉, '시름꽃'이 되지 않으면 안 되었던 것이다. 비 온 뒤가 아니면 햇볕이 그토록 아름답고 찬란할 수가 없는 것이고, 내가 시름꽃처럼 기막힌 삶을 살아가지 않으면 두살박이 아기가 뒤뚱뒤뚱 걸어갈 수가 없는 것이다. 음이 없으면 양이 없고, 어머니가 없으면 아이도 없다. 고통이 없으면 기쁨도 없고, 시름꽃이 없으면 생생한 生도 없다. 천양희 시인은 언어의 다의성에 민감한 시인이며, 따라서 그 언어의 이중효과(혹은 다중효과)를 통하여 극적인 반어와 극적인 구조를 구축할 줄 아는 시인이다. 제3연의 "웬 氣가— 저렇게 기막히다"라는 시구를, 제4연, "발밑에 밟히는 시름꽃들, 삶이란/ 원래 기막힌 것이라고 중얼거린다"라고, 그토록 순식간에 뒤집어 버리는 그 솜씨를 보라! 가히 일도필살—刀必殺의 검법이며, 제일급의 언어의 마술사의 솜씨라고 하지 않을 수가 없는 것이다.

 "나는 다시/ 숨을 쉬며 부푼다"는 것은 그 삶의 역경을 딛고서 또다시 새로운 희망을 꿈꾼다는 것이고, 또한 "살아 붐빈다"는 것은 수많은 생명들과 함께, 우주적인 삶의 질서에 참가하고 있다는 것이 될 것이다. 천양희 시인의 「여름 한때」는 그 전체가 상징적이고 함축적인 공간이며, 그토록 아름답고 멋진 잠언적인 경구들로 되어 있다고 해도 지나친 말이 아니다.

　　비 갠 하늘에서 땡볕이 내려온다. 촘촘한 나뭇잎이 화들짝 잠을 깬
다. 공터가 물끄러미 길을 엿보는데, 두살박이 아기가 뒤뚱뒤뚱 걸어
간다.

　　생생한 生! 우주가 저렇게 뭉클하다
　　고통만이 내 선생이 아니란 걸
　　깨닫는다. 몸 한쪽이 조금 기우뚱한다

　　바람이 간혹 숲속에서 달려나온다. 놀란 새들이 공처럼 튀어오르
고, 가파른 언덕이 헐떡거린다.
　　웬 氣가— 저렇게 기막히다

　　발밑에 밟히는 시름꽃들, 삶이란
　　원래 기막힌 것이라고 중얼거린다

　　나는 다시
　　숨을 쉬며 부푼다, 살아 붐빈다.

　태풍은 천지창조의 어머니이고, 텅 빈 공터는 미래의 삶의 텃밭이
다. 어머니의 시름꽃은 삶의 잉태의 꽃이며, 어린 아기는 어머니의
시름꽃 속에서 참으로 아름답고 환하게 피어난다.

어린 아기는 새시대와 새로운 우주의 주인공이다. 그 어린 아기의 뒤뚱뒤뚱 걸어가는 모습을 지켜보는 어머니의 마음이 어찌 즐겁고 기쁘지 않을 수가 있겠는가!

똑같은 언어를 사용하고, 만인이 공유하는 언어를 사용하고 있는데도 어떤 것은 시가 되고, 어떤 것은 잡음이 된다. 시인은 그 잡음마저도 더욱더 순치시켜 잠언적이고도 경구적인 언어, 즉, 아름다운 시로 만들 수 있는 사람이다.

시인은 예술가 중의 예술가이며, 영원불멸의 삶을 살아가는 사람인 것이다.

| 명시 · 66

강영은
벌레시인

쓴다와 쓰다 사이,
낫 놓고 기역자도 모르는 밤골 아저씨의 낫 같은
ㄴ이 있다
그 낫은
길이 잘 든 손을 갖고 있어서

아저씨가 까놓은 알밤들은
울퉁불퉁
반발이 심했지만
맛이 좋았다

잠 안 오는 밤,

쓰다와 쓴다 사이,

낫 놓고 니은 자는 더더욱 모르는 아저씨의
낫,
종결형 어미가 시퍼렇게 달려든다
날카로운 날에 손을 베인다

쓰다와 쓴다 사이에 놓여있는
잘 벼려진 낫날이
일몰의 붉은 혀가 삼킨 밤 껍데기 속에서
꿀꿀이 바구미를 토해낸다

밤새도록 밤을 파먹은
벌레시인이다

― 『애지』, 2007년, 겨울호

밤이란 밤나무의 열매이며, 지름 2.5~4cm의 크기로 짙은 갈색으로 익는다. 아시아, 유럽, 북아메리카, 북부 아프리카 등이 원산지로서 한국밤, 일본밤, 중국밤, 미국밤, 유럽밤 등이 있다고 한다. 일본밤은 알이 굵은 것이 특색이나 질이 단단하지 않아 가공용으로는 적당하지 않고, 유럽밤은 밤알이 다소 작고 질도 좋지 않아 가공용으로는 좋지 않다고 한다. 중국밤은 우리나라의 평양밤과도 같아서 알이 작고 단맛이 많아 군밤으로는 좋지만 해충에 약하고, 한국밤은 서양밤에 비해 육질이 좋고 단맛이 강한 것이 그 특징이라고 할 수가 있다. 한국의 밤나무는 재래종 가운데 선별된 우량종과 일본밤을 개량한 품종이 대부분이고, 주로 중부지방과 남부지방에서 재배된다. 충청남도의 공주, 경상남도의 산청과 하동과 함양, 그리고 전라남도의 광양과 보성이 주요 산지이고, 8월 하순과 10월 중순 사이에 년간 약 10만톤을 생산하게 된다.

　왜, 우리 한국인들은 이 밤을 그토록 사랑하고 좋아하고 있는 것일까? 밤은 밤나무에서 아람이 번 것도 보기가 좋지만, 갓 수확해 놓은 밤들은 짙은 갈색으로 윤기가 좌르르 흐르며 그 모양이 여간 보기 좋은 것이 아니다. 밤은 탄수화물, 지방, 칼슘, 단백질, 비타민 A, B, C 등이 들어 있는 가장 영양가가 풍부한 과일이며, 조율이시棗栗梨柿라는 말이 있듯이, 우리 한국인들의 제삿상에는 반드시 빼어놓을 수가 없는 과일이다. 특히 밤은 비타민 C가 들어 있어 피부미용과 피로회복, 감기예방 등에 효능이 있으며, 생밤은 비타민 C 성분이 알코올의 산화를 도와주어 술안주로도 좋다고 한다. 이밖에도 밤은 위장을 강화시켜주는 효소가 들어 있으며, 성인병의 예방과 신장 보호에도 탁월한 효과가 있다고 한다.

나는 해마다 수십 년 이상을 알밤을 따거나 주우러 다닌 적이 있었다. 농사꾼들의 주요 수입원인 과수원 말고도 대한민국의 산천에는 야생의 밤나무와 전혀 가꾸지 않는 밤나무들이 수없이 흩어져 있었고, 이른 새벽부터 늦은 저녁까지, 그야말로 밤나무밭은 처절한 생존 경쟁의 장으로 바뀌게 된다. 먼저 보는 사람이 임자이며, 더 많이 주울수록 최고의 선이다. 밤나무밭을 오래 다녀본 사람들은 꿈속에서도 그 탐스러운 밤송이들이 우수수 쏟아지고, 그 까만 갈색의 밤들을 배낭 가득히 주워 담아오는 꿈을 꾸게 될는지도 모른다. 이렇게 주워온 밤을 한 소쿠리 가득히 삶아서 까먹거나, 늦은 저녁 무렵 TV를 보면서 생밤으로 까먹기도 하고, 가까운 친지들과 나누어 먹기도 한다. 내가 그 '밤줍기'를 그만 둔 것은 어느 날 갑자기 수많은 사람들과 두 눈에 불을 켜고 그 밤줍기 경쟁을 하고 있다는 사실에 문득 회의적인 생각이 들었기 때문이었다. 더 많은 밤을 주워야 한다는 눈앞의 이익을 위해서는 그 어떠한 양심이나 양보도 있을 수가 없었던 것이다.

강영은 시인은 제주도에서 출생했고, 2000년도에 『미네르바』로 등단했다. 시집으로는 『스스로 우는 꽃잎』과 『나는 구름에 걸려 넘어진 적이 있다』 등이 있으며, 아직은 이렇다 할 주목을 받아본 적이 없지만, 그의 시세계는 흙속의 진주처럼, 아니, 새로운 신세계처럼 그 빛을 발하게 될 것이다. 그는 '벌레시인'이며, '꿀꿀이 바구미', 즉, '밤바구미의 시인'이다. '꿀꿀이 바구미'는 일명 '밤바구미'이며, 성충의 몸 길이가 약 9mm라고 한다 보통 연 1회 발생하며, 성충은 8~9월에 나타난다. 이 성충은 보통 밤을 수확하기 20여 일 전부터 산란을 시작하며, 긴 주둥이로 종피까지 구멍을 뚫고 들어가 과육과 종피 사이에 1~2개의 알을 낳는다. 밤나방의 유충과는 달리, 밤바구미의 유충은 배설물을 바깥으로 내놓지 않기 때문에, 밤을 수확해서 쪼개 보기 전에는 그것을 알 수가 없는 것이다. 밤바구미의 방제법으로는 밤을 수확한 직후, 메틸브로마이드로 밤을 훈증하고 토양 소득을 하는 수밖에 없다. 아무튼 강영은 시인은 '밤골 아저씨'가 까놓은 알밤들을 훔쳐다가 밤바구미처럼 그토록 달콤하고 고소하게 파먹은 추억을 지니고 있는 것이다.

그의 「벌레시인」은 현재의 시점에서 과거의 추억을 되돌아 보고 있는 시이며, 그 추억의 시간을 통해서 현재라는 몽상의 시간을 노래하고 있는 시라고 하지 않을 수가 없다. 그는 주지적主知的인 시인답게 "쓴다와 쓰다 사이/ 낫 놓고 기역자도 모르는 밤골 아저씨의 낫 같은/ ㄴ이 있다/ 그 낫은/ 길이 잘 든 손을 갖고 있어서// 아저씨가 까놓은 알밤들은/ 울퉁불퉁/ 반발이 심했지만/ 맛이 좋았다"라고, 그 첫째 연과 둘째 연을 시작하고 있는 것이다. 왜, 그는 하필이면 '쓴다와 쓰다 사이'로 그 첫째 연을 시작하고 있는 것일까? 쓴다와 쓰다'의 차이점은 무엇이며, 그는 그 '쓴다'와 '쓰다'의 차이점을 통해서 무엇을 들려주고자 했던 것일까? '쓴다'는 '쓰다'의 변형이며, '쓰다'는 보편적이고 객관적인 정황을 가리키고, '쓴다'는 구체적이고 현실적인 정황을 가리킨다.

'쓰다'의 의미를 추적해보면 다음과도 같이 정리를 할 수가 있을 것이다.

1, 붓, 펜 등으로 글씨를 그리다. 글을 짓다.
2, 모자 등을 머리에 얹다. 우산 등을 받쳐 들다.
3, 사람을 두어 부리다. 온 정신을 기울이다.
4, 머리를 써서 일하다. 힘이나 기술을 발휘하다.
5, 돈을 들이거나 없애다.
6, 연장, 원료를 사용해서 물건을 만들다.
7, 약을 먹이거나 바르다.
8, 묏자리를 잡아 시체를 묻다.
9, 윷놀이 등에서 말을 옮기다.
10, 맛이 소태와도 같이 쓰다. 맛이 없다. 마음이 언짢다.

다시 말해서, '쓰다'가 보편적이고 객관적인 정황을 가리킨다면, '쓴다'는 구체적이고 현실적인 정황을 가리킨다고 할 수가 있다. '낯을 쓰다'와 '낫을 쓴다'의 차이, '손을 쓰다'와 '손을 쓴다'의 그 미묘한 차이점이 '쓰다'와 '쓴다'의 그 엄청난 차이점일는지도 모른다. 강영은 시인이 「벌레시인」에서 느닷없이 '쓴다와 쓰다'를 하나의 화두처럼 들고 나온 것은 "낫 놓고 기역자도 모르는 밤골 아저씨"와 "낫 놓고 니은자는 더더욱 모르는" 밤골 아저씨가 그 익숙한 손놀림으로 밤을 따던 그 옛날의 이야기를 들려주기 위한 것인지도 모른다. 왜냐하면 밤골 아저씨가 그 익숙한 손놀림—그 잘 벼려진 낫을 사용하여—으로 수많은 알밤들을 까놓았기 때문이다. 그 밤골 아저씨는 때로는 낫을 쓰고, 또 때로는 낫을 쓴다. '쓴다와 쓰다', 또는 '쓰다와 쓴다'가 하나의 화두처럼 사용되고 있는 것은 밤골 아저씨가 사용하던 낫 때문이고, 그리고 그 '쓰다와 쓴다'의 차이점은 낫과 유사한 'ㄴ'의 유무에 있다. 낫은 그 놓는 위치에 따라서 기역자(ㄱ)와도 같고, 니은자(ㄴ)와도 같다. 낫 놓고 기역자도 모른다는 말도 일자무식을 가리키고, 낫 놓고 니은자도 모른다는 말도 일자무식을 가리킨다. 밤골 아저씨는 낫 놓고 기역자는 물론, 낫 놓고 니은자는 더더욱 모르는 아저씨이기는 하지만, 그러나 그 낫날이 잘 벼려진 낫만큼은 어느 누구보다도 더욱더 잘 사용할 줄을 알고 있었던 것이다. '쓴다'와 '쓰다'의 차이점을 강조하는 시인이 너무나도 지적이고 현학적인데 반하여, 낫 놓고 기역자는 물론, 낫 놓고 니은자도 모르는 밤골 아저씨는 무식하고, 또 무식하다고 하지 않을 수가 없다.

    강영은 시인은 "잠 안 오는 밤", 그 옛날 '낫 놓고 기역자도 모르고, 낫 놓고 니은자는 더더욱 모르는 밤골 아저씨'와 그 밤골 아저씨의 잘 벼려진 낫을 생각하며, 그 아저씨가 까놓던 알밤들을 훔쳐먹던 추억을 떠올려 본다. "아저씨가 까놓은 알밤들은/ 울퉁불퉁/ 반발이 심했지만/ 맛이 좋았다"라는 시구는 밤이 똑 고르지 못했고, 또 밤을 까기가 매우 힘들었지만, 그러나 그 맛만큼은 매우 좋았다는 뜻으로 풀이가 될 수도 있을 것이다. 밤골 아저씨의 밤나무는 일본산 개량종이 아니고, 한국산 토종 밤나무이다. 한국산 토종 밤은 그 맛이 매우 뛰어나기는 하지만, 그 크기가 작고, 또 밤송이를 까는 것도 여간 힘든 것이 아니다. 「벌레시인」의 시적 공간은 가을이며, 그 시간대는 '잠 안 오는 밤'이다. 강영은 시인은 잠 안 오는 가을밤에, 그의 고향인 제주도에서의 유년시절을 떠올리며, 그 밤골 아저씨의 밤을 훔쳐먹던 시절을 떠올려 보고 있는 것이다. "아저씨가 까놓은 알밤들은/ 울퉁불퉁/ 반발이 심했지만/ 맛이 좋았다"라는 시구가 바로 그것을 말해준다.

그러나 그 고소하고 달콤한 밤맛을 음미하면서도 어느덧 그의 가슴 속에는 죄의식이 들어와 자리를 잡게 된다. "쓰다와 쓴다 사이/ 낫 놓고 니은 자는 더더욱 모르는 아저씨의/ 낫/ 종결형 어미가 시퍼렇게 달려든다/ 날카로운 날에 손을 베인다"가 그것이고, "쓰다와 쓴다 사이에 놓여있는/ 잘 벼려진 낫날이/ 일몰의 붉은 혀가 삼킨 밤 껍데기 속에서/ 꿀꿀이 바구미를 토해낸다"가 그것이다. 낫 놓고 기역자도 모르고, 낫 놓고 니은자는 더더욱 모르는 아저씨이기는 했지만, 그토록 성실하고 성실했던 그 아저씨의 밤을 훔쳐 먹었기 때문에, 그 아저씨의 시퍼런 낫에 손을 베인다는 표현이 가능해지고 있는 것이고, 따라서 그 죄의식 때문에, "일몰의 붉은 혀가 삼킨 밤 껍데기 속에서/ 꿀꿀이 바구미를 토해낸다"라는 표현이 가능해지고 있는 것이다. '도둑질'은 남의 물건을 빼앗거나 훔치는 것을 말하고, '서리'는 여럿이서 콩, 닭, 수박, 과일 등을 훔쳐다가 먹는 것을 말한다. 도둑질은 범죄행위이고, 서리는 청소년들의 짓궂은 장난이다. 도둑질과 서리는 엄연히 다른 것이기는 하지만, 그러나 때로는 그 경계가 애매모호하고 서리 역시도 타인들의 물건을 훔치는 짓이라는 점에서는 도둑질과 크게 다를 것이 없다. 강영은 시인은 그의 친구들과, 또는 그의 오빠와 언니들과 함께, '밤골 아저씨'의 밤을 훔쳐다가 먹은 전과(?)가 있고, 따라서 그의 윤리의식은 밤골 아저씨의 잘 벼려진 낫날에 손을 베이는 환영에 잠기기도 하고, 한 걸음 더 나아가, 자기 자신을 '꿀꿀이 바구미', 즉, '벌레시인'이라고 단죄를 하기도 한다. 얼마나 많은 밤을 훔쳐다가 먹었으면 "쓰다와 쓴다 사이/ 낫 놓고 니은 자는 더더욱 모르는 아저씨의/ 낫/ 종결형 어미가 시퍼렇게 달려든다/ 날카로운 날에 손을 베인다"라는 시구에서처럼, 그 손목을 베이는 환영에 잠기고 있는 것이며, 또한 얼마나 많은 밤을 훔쳐다가 먹었으면 "쓰다와 쓴다 사이에 놓여있는/ 잘 벼려진 낫날이/ 일몰의 붉은 혀가 삼킨 밤 껍데기 속에서/ 꿀꿀이 바구미를 토해내다"라는 시구에서처럼, 그 '꿀꿀이 바구미'를 토해내고 있는 것이란 말인가? '쓰다'와 '쓴다'의 주체자는 밤골 아저씨이며, 그는 잘 벼려진 낫으로 그 잘 익은 밤송이들을 까기도 했지만, 그러나 그 잘 벼려진 낫으로 그의 알밤들을 훔쳐간 밤도둑들을 단죄하기도 했던 것이다.

하지만 '쓰다와 쓴다'의 진정한 주체자는 그 '밤서리의 추억'을 토대로 해서, 「벌레시인」을 쓰고 있는 강영은 시인이라고 할 수가 있다. 머리도 플라톤이고 꼬리도 플라톤이라는 말이 있다. '쓰다'와 '쓴다'

의 미묘한 차이점을 발견한 것도 시인이고, 밤골 아저씨와 그의 잘 벼려진 낫날을 떠올린 것도 시인이다. 맛이 좋은 알밤들을 생각해 냈던 것도 시인이고, 잘 벼려진 낫날에 손목이 베이는 환영을 연출해냈던 것도 시인이다. 그리고 도덕 감각과 양심의 가책에 의하여 자기 자신을 꿀꿀이 바구미로 단죄했던 것도 시인이고, 자기 자신을 "밤새도록 밤을 파먹은/ 벌레시인"이라고 최종적인 판결을 내린 것도 시인이다. 시인은 독창적인 명명자이며, 새로운 가치의 창조자이고, 그는 오직 단 하나뿐인 전제군주인 것이다. 그가 자기 자신을 단죄하거나, 칭찬을 하거나, 혹은 도둑질을 미화하거나, 도둑질을 비난하거나간에, 그 무슨 차이가 있단 말인가? 그는 그의 시를 통해서 이 세상을 찬양하고, 자기 자신을 더욱더 찬양한다. 시는 시인의 삶의 터전이며, 그의 비옥한 텃밭이다. 그 비옥한 텃밭에는 언어의 씨앗이 싹트고, 언어의 꽃이 피고, 언어의 열매가 주렁주렁 열린다. 그 열매의 이름은 사상과 이념, 그리고 개념 등과도 같은 열매들이며, 그 열매들의 영양가는 우리 인간들의 건강을 지켜준다. 시는 행복한 삶의 약속이며, 낙천주의를 양식화시킨 것이다. '쓰다와 쓴다'의 주체자는 밤골 아저씨가 아니고, 시(언어)를 쓰는 강영은 시인인 것이다.

강영은 시인의 「벌레시인」은 궁극적으로는 그의 윤리의식을 통하여 자기 자신을 단죄하고 있는 시가 아니다. 그의 단죄의식은

> 쓰다와 쓴다 사이,
> 낫 놓고 니은 자는 더더욱 모르는 아저씨의
> 낫,

> 종결형 어미가 시퍼렇게 달려든다
> 날카로운 날에 손을 베인다

라는 시구와,

> 쓰다와 쓴다 사이에 놓여있는
> 잘 벼려진 낫날이
> 일몰의 붉은 혀가 삼킨 밤 껍데기 속에서
> 꿀꿀이 바구미를 토해낸다
>
> 밤새도록 밤을 파먹은
> 벌레시인이다

라는 시구에도 불구하고, 진정으로 자기 자신을 단죄하고 있는 것이 아니다. 왜냐하면 현실은 고달프고 미래는 불안하기 짝이 없지만, 지나간 과거의 추억들은 그 모든 것이 즐겁고 기쁘기 때문일 것이다. 따라서 나는 밤골 아저씨의 알밤들을 훔쳐다가 밤새도록 그 알밤들을 파먹은 벌레시인이라고 하면서도 그 단죄의식은 어디까지나 표면적일 뿐, 오히려, 거꾸로, 그 옛날의 행복했던 추억에만 더욱 더 잠겨 들어가게 된다. '쓰다와 쓴다 사이', 잘 벼려진 낫날에 손이 베이고, 그 잘 벼려진 낫날에 꿀꿀이 바구미처럼 그 모든 것을 토해내게 되었어도 '나는 더욱더 행복한 벌레시인이다'라는 좀 더 대범한 역설이 그의 「벌레시인」의 행간 속에는 담겨 있는 것이다. 벌레는 매우 부정적인 말로서, 곤충이나 기생충과도 같은 하등생명체들을 가리키는 말이며, 다른 한편, 일벌레, 돈벌레, 공부벌레처럼, 자기 자신의 눈앞의 이익만을 추구하는 인간을 가리키기도 한다. 벌레의 일차적 의미는 하등생명체들이고, 벌레의 이차적 의미는 그 하등생명체에서 비롯된 못된 인간들이다. 벌레와도 같은 인간은 사악하고 탐욕스러운 인간이며, 벌레와도 같은 인간은 공동체 사회로부터 추방되어야만 하는 인간이다. 따라서 이처럼 부정적인 이미지에도 불구하고 '나는 벌레시인이다'라고 선언해버린 강영은 시인은, 그러나 그 벌레의 꿈을 통하여 타인의 시선과 손가락질에도 불구하고 그 벌레의 행복한 삶을 살아가겠다고 주장을 하고 있는 것처럼도 보인다. 벌레는 벌레의 삶이 있는 것이고, 인간은 인간의 삶이 있는 것이다. 벌레는 벌레의 행복이 있는 것이고, 인간은 인간의 행복이 있는 것이다. 벌레도 맛 있고 달콤한 열매를 절대로 포기하지 않으며, 인간도 맛 있고 달콤한 열매를 절대로 포기하지 않는다. 그 어느 누가 하등생명체이며, 그 어느 누가 더 도덕적인 생명체란 말인가?

오오, 그토록 달콤하고 행복한 벌레시인이여!

명
시
·
67

한영숙
소주병 속에도 시간이 흐르고 있다

지하철 환승역, 아직 뚜껑을 오픈하지 않은 소주병들이 입 출구를 신속하게 빠져나간다. 간혹 초미니스커트를 걸친 병이 흔들리며 통로를 정복하듯 지나간다. 함부로 시간을 따라버린 난장*까는 소주병들이 아무렇게나 굴러다닌다. 한 방울도 남김없이 다 써버린 목숨. 졸지에 내부를 모조리 쏟아버린 듯 주둥이를 벌리고 있다. 술술酒酒 빠져나간 흥건한 시간들.

이른 봄비가 늦겨울을 매몰차게 몰아내는 역사 안은 온통 닭 잡는 비린내로 가득 찼다.
안경알에 김이 서린다.
길이 미끄럽다.

* 난장 : 길거리 노숙의 속어

— 『애지』, 2007년, 여름호

술이란 무엇인가? 술은 사전적 의미로 우리 인간들이 마시면 취하는 음료수를 말하고, 그 종류는 매우 다양해서 그 수효를 다 헤아리지 못할 정도라고 해도 과언이 아니다. 보리와 쌀과 곡물에 누룩을 넣어 빚은 막걸리와 청주와 맥주도 있고, 열을 가하여 증류수로 빚은 소주와 고량주도 있다. 화학적으로 합성하여 만든 위스키와 브랜디도 있고, 향료와 약재를 첨가하여 만든 매실주와 오가피주와 포도주 등도 있다. 술은 약이면서도 독약이다.
　신의 노여움을 달랠 때에도 술이 필요하고, 신에게 감사의 기도를 드릴 때에도 술이 필요하다. 공동체 사회의 재앙과 질병을 쫓아낼 때에도 술이 필요하고, 너와 내가 관계를 맺을 때에도 술이 필요하다. 벼와 곡식을 심을 때에도 술이 필요하고, 추수를 할 때에도 술이 필요하다. 장례식에도, 결혼식에도 술이 필요하고, 마음이 기쁘거나 슬플 때에도 술이 필요하다. 우울하고 쓸쓸할 때에도 술이 필요하고, 괴로울 때에도, 자살을 결행할 때에도 술이 필요하다.

출판기념회나 상을 받을 때에도 술이 필요하고, 매매계약을 하거나 재판절차를 마쳤을 때에도 술이 필요하다. 상상력이 고갈되거나 새로운 앎의 출구가 막혔을 때에도 술이 필요하고, 새로운 지혜나 새로운 세계를 창조하였을 때에도 술이 필요하다. 술은 우리 인간들의 생명이며, 피 자체이다. 술의 기원에는 우리 인간들의 생명이 있고, 피가 있다. 시, 신화가 낙천주의를 양식화시킨 것이라면, 술은 그 낙천주의자의 생명이며, 피 자체이다. 금주법은 우리 인간들에게 반反 자연의 악법이며, 우리 인간들의 삶에의 의지를 부정하는 것이 될 수밖에 없다. 우리 인간들은 술이 없으면 이 세상을 살아 갈 수가 없는 것이다.

> 디오니소스의 술은
> 인간이 피곤 할 때면
> 모두에게 활기를 준다.
> 존재하지도 않는 곳을 여행하는 용기가 생긴다.
> 빈곤한 자는 풍요롭게 되고
> 풍요로운 자는 거대한 마음을 지니게 된다.
> 포도는 모든 정복인들에게 화살을 만들게 한다.
> ―『그리스 로마 신화』(을지출판사 간, 재인용)에서

시, 신화가 우리 인간들의 삶의 보충과 그 완성으로서 유용한 것이듯이, 술은 우리 인간들의 삶에 '활기'와 '용기'를 북돋아 주는 약으로써만 유용한 것이다. 술이 없으면 우리 인간들의 삶이 생기가

없어지고 모든 정신의 탄력성이 없어지는 것도 사실이지만, 지나친 음주는 자기 자신의 건강과 그가 속한 사회의 건강을 해치고, 그 모든 것을 술 취한 자의 입장에서 판단을 하게 된다. 거기에는 과도한 흥분과 그만큼의 어리석은 판단만이 있게 되고, 모든 비판 능력을 마비시키게 된다. 건강, 이성, 명료함, 침착함, 지혜, 민첩성이 뒤떨어지고, 갈지(之) 자의 걸음걸이 속에서 무모한 싸움과 주색잡기와 불우한 일생과 퇴폐적인 향락 산업이 주종을 이루게 된다. "디오니소스의 술은/ 인간이 피곤할 때면/ 모두에게 활기를 준다/ 존재하지도 않는 곳을 여행하는 용기가 생긴다/ 빈곤한 자는 풍요롭게 되고/ 풍요로운 자는 거대한 마음을 지니게 된다/ 포도는 모든 정복인들에게 화살을 만들게 한다"라는 그리스 시인의 노래는 술의 전면이고, 에드거 앨런 포우의 알코올 중독의 세계는 술이 이면에 해당된다(반경환, 「술에 대하여」(행복의 깊이 제3권에서).

나는 나의 『행복의 깊이』 제3권 제4장, 「술에 대하여」에서 술의 기원과 술의 유용성 문제, 그리고 술의 사회적 기능과 술의 네 가지 효과를 가장 독창적이고 깊이 있게 천착해낸 바가 있다. "술은 우리 인간들의 생명이며, 피 자체이다"라는 명제와 "시의 육체는 술이고 술의 영혼은 시이다"라는 명제가 바로 그것을 증명해줄 수도 있을 것이다. 따라서 나는 더 이상, '자기 인용'이라는 이 지루함을 떨쳐버리고, 한영숙 시인의 「소주병 속에도 시간이 흐르고 있다」라는 시를 분석해보고 싶은 욕망을 어쩌지 못하고 있는 것이다. 만일, 그렇다면, 소주란 무슨 술이며, 그 소주가 우리 한국인들에게는 또한, 어떠한 관련이 있단 말인가? 소주는 약주와 탁주와 더불어 우리나라를 대표하는 술이라고 할 수가 있다. 소주는 증류식 소주와 희석식 소주로 대별된다. 증류식 소주는 쌀과 보리 등의 곡류를 발효시켜 만드는 술이고, 희석식 소주는 고구마와 타피오카 등을 발효시켜 주정을 만들고, 그 순수한 알코올을 물로 희석하여 만든 술이다. 옛날에는 대부분이 증류식 소주가 주류를 이루었지만, 1965년, 대한민국의 정부가 쌀과 보리 등의 곡물로 소주를 제조하지 못하도록 금지—식량정책의 일환으로—한 이후, 이제는 희석식 소주가 그 주류를 이루게 되었던 것이다. 다시 말해서 희석식 소주는 고구마와 타피오카 등을 발효시켜 주정을 만들고, 그 순수한 알코올을 물로 희석시켜 만든 술이기는 하지만, 이때에 인공조미료와 다茶류 등을 첨가하여 마시기 좋도록 제조한 술이라고 할 수가 있다. 소주는 그 맛과 향이 담백하여 어떤 안주류와도 잘 어울리고, 매우 값싼 가격으로 우리 한국인들의 전폭적인 사랑을 받고 있다고 해도 지나친 말이 아니다. 소주는 희석식 소주이고, 소주는 대한민국의 대표적인 브랜드이며, 진로와 금복주와 두산과 무학과 선양주조 등의 회사들이 오늘도 이 소주를 만들어 팔고 있는 것이다.

한영숙 시인은 동국대학교 대학원을 졸업했고, 2002년 『시현실』과 2004년 『문학 선』으로 등단했다. 그의 「소주병 속에도 시간이 흐르고 있다」라는 시는 비 오는 날, 지하철 환승역의 풍경을 세태풍자적으로 노래한 시이며, 그 세태풍자를 통해서, IMF 사태 이후, 노숙자들의 삶의 터전으로 바뀐 지하철 환승역의 풍경을 해부하여 본 시라고 할 수가 있다. "지하철 환승역, 아직 뚜껑을 오픈하지 않은 소주병들이 입 출구를 신속하게 빠져나간다. 간혹 초미니스커트를 걸친 병이 흔들리며 통로를 정복하듯 지나간다. 함부로 시간을 따라버린 난장까는 소주병들이 아무렇게나 굴러다닌다. 한 방울도 남김없이 다 써버린 목숨, 졸지에 내부를 모조리 쏟아버린 듯 주둥이를 벌리고 있다. 술술酒酒 빠져나간 흥건한 시간들"라는 시구가 바로 그것을 말해준다. 소주병은 의인화되고, 인간은 사물화(소주병)되거나 그 자취를 감추어 버린다. "지하철 환승역, 아직 뚜껑을 오픈하지 않은 소주병들이 입 출구를 신속하게 빠져나간다"라는 시구는 아직, 술맛을 모르는 청소년들이 등, 하교길을 서두르고 있다―그러니까 아직 뚜껑을 오픈하지 않은 소주병들이다―는 것을 뜻하고, "간혹 초미니스커트를 걸친 병이 흔들리며 통로를 정복하듯 지나간다"라는 시구는 초미니스커트를 걸치고 이제 겨우 술맛을 아는 처녀들이 뭇사내들의 시선을 사로잡아가고 있다는 것을 뜻한다. "함부로 시간을 따라버린 난장까는 소주병들이 아무렇게나 굴러다닌다"라는 시구는 '근검절약'하는 일상인들과는 정반대 방향에서, 하루살이의 인생을 살아가고 있는 노숙자들의 살풍경을 뜻하고, "한 방울도 남김없이 다 써버린 목숨, 졸지에 내부를 모조리 쏟아버린 듯 주둥이를 벌리고 있다"라는 시구는 그 노숙자들의 구차한 삶이 끝나고 이제는 행려병자(알콜올 중독자)로 죽어갈 그들의 미래의 운명을 뜻한다. 세태풍자가 그 사회의 유행이나 풍속, 그리고 제도 속의 우리 인간들의 삶을 노래하고 있는 것이라면, 한영숙 시인의 「소주병 속에도 시간이 흐르고 있다」라는 시는 세태풍자의 시라고 할 수가 있다. 나이 어린 청소년들도 소주병에 지나지 않고, 초미니스커트를 입고 있는 아름다운 여성들도 소주병에 지나지 않으며, 그리고 이 모든 인간들도 소주병에 지나지 않는다. 그 차이는 젊음과 늙음의 차이이며, 좀 더 구체적으로 말한다면, 아직 뚜껑을 오픈하지 않은 소주병과 한 방울도 남김없이 다 따라버린 소주병과의 차이만이 있을 뿐인 것이다. 이때의 소주는 우리 한국인들에게 삶의 활기와 용기를 가져다가 주는 술이 아니라, 우리 인간들의 삶을 마비시키고 더욱더 피폐하게 만드는 독약으로서의 술인 것이다.

왜, 우리 한국인들은 노숙자에 지나지 않으며, 기껏해야 아직 뚜껑을 오픈하지 않은 소주병에서, 졸지에, 그 모든 것을 다 쏟아버린 소주병으로 그 일생을 마치게 되어 있었던 것일까? 그 소주병의 역사는 우리 한국인들의 역사이며, 기껏해야 "술술酒酒 빠져나간 흥건한 시간들"만이 공허하게 남아 있을 뿐인 것이다. 노숙자는 정처가 없는 사람이며, 한뎃잠을 자는 사람을 말한다. 노숙자는 경제적으로는 파산상태를 맞이한 사람이며, 더 이상 그 신용회복이 가능하지 않은 사람을 말한다. 미국과 일본과 독일과 프랑스 등의 문화선진국에서도 노숙자는 어렵지 않게 찾아 볼 수가 있는 것이지만, 우리 한국사회에서 이 노숙자들이 급격하게 늘어난 것은 IMF 사태 이후라고 할 수가 있다. IMF 사태란 차입금 경영과 금융기관의 부실함 때문에, 우리 대한민국이 국가의 채무를 변제할 수 있는 능력을 상실했다는 것을 말하고, 따라서, IMF 구제금융에 의하여 '화폐긴축과 재정긴축, 그리고 민영화와 금융자유화'를 이행하지 않을 수가 없었던 것을 말한다. 1997년, IMF 사태 이후, 우리나라의 수많은 기업들과 은행들이 도산을 하고, 그에 따라서 중소기업과 영세상인들이 줄줄이 부도를 내고, 수많은 실업자들로 인산인해를 이루게 되었던 것이다. 2001년, 즉, 3년 8개월 만에 IMF차입금 전액을 조기 상환하여 그 외환위기를 가까스로 벗어났다고는 하지만, 아직도 그 후유증은 여전히 가라앉지 않고 있었던 것이다. 왜냐하면 모든 기업들의 생산설비투자가 지극히 미미하고, 기업운영의 개선과 소비촉진을 목표로 했던 신용카드산업이 대규모의 신용불량자들만을 양산해냈기 때문이다. 노숙자는 삶의 의지를 포기한 사람들이며, 산 송장이나 다름이 없는 사람들이다. 소주병의 역사는 노숙자의 역사이며, 노숙자의 역사는 소주병의 역사이다.

 노숙자의 정처는 지하철의 역사驛舍이며, 그의 유일한 도피처는 소주병의 세계이다. "알코올은 환상의 세계이며, 존재의 결핍감 때문에 상심하고 있는 자에게는 더없이 매력적인 도피처를 마련해준다. 첫째로 알코올은 어렵고 힘든 일을 망각할 수 있게 해주고, 두 번째로 두려움과 공포를 없애 준다. 세 번째로 알코올은 쓸쓸함과 외로움을 달래주고, 네 번째로 모든 인과법칙이 제거되고 황홀하게 취해서 신적인 상태로 수직적인 초월을 하게 해준다. 그러나 모든 것이 가능하고 자기 자신이 올림프스 신(절대 군주)이 될 수 있는 것은 알코올의 세계에서나 가능하지, 현실의 세계에서는 결코 가능하지 않다. 더욱이 이 세상으로부터의 도피는 그 주체자에게 소극적인 안락과 쾌락을 부여해 줄 수도 있지만, 알코올 세계로의 도피는 그 주체자에게 치명적인 해악을 가져다가 줄 수도 있다. 알코올 중독자는 술을 마시지 않으면 무엇보다도 불안감, 초조감에 사로잡히기도 하고, 식은 땀을 흘리며 피로감, 무력감, 구역질에 시달리기도 한다. 알코올 중독은 무서운 질병이며, 무책임, 폭력, 의처증, 심신

쇠약, 정신착란 등을 불러 일으킬 수도 있고, 그것이 치료된다고 해도 언제, 어느 때, 또다시 재발을 하게 되는지도 모르는 만성적인 질병이기도 한 것이다(앞의 책, 『행복의 깊이』)."

 소주병으로 태어나 소주병으로 생을 마감해야만 하는 소주병들, 우리 한국인으로 태어나 신용불량자가 되어서 노숙자로 죽어가야만 하는 우리 한국인들ㅡ. 한영숙 시인의 역사의식은 이처럼 어둡고 음산하며, 그의 세계관은 "술술酒酒 빠져나간 흥건한 시간들"처럼 비관주의와 허무주의에 침윤되어 있는 것이다. "술술酒酒 빠져나간 흥건한 시간들"은 그 교묘한 말울림에도 불구하고,

   1. 바람이 부드럽게 부는 모양. 바람이 술술 불어오다;
   2. 말이나 글이 거침없이 잘 나오는 모양. 까다로운 질문에도 술술 대답하다;
   3. 얽혔던 문제나 실 따위가 수월하게 풀리는 모양. 생각보다 일이 술술 풀렸다;

라는, 이 '술술'의 긍정적인 의미가 아닌, 그 부정적인 의미로만 쓰이고 있는 것이다. 이때에 '술술'은 모든 일들이 쉽거나 순조롭게 잘 풀린다는 뜻이 아니라, 물이나 가루 따위가 함부로 새어나간다는 뜻인 것이다. '술술酒酒'는 '술술주주'로 읽어서는 안 되고, '술술 빠져나간 흥건한 시간들'로 읽지 않으면 안 된다. 왜냐하면 '술술'은 부사어로서의 '술술'과 명사로서의 '술술(酒酒)'을 내포한 이중적이고도 다의적인 개념이기 때문이다. "술술酒酒 빠져나간 흥건한 시간들"은

함부로 술이나 퍼 마시며, 낭비해버린 밑빠진 시간이며, 더 이상의 어떠한 희망도 없는 시간들에 지나지 않는다. 그렇듯, "이른 봄비가 늦겨울을 매몰차게 몰아내는 역사 안은 온통 닭 잡는 비린내로 가득"차게 되어 있는 것이다. 이른 봄비는 그러나 사계절의 순환에 따른 봄비일 뿐, 우리 한국인들의 희망의 봄비가 아니다. 또한 "닭 잡는 비린내"는 할 일이 없는 자들의 무모한 살생행위―술안주감으로 씨암탉이나 잡는 살생행위―일 뿐, 새봄을 맞이하는 축제로서의 그 제의적인 행위가 아니다. 한영숙 시인의 "안경알에 김이 서린다"는 것은 우리 한국인들의 미래가 매우 불투명하다는 것을 뜻하고, "길이 미끄럽다"는 것은 우리 한국인들의 삶이 지극히 암담하고 험하다는 것을 시시해준다. 소주병의 역사는 대한민국의 역사이며, 대한민국의 역사는 알콜중독의 역사이다. 실제로 우리 한국인들은 세계에서 가장 술을 많이 마시는 민족이며, 이 소주 뿐만이 아니라, 수입양주시장의 '봉'으로도 정평이 나 있는 것이다.

한영숙 시인의 「소주병 속에도 시간이 흐르고 있다」라는 시는 그의 비관주의와 허무주의에 침윤되어 있다고 하지 않을 수가 없다. 여기에서도 소주병들이 튀어나오고, 저기에서도 소주병들이 튀어나온다. 여기에서도 시간들이 술술 빠져나가고, 저기에서도 시간들이 술술 빠져나간다. 그리고, 또한, 여기에서도 씨암탉 잡는 비린내가 풍겨나오고, 저기에서도 씨암탉 잡는 비린내가 풍겨나온다. 한영숙 시인의 「소주병 속에도 시간이 흐르고 있다」라는 시는 "지하철 환승역, 아직 뚜껑을 오픈하지 않은 소주병들이 입 출구를 신속하게 빠져나간다", "간혹 초미니스커트를 걸친 병이 흔들리며 통로를 정복하듯 지나간다", "함부로 시간을 따라버린 난장까는 소주병들이 아무렇게나 굴러다닌다", "한 방울도 남김없이 다 써버린 목숨, 졸지에 내부를 모조리 쏟아버린 듯 주둥이를 벌리고 있다", "술술酒酒 빠져나간 흥건한 시간들", "이른 봄비가 늦겨울을 매몰차게 몰아내는 역사 안은 온통 닭 잡는 비린내로 가득 찼다"라는 매우 아름답고 뛰어난 시구들로 이루어진 세태풍자의 시이며, 제일급 시인으로서의 그의 진가가 여지없이 드러난 시라고 하지 않을 수가 없다.

한영숙 시인의 몇몇 뛰어난 시구들을 산문적으로 풀이해본다면 이렇게도 해 볼 수가 있을 것이다.

1. "지하철 환승역, 아직 뚜껑을 오픈하지 않은 소주병들이 입 출구를 신속하게 빠져나간다"라는 시구는 "지하철 환승역, 아직 술맛을 모르는 등, 하교길의 청소년들이 입 출구를 신속하게 빠져나간다"로;

2. "간혹 초미니스커트를 걸친 병이 흔들리며 통로를 정복하듯 지나간다"라는 시구는 "이제 겨우 술맛을 아는 초미니스커트의 처녀들이 뭇 사내들의 시선을 사로잡으며 지나간다"로;

3. "함부로 시간을 따라버린 난장까는 소주병들이 아무렇게나 굴러다닌다"라는 시구는 "함부로 인생을 탕진해버린 노숙자들이 여기 저기서 비틀거린다"로;

4. "한 방울도 남김없이 다 써버린 목숨, 졸지에 내부를 모조리 쏟아버린 듯 주둥이를 벌리고 있다"라는 시구는 "이제는 산 송장이나 다름없는 노숙자들이 여기 저기서 거칠게 숨을 몰아쉬며 누

워 있다"로;

  5. "술술酒酒 빠져나간 흥건한 시간들"은 "어느덧 서산의 해는 지고 모든 것은 다 끝났다"로―.

  한영숙 시인의 「소주병 속에도 시간이 흐르고 있다」라는 시는 매우 상징적이고도 은유적인 시이며, 단성적이 아닌, 다성적인 울림의 공간을 구축해놓고 있는 시라고 하지 않을 수가 없다.

명
시
·
68

정호승
허물

느티나무 둥치에 매미 허물이 붙어 있다
바람이 불어도 꼼짝도 하지 않고 착 달라붙어 있다
나는 허물을 떼려고 손에 힘을 주었다
순간
죽어 있는 줄 알았던 허물이 갑자기 몸에 힘을 주었다
내가 힘을 주면 줄수록 허물의 발이 느티나무에 더 착 달라붙었다
허물은 허물을 벗고 날아간 어린 매미를 생각했던 게 분명하다
허물이 없으면 매미의 노래도 사라진다고 생각했던 게 분명하다
나는 떨어지지 않으려고 안간힘을 쓰는 허물의 힘에 놀라
슬며시 손을 떼고 집으로 돌아와 어머니를 보았다
팔순의 어머니가 무릎을 곧추세우고 걸레가 되어 마루를 닦는다
어머니는 나의 허물이다
어머니가 안간힘을 쓰며 아직 느티나무 둥치에 붙어 있는 까닭은
아들이라는 매미 때문이다

— 『포옹』, 창비, 2007년

아버지는 씨를 뿌리고 또 뿌리는 존재이며, 어머니는 낳고 또 낳는 존재이다. 아버지는 우리 인간들의 존재의 근본원인이고, 어머니는 우리 인간들의 존재의 집이다. 어머니는 자연이고 대지이고 대양大洋이지만, 아버지는 도덕과 법과 질서를 주재하는 사회적 존재이다. 어머니는 아이를 양육하는 어머니이고, 아버지는 아이를 가르치는 아버지이다. 어머니의 사랑은 조건이 없는 사랑이고, 아버지의 사랑은 조건이 있는 사랑이다. 어머니는 어린 아이에게 젖을 주고, 먹고 입힐 것을 다 준다. 어머니는 그의 자식이 모든 사람들이 다 손가락질을 하는 죄를 지어도 언제나 변함없이 그를 사랑한다. 그래서 어머니의 사랑은,

　　어머니의 사랑은 무조건적이다. 그것은 모든 것을 보호하고 모든 것을 포용하는 것이다. 그것은 무조건적이기 때문에 또한 통제될 수도 획득될 수도 없다. 그것이 있으면 사랑받는 사람은 축복의 느낌을 갖

는다. 그것이 없으면 상실감과 심한 절망감을 맛보게 된다. 어머니는 자녀들을 그녀의 자녀라는 이유에서 사랑하는 것이지, 자녀들이 선하고 순종한다거나 혹은 그녀의 소망과 명령을 수행하기 때문에 사랑하는 것이 아니다. 그러므로 어머니의 사랑은 평등에 기초하고 있다. 모든 인간은 평등하다. 왜냐하면 그들 모두는 어머니의 자녀들이기 때문이며, 또한 그들 모두는 어머니인 대지大地의 자녀들이기 때문이다.

― 에리히 프롬, 『사랑의 기술』, 홍신문화사, 1990년

에서처럼, 자연 그대로인 조건이 없는 사랑이라고 할 수가 있다.

하지만 아버지의 사랑은 어린 아이를 가르치고 그가 훌륭한 사회인이 될 수 있도록 인도하는 교사의 역할을 담당하게 된다. 아버지는 어린 아이에게 도덕, 법, 질서, 규율, 사상, 일, 직업, 인생관, 세계관을 가르치고, 어린 아이가 그 가르침을 잘 이행할 때에는 더없이 영광되고 크나큰 상―후계자에게 주는 유산상속같은 것이 바로 그것이다―을 주기도 한다. 그러나 그 아들이 아버지의 말을 따르지 않고 기대를 충족시켜주지 못할 때에는 가인과 에서의 경우에서처럼 그 무엇보다도 가혹한 처벌을 받게 된다. 그래서 아버지의 사랑은,

인간 발전의 다음 단계는 우리들이 지식을 통해 알고 있으므로 추론이나 재구성에 의존할 필요가 없는 유일한 것으로서 부권적 단계이다. 이 단계에서는 어머니는 그녀의 최상의 지위를 박탈당하고, 아버지가 종교에 있어서나 사회에 있어서나 최고의 존재로 된다. 부성애의

본질은 그가 명령을 내리고 원칙과 법률을 확립함에 있으며, 아들에 대한 그의 사랑은 이러한 명령에 대한 아들의 순종에 달려 있다는 데 있다. 그는 자기를 가장 닮고 가장 순종하며 또 그의 계승자가 되기에 가장 적합한 아들을 좋아한다. 부권적 사회의 발전은 사유재산의 발전과 병행한다. 결과적으로 부권적 사회는 계급서열적이다. 즉, 형제들의 평등성은 경쟁과 상호투쟁으로 변해버린다.

— 앞의 책

에서처럼, 조건이 있는 사랑이라고 할 수가 있다. 조건이 없는 사랑은 모성의 원리이며, 조건이 있는 사랑은 부성의 원리이다.

정호승 시인은 1950년 대구에서 태어났고, 경희대학교 국문과와 동대학원을 졸업했다. 1972년 《한국일보》 신춘문예(동시부문)와 1973년 《대한일보》 신춘문예(시부문)로 등단했으며, 시집으로는 『슬픔이 기쁨에게』, 『서울의 예수』, 『새벽편지』, 『별들은 따뜻하다』, 『사랑하다가 죽어버려라』, 『외로우니까 사람이다』, 『눈물이 나면 기차를 타라』, 『이 짧은 시간 동안』, 『포옹』 등을 출간한 바가 있다. 정호승 시인은 대한민국에서 가장 많은 독자를 갖고 있는 시인 중의 한 사람이며, '소월시문학상'과 '동서문학상'과 '정지용문학상' 등을 수상한 바가 있다. 그의 「허물」은 역사적 리얼리즘과 신화적 리얼리즘, 또는 현실적 리얼리즘과 환상적 리얼리즘을 상호교차시켜 나가면서 피워낸 아름다운 시라고 하지 않을 수가 없다. 그는 어느 누구보다도 이 땅에 뿌리를 내리고, 그 현실의 변혁을 꿈꾼다는 점에서는 역사적 리얼리스트이며, 그 현실의 꿈을 토대로 하여, 불가능한 환상(꿈)을 가능하게 하고 있다는 점에서는 신화적 리얼리스트라고 할 수가 있다. 그는 우선 "느티나무 둥치에 매미 허물이 붙어" 있다는 사실에 주목하고, 그 매미의 허물을 떼어보려고 손에 힘을 주어 보았던 것이다. 그러나 그 순간, "죽어 있던 허물이 갑자기 몸에 힘을 주었고", 내가 그 매미의 허물을 떼어내려고 힘을 주면 줄수록 그 "허물의 발이 느티나무에 더 착 달라붙었다"는 것이다. 왜냐하면 "허물은 허물을 벗고 날아간 어린 매미를 생각했던 게 분명"했기 때문이고, "허물이 없으면 매미의 노래도 사라진다고 생각했던 게 분명"했기 때문이다. 허물은 매미나 뱀 따위가 벗어놓은 껍질에 지나지 않지만, 그러나 이 허물은, 다만, 텅 빈 껍질이 아니라, 매미의 존재의 집이자, 그의 어머니이었던 것이다. 허물은 허물로서 살아 있는 어머니이며, 매미의 노래를 가능하게 하는 어머니이다. 매미는 매미과의 곤충이며, 두 쌍의 투명한 날개와 두 개의 겹눈을 지녔다. 몸은 달걀형과 길고 둥근형이 있으며, 대롱모양의 긴 주둥이를 가졌다. 보통 유충은 6~7년 동안이나 땅 속에서 지낸 뒤, 그 껍질을 뚫고 나온 성충은 1주일에서 3주일 만에 죽게 된다. 매미의 수컷은 배쪽에 발음기가 있어 여름날에 맑은 소리로 울게 된다. 매미의 노래는 만인들의 심금을 사로잡는 노래이며, 그 매미의 존재 이유이기도 한 것이다. 우리는 그 매미의 노래가 있기 때문에, 슬프거나 괴로울 때에도 그 아픈 마음을 치유하고, 또한 우리는 그 매미의 노래가 있기 때문에, 절망을 하거나 좌절을 하게 될 때에도 미래의 꿈을 잃지 않게 된다.

　정호승 시인은 매미의 허물이 매미의 어머니이고, 그 매미의 허물이 매미의 노래를 가능하게 한다는 사실을 깨닫고 그의 어머니를 생각하게 된다. 이때의 그의 어머니는 살아 있어도 좋은 어머니이고, 살아 있지 않아도 좋은 어머니인데, 왜냐하면 그의 어머니는 다만, 시적 문맥과 상상 속의 어머니이기 때문이다. 그는 "허물이 없으면 매미의 노래도 사라진다고 생각"하고, 그 "떨어지지 않으려고 안간힘을 쓰는 허물의 힘에 놀라/ 슬며시 손을 떼고 집으로 돌아와 어머니를 보았던" 것이다. 그의 어머니는 "팔순의 어머니"이며, 그 팔순의 연세에도 불구하고, "무릎을 곧추세우고 걸레가 되어 마루를 닦는" 어머니이다. 그렇다. 그 "어머니가 안간힘을 쓰며 아직 느티나무 둥치에 붙어 있는 까닭은/ 아들이라는 매미 때문"인 것이다. 어머니는 자기 자신은 제대로 먹고 입지 못해도 그의 자식들만은 제대로 먹고 입히려고, 언제, 어느 때나 애를 쓰신다. 아들이 대학입시에 떨어졌거나 취직시험에 떨어졌을지라도 제일 먼저 격려와 위로를 해주는 것도 어머니이고, 그 반대로, 대학입시에 합격했거나 취직시험에 합격하게 되면 제일 먼저 눈물을 흘리며 축하를 해주는 것도 어머니이다. 어머니는 오직 아들 딸이 더욱더 잘 살고 행복하기를 바라는 어머니이며, 그 어머니의 사랑이 있기 때문에, 전 인류를 구원할 수 있는 성자들이 출현을 하게 된다. 허물은 어머니이고, 어머니는 성모이다. 매미와 시인은 그 성모의 자식들이며, 따라서 매미는 시인이 되고, 시인은 매미가 된다.

  정호승 시인은 어느 날 우연히 매미의 허물을 발견하고, 그 매미의 허물을 떼어보려고 했던 모양이다. 그러나 그 허물은 단순한 허물이 아니라, 어떠한 외부의 힘과 사나운 비바람이 몰려와도 꼼짝

없이 달라붙어 있었던 허물이며, 궁극적으로는 매미의 노래를 가능하게 하고 있는 어머니라는 사실을 깨닫게 된다. 따라서 그는 그 허물의 위대성을 깨달으며 집으로 돌아와서, "팔순의 어머니가 무릎을 곧추세우고 걸레가 되어 마루를 닦는" 것을 바라보며, "어머니는 나의 허물이다"라는 사실을 또다시 재인식하게 된다. 왜, 어머니는 팔순의 연세에도 불구하고 걸레가 되어야만 했던 것이고, 왜, 또 한 무릎을 곧추세우고 마루를 닦아야만 되었던 것일까? 걸레란 더러운 것을 닦거나 훔쳐내는 데 쓰는 헝겊이며, 그 걸레가 없으면 우리는 마루를 닦거나 집안 청소를 할 수가 없게 된다. 걸레는 옷감이나 수건으로서의 그 용도가 다 끝나고, 이제는 쓰레기통 속으로 버려지기 직전의 존재이며, 따라서 팔순의 어머니와도 같은 존재이다. 걸레는 자기 자신이 온갖 더러운 것을 다 뒤집어 쓰면서도 모든 불결함을 다 닦아주는 존재이며, 그 걸레의 희생정신(도덕성)에 의하여 우리 인간들은 고급문화인이 되어갈 수가 있는 것이다. 어머니는 닦고 또 닦는 존재이며, 그 어머니에 의해서 이 세상의 성자들이 태어나게 된다. 시인의 허물에 대한 상상이 어머니에 대한 상상으로 이어지고, 어머니에 대한 상상이 이 세상에서 가장 고귀하고 위대한 성모에 대한 상상으로 이어지고 있는 것이다. 성모는 무서운 견인주의와 이타성의 화신이며, 모든 문화적 영웅들의 어머니이기도 한 것이다. 시인과 매미가 다같이 손을 맞잡고 만인들의 심금을 울릴 수 있는 노래를 불러야만 하는 까닭이 바로 여기에 있는 것이다. 그의 역사적 리얼리즘은 매미의 허물에서 어머니의 위대성을 발견하고, 그의 신화적 리얼리즘은 그 어머니의 위대성을 통해서 이 세상에서 가장 아름답고 찬란한 시인과 매미의 노래 소리를 가능하게 한다. 역사가 뿌리를 내리면 신화(꿈)의 열매를 맺게 되고, 현실(역사)이 살아 움직이면 아름다운 꿈(신화)이 노래를 부르게 된다. 정호승 시인의 「허물」에서 '허물'과 '나'는 구체적인 인물(사물)이고, '어린 매미'와 '어머니'는 상상 속의 인물(사물)들이라고 할 수가 있다. 왜냐하면 허물을 통해서 어린 매미를 상상하고, 그 구체적인 '나'를 통해서 어머니―이미 돌아가셨는지도 모르는 어머니―를 상상하는 것은 매우 자연스러운 일이기 때문이다.

하지만 정호승 시인의 「허물」에는 왜, 어머니만 있고, 왜, 아버지는 나오지 않고 있는 것일까? 그것은 매미의 허물이 매미의 존재의 집이기 때문일 수도 있고, 또한 그가 외디프스처럼, 아버지의 존재를 증오하기 때문일 수도 있다. '허물'은 나와 매미의 존재의 집이며, 우리들의 육친인 어머니의 상징이다. 그 어머니의 조건 없는 사랑이 하나의 껍질로 남아 있는 것을 보면서, 그는 그의 마음이 크게 동요되고 안타까운 심정에 사로잡혀 있었던 것인지도 모른다. 하지만, 그 반면에, 그의 존재의 근본원인인 아버지는 가부장적인 전제군주이며, 그의 어린 마음을 무겁게 억누르고 억압하기만 했던 아버지이었는지도 모른다. 나는 그의 「허물」에 아버지의 존재가 사상되고 어머니의 존재만이 성화되고 있는 것은 이 두 가지의 이유가 다같이 혼재되어 있기 때문일 것이라고 믿어 의심하지 않는다.

| 명
| 시
| ·
| 69

윤영숙
회화나무 평전

　늙은 회화나무 한 그루, 굽은 허리를 쇠기둥에 기대어 쉬고 있다 가슴 한켠 시멘트로 채워진 무거운 노구 이끌고 남쪽으로만 길을 내는 곁가지들 건들기만 해도 툭- 부러진다.

　절벽처럼 땜질한 저 늙은 가슴이 왠지 낯설지 않다.

　항아리 속 같은 어둠 열어보면 위암 말기판정을 받은 내 아버지 부고장이 다시 와 있을 것 같다 열렸다 닫힌 몸 위로 스테이플러가 꾹꾹 밟고 지난 수술자국 따라 들어가면 아버지 손때 묻은 족보가 묻혀 있을 것 같다.

　노거수老巨樹 아래 떨어진 나무토막을 집어 들었다 아버지가 쓰시던 몽당연필 같고 부러진 안경다리 같은 나뭇가지를 호주머니에 넣었다 애기가 애기를 낳았다며 내 볼 쓰다듬어주시던 까칠한 그 손가락이 만져진다.

근처 구멍가게에서 막걸리 세 통을 구해 회화나무 할베 발등에 부어주고 달빛 미끄러지는 덕수궁 돌담길 걸어 내려온다 울퉁불퉁한 세상살이가 끝내 염려스러워 실루엣으로 한없이 내 발자국을 따라오는 아버지 긴 그림자,

— 『애지』, 2007년, 가을호

현대 민주주의 사회는 만인평등의 사회이며, 남녀 간의 인간 차별이 없어진 사회이다. '인간 위에 인간이 없고, 법 앞에서는 만인이 평등하다'라는 이 명제는 이제는 그 어느 누구도 부인하지 못할 절대적인 명제가 되었다. 하지만, 그러나, '펄펄 나는 여자'와 '벌벌 기는 남자'라는 말이 현대사회의 유행어가 되어가고 있듯이, '남성 대 여성'이라는 봉건사회의 서열적인 관계가 '남성=여성'의 평등한 관계가 아닌, '여성 대 남성'이라는 소위 역전된 관계로 전도된 현상을 우리는 어쩔 수 없이 목격하게 된 것이다. 소위 여성해방론자들에 따르면 아버지(남성)는 가부장적인 전제군주이며, 그 모든 것을 제멋대로 명령하는 사악한 폭군일 따름인 것이다. 아버지는 폭군이며, 어머니는 나약한 신민臣民이다. 따라서 아버지의 법과 질서와 제도들은 전면적으로 타기할 대상에 지나지 않으며, 아버지의 권력 앞에서 개 같이 학대를 받고 신음을 하는 어머니는 거룩한 성모이고, 우리 인간들의 궁극적인 존재의 이상형이다. 아버지는 타도의 대상이며, 어머니는 성화의 대상이다. 우리는 만인평등의 사회에서, 그 만인평등의 절대적인 명제가 무너져 내리며, 어느덧 어머니(여성)들이 그 옛날의 아버지의 존재로 수직 상승하는 이상야릇한 역전 관계를 재인식하지 않을 수가 없게 된다. 이제 어머니는 전제군주가 되었고, 아버지는 그 전제군주 앞에서 개 같이 학대를 받고 신음을 하는 신민이 되었다. 기러기 아빠는 무엇이며, 어느 세일즈맨의 죽음은 무엇이고, 노숙자란 또한, 무엇이란 말인가? 아버지는 씨를 뿌리고 또 뿌리는 존재이며, 어머니는 낳고 또 낳는 존재이다. 아버지는 외부의 적으로부터 국가의 영토를 지키고 그의 가족들을 위하여 살신성인을 하는 존재이며, 어머니는 가정의 살림을 맡으며 아이들을 기르는 존재이다. 아버지는 돈을 벌고 가족들의 생계를 꾸려 나가는 데 더 능력을 발휘할 수 있는 존재이며, 어머니는 밥을 짓고 빨래를 하며, 아이들을 기르는 데, 더 능력을 발휘할 수 있는 존재이다. 이 아버지와 어머니의 존재와 그 사회적 역할은 인간차별이 아닌, 그 능력의 차이에서 비롯된 것임에도 불구하고, 아버지는 타도의 대상이 되고 어머니는 성화의 대상이 되고 있는 것이다. 기러기 아빠란 그의 아내와 아들 딸을 외국으로 유학을 보내고 홀아비 생활을 하는 남자를 말하고, 어느 세일즈맨의 죽음이란 힘찬 일터를 잃어버리고 그 가장의 무게에 짓눌려 비명횡사를 한 사람을 말하고, 그리고 마지막으로 노숙자란 또한, 힘찬 일터를 잃어버리고 길거리에서 유랑생활을 하고 있는 사람을 말한다. 어머니는 아들 딸들과 외국으로 나아가 생활하며 외간 남자와 바람을 피울 수도 있고, 실직의 위기에 내몰려 비명횡사를 하거나 노숙자가 되기보다는 룸싸롱이나 단란

주점으로 나아가 육체적인 쾌락에 몸을 맡길 수도 있다. 실제로 대한민국 곳곳을 다 돌아다녀 보아도 여성 노숙자들은 눈을 씻고 찾아 볼 수가 없는 것이다. 모든 아버지들이 다 아버지로서의 그 역할을 충실하게 감당하고 있는 것은 아니지만, 현대 민주주의 사회에서 아버지의 존재는 불쌍하고, 또 불쌍한 존재에 지나지 않는다. 사랑하는 두 딸들에게 그 모든 것을 다 내어주고도 끝끝내는 미치광이와 무일푼의 알거지가 되어 갈 수밖에 없었던 리어왕과 고리오 영감 같은 존재들만이 있고, 그 반면에, 효녀 심청이와 효녀 엘렉트라는 두 눈을 씻고 찾아 보아도 그 어디에도 존재하지 않고 있는 것이다.

　이집트에서 노예생활을 하고 있었던 이스라엘 백성들을 구원해냈던 모세는 어디에 있으며, 수많은 오랑캐들을 무찌르고 대한민국의 영토를 넓혔던 광개토대왕은 어디에 있는가? 살부와 근친상간을 범했지만 풍전등화 속의 테베 사회를 구원해냈던 외디프스 대왕은 어디에 있으며, 이민족의 언어로부터 우리 한국인들을 구원해냈던 세종대왕은 어디에 있는가? 모세도 폭군이었고, 광개토대왕도 폭군이었다. 외디프스 대왕도 폭군이었고, 세종대왕도 폭군이었다. 인류의 역사 전체는 여성해방주의자들에 의해 부정되고 있고, 모든 아버지는 그 존재의 의의를 상실했다. 오늘날의 아버지는 과연 일개미이며, 그처럼 무능한 숫펄(수벌)—여왕의 생식을 위한—에 지나지 않는단 말인가? '만인평등'이 아닌 '여남차별'이라는 이 기막힌 현실 앞에서, 이제는 진정으로 아버지의 존재와 그 의의를 숙고해볼 때도 되었고, 남성적인 것은 무조건 배격하고 두 눈에 쌍심지를 지피며 적대시하는 여성해방주의자들의 그릇된 인식을 바로잡을 때도 되었다. '남성 대 여성'의 관계로부터 '여성 대 남성'이라는 사회적 지위 이동에는 폭력적인 서열관계만이 있을 뿐, '남성과 여성', '여성과 남성'의 그 차이를 인정하고 서로가 서로를 사랑하는 진정한 아버지와 어머니의 관계는 상정조차도 할 수가 없는 것이다. 사랑은 모든 관계를 회복시켜주지만, 증오는 모든 관계를 파탄으로 몰아간다. 사랑은 만인들을 불러 모으지만, 증오는 모든 사람들을 떠나가게 한다. 새벽부터 저녁까지, 오직 가족만을 위해서 일을 하는 것도 아버지이며, 짜장면 한 그릇으로 허기를 때우고 그 점심값을 절약하여 딸 아이의 옷을 사주는 것도 아버지이다. 딸 아이의 미래를 위하여 사랑하는 아내와 함께 외국으로 유학을 보내고, 이글이글 타오르는 성욕을 참아가며 독수공방에서 소주잔을 기울여 가며 죽어가는 것도 아버지이다. 한 푼 모으고 두 푼 모아서 딸 아이의 혼수와 집을 장만해주는 것도 아버지이며, 어느 여성해방주의자들의 이상한 궤변에 현혹되어 아내로부터 황혼이혼을 당하는 것도 아버지이다. 아버지는 인자한 아버지이며, 언제, 어느 때나 자기 자신을 희생하는 아버지이다. 아버지는 가정을 지키고 또 지키는 아버지이며, 오직 자기 자신의 가족을 위해서 모든 것을 다 주는 아버지이다. 우리가 살고 있는 공동체 사회의 법과 제도와 규율을 만드는 것도 아버지이며, 가장 강력하고 위대한 국가를 건설하는 것도 아버지이다. 외부의 적이 침입해오면 전쟁터로 나아가 조국의 평화와 안녕을 지키는 것도 아버지이고, 전인류의 행복을 위하여 자선사업을 하거나 문화재단을 만드는 것도 아버지이다. 새로운 사상과 이론을 정립하는 것도 아버지이고, 그 아름답고 찬란한 예술과 고급문화를 창출해내는 것도 아버지이다. 아버지는 전제군주일 수도 있고 사악할 수도 있지만, 그 아버지는 우리 인간들의 삶을 가능하게 하는 하나님일 수도 있다. 아버지를 부정하고 모독하는 것은 일면의 타당성이 있지만, 그러나 그 아버지의 존재를 모조리 부정하게 되면 그 부정하는 자의 존재의 근거조차도 없어지는 것이다. 과연, 아버지란 이름이 오늘날처럼 나약하고 볼품이 없고 처량한 적이 있었던가? 남자로서, 아버지로서, 한 사람의 지식인으로서, '여성 대 남성'의 역전된 관계, 소위 '펄펄 나는 여자'와 '벌벌 기는 남자'라는 그 이상야릇한 관계를 더 이상 참고 볼 수가 없어서 이처럼 아버지라는 존재를 옹호해보고 있는 것이다.

윤영숙 시인은 충남 홍성에서 출생했으며, 2007년 계간시전문지 『애지』로 등단했다. 윤영숙 시인의 장점은 실존적 비극에 사로잡혀 있는 자들에 대한 '천사적 사랑'을 통하여 그의 시들을 조용 조용한 옛날 이야기투로 전개시켜 나가고 있다는 데 있다고 할 수가 있다. 그의 「회화나무 평전」은 언어도 절제되어 있고 극적인 구조로 되어 있어, 그 긴장감을 잃지 않고 있다. 선명한 이미지를 잘 사용한다는 점에서는 회화적이고, 리듬을 중시한다는 점에서는 음악적이고, 그 사상(내용)을 중요시한다는 점에서는 주지적主知的이다. 윤영숙 시인은 이미지, 리듬, 사상 등의 삼박자를 다 갖추고 있다는 점에서 매우 주목을 요하는 신인이라고 하지 않을 수가 없다. 그의 「회화나무 평전」은 '실루엣 기법'을 잘 살린 '흑백시화黑白詩畫'이며, 부녀간의 아름다운 사랑의 드라마라고 하지 않을 수가 없다. 회화나무란 무엇이며, 평전評傳이란 무엇인가? 회화나무는 쌍떡잎식물이며, 장미목

콩과의 낙엽교목이다. 회화나무는 회화목, 회나무, 홰나무, 괴화나무 등으로도 불리우고, 키가 45미터, 그 지름이 6미터나 될 정도로 자라나는 큰키나무라고 할 수가 있다. 꽃봉우리는 괴화槐花 또는 괴미槐米라고 부르고, 그 열매는 괴실槐實이라고 부른다. 회화나무의 꽃봉우리와 열매는 동맥경화와 고혈압과 치질 등의 온갖 약재로도 쓰이고, 회화나무는 정자수와 정원수와 목재로도 쓰인다. 화화나무는 궁궐과 사대부의 상징이며, 그 옛날 조정에서는 회화나무 세 그루 밑에서 삼정승, 즉, 영의정과 좌의정과 우의정이 집무를 보았다고도 한다. 따라서 회화나무는 최고의 길상목吉祥木으로서 집안에 심으면 큰 학자와 큰 인물이 나고, 이 성스러운 나무에 의하여 모든 잡귀신들이 범접을 하지 못했다고 한다. 권세와 출세의 상징인 회화나무는 오백 년이 넘는 거목들도 매우 많이 있고, 정자수와 정원수로도 모든 사람들의 사랑을 받고 있는 것이다. 평전評傳이란 '1, 전기; 2, 자서전; 3, 회고록; 4, 비평을 곁들인 전기; 5, 열전(비슷한 일이나 업적을 남긴 사람들의 전기를 함께 쓰는 것)' 등을 말하는데, 이 「회화나무 평전」은 1의 전기와 3의 회고록, 그리고 5의 열전—할아버지와 아버지와 회화나무의 전기라는 점에서—의 뜻을 아우르고 있다고 할 수가 있는 것이다. 회화나무는 회화나무이면서도 할아버지이고, 아버지이고, 모든 인류의 조상인 그런 나무이다. 윤영숙의 「회화나무 평전」은 어떤 의미를 직접 말하지 않고 다른 사물에 비추어서 간접적으로 암시하고 있다는 점에서는 '우의적인 시'이며, 부녀간의 아름다운 사랑의 드라마라고 할 수가 있다. 그는 여성해방론자들과는 정반대 방향에서 효녀 심청이이고, 아가멤논 대왕(아버지)을 죽인 어머니(클리템네스트라)를 매우 무섭게 단죄를 하는 효녀 엘렉트라이다. 어느 날 덕수궁 근처에서 그가 바라본 회화나무는 '늙은 회화나무'이며, "굽은 허리를 쇠기둥에 기대어 쉬고" 있는 회화나무이다. 그 늙은 회화나무는 만고풍상을 다 겪으면서도 그토록 오랜 세월을 더욱더 의연하고 꿋꿋하게 버티어 왔지만, 그러나 이제는 쇠기둥 받침대에 의지하고, 또, 그것도 모자라서,

가슴 한켠 시멘트로 채워진 무거운 노구 이끌고 남쪽으로만 길을 내는 곁가지들 건들기만 해도 툭— 부러지는

그런 나무에 지나지 않는다. 윤영숙 시인은 그 늙은 회화나무를 문득 바라보면서, 섬뜩하도록 어떤 전율을 느끼고 있는데, 왜냐하면 "절벽처럼 땜질한 저 늙은 가슴이 왠지 낯설지" 않았기 때문이다. 늙은 회화나무는 "위암 말기판정을 받은 내 아버지"이며, 마치, 그 아버지의 부고장처럼 서 있었던 것이다. 아버지는 인자한 아버지이며, 자기 자신의 몸을 악성종양에 다 갉아먹힐 때까지, 한 푼을 모으고 두 푼을 모아서 가정의 평화와 행복을 연출해낸 아버지이다. 그는 굽은 허리를 쇠기둥에 기대고, 항아리 속 같은 가슴을 시멘트로 채워진 늙은 회화나무를 바라보면서, 어느덧 회고주의자가 되어간다. 그는 이루 말할 수 없는 진한 감동과 슬픔의 눈물을 흘리면서, "열렸다 닫힌 몸 위로", 즉, "스테이플러가 꾹꾹 밟고 지나간 수술자국"을 따라 들어가며 "아버지의 손때 묻은 족보"를 펼쳐 보인다. "아버지의 손때 묻은 족보"는 그의 가계사이며, 그 족보에는 그의 조상들

의 모든 전통과 역사가 기록되어 있다. 전통과 역사는 낡을 수록 더욱더 빛나는 전통과 역사이며, 그 전통과 역사에 의하여 모든 인류의 문명과 문화는 발전을 하고 있는 것이다. 단절이란 있을 수도 없고, 혁명이란 있을 수도 없다. 단절도 하나의 환영에 불과하고, 혁명도 하나의 환영에 불과하다. 진정한 단절과 혁명은 모든 전통과 역사의 죽음이며, 모든 전통과 역사의 죽음은 우리 인간들의 최후의 종말을 의미하게 된다. 따라서 그는 늙은 회화나무를 그의 아버지로 생각하면서,

> 항아리 속 같은 어둠 열어보면 위암 말기판정을 받은 내 아버지 부고장이 다시 와 있을 것 같다 열렸다 닫힌 몸 위로 스테이플러가 꾹꾹 밟고 지난 수술자국 따라 들어가면 아버지 손때 묻은 족보가 묻혀 있을 것 같다

라는 시구에서처럼, 그의 조상들의 전통과 역사 속으로 걸어 들어가게 된다. 그러나 그 전통과 역사는 생략되어 있고, 바로 그 생략되어 있음으로써 썩어진 전통과 역사가 된다. 그의 가계사는 대대손손 부귀와 영화를 누려온 가문일까, 아니면, 겨우 밥술깨나 먹은 양반집 가문일까? 또, 그것도 아니라면 명문대가집이라는 세상의 정평과는 너무나도 다르게, 간신과 모리배들만을 양산해낸 가문일까? 이러한 전통과 역사에 대한 진실은 시인만이 알고 있겠지만, 그러나 우리는 그 '생략의 역사'를 '상상 속의 역사'로 기록해봄으로써 이 「회화나무 평전」을 완성해볼 수도 있는 것이다. '여백의 효과'란 시

인이 의도한 것이든, 아니든지 간에, 한 편의 시를 더욱더 아름답고 풍요롭게 하고 있는 것이며, '수용미학'에서 역설하고 있는 것처럼 독자들의 참여의 몫이 더욱더 커지는 가장 세련되고 정교한 효과라고 할 수가 있는 것이다. 나는 윤영숙 시인의 가계사가 '늙은 회화나무', 즉, '노거수老巨樹'처럼 고귀하고 우아하며, 큰 학자와 큰 인물들의 역사로 점철되어 있다고 믿어 의심하지 않는다. 그는 더욱더 진한 감동과 슬픔의 눈물을 진정시켜가며, "노거수老巨樹 아래 떨어진 나무토막을 집어"들게 된다. 그 나무토막은 "아버지가 쓰시던 몽당연필 같고 부러진 안경다리 같고", 따라서 그는 그 나뭇가지를 아버지의 유품처럼 호주머니에 집어 넣게 된다. 원, 세상에, 부러진 나뭇가지를 호주머니에 집어 넣다니…… 하지만 그의 미친 짓은 미친 짓이 아닌데, 왜냐하면 그 나뭇가지는 단순한 나뭇가지가 아니라, 아버지의 유품이었기 때문이다. 얼마나 아버지를 사랑했으면 부러진 나뭇가지를 아버지의 유품으로 생각했겠으며, 또한, 얼마나 아버지의 사랑을 받았으면 그토록 성스러운 노거수老巨樹를 아버지라고 부르고 있겠는가! 그 아버지는 단순히 "애기가 애기를 낳았다며 내 볼 쓰다듬어주시던 까칠한" 아버지만이 아닌데, 왜냐하면 그 아버지는 모든 인간들의 아버지이기 때문이다. '아버지는 집이요, 기둥이요, 양식이요, 보석이요, 사상가요, 이론가요, 웅변가요, 수사학자요, 예술가요, 다국적 기업인이요, 은행총수요, 영웅이요, 장군이요, 전지전능한 신이요, 하늘의 태양'이지, 그토록 사악하고 탐욕스러운 전제군주만이 아닌 것이다. 아버지는 '애기가 애기를 낳았다'고 뛸듯이 기뻐하는 아버지이며, 그 아이의 미래의 행운을 주재하는 아버지이다. 아버지 없는 자식도 없고, 아버지의 바다와도 같은 은혜를 모르는 자식도 없다. 아버지(남성)의 존재를 부정하는 자는 미친 년이며, 단지, 인간의 탈을 쓴 악마이다.

　윤영숙 시인의 「회화나무 평전」의 '아버지'는 시아버지일까? 아니면 친정 아버지일까? 가계의 전통과 역사를 더듬어 가며 "위암 말기 판정을 받은 내 아버지 부고장"을 떠올리고 있는 것을 보면 '친정 아버지'가 더욱더 확실해보인다. 왜냐하면 '시아버지의 며느리 사랑'이라는 말도 있기는 하지만, 그러나 시아버지가 돌아가시게 되면 그 자녀들은 임종과 부고장의 발송자가 되어야 하지, 그 부고장의 수신자가 될 수는 없기 때문이다. 그의 친정 아버지는 어떠한 인물이었으며, 얼마나 인자하셨고, 또한, 얼마나 성실했던 인물이었던 것일까? 시인은 그것에 대한 구체적인 정보를 주지 않고 있지만, '몽당연필'을 보면 글쓰기를 매우 좋아했던 것 같고, '부러진 안경다리'를 보면 책읽기를 매우 좋아했던 것 같다. 인간으로서의 덕성과 인품이 훌륭했고, 가문에 대한 자긍심도 대단했으며, 리어왕과 고리오 영감처럼, 그 딸들에 대한 사랑이 더욱더 지극했던 것도 같다. 그의 아버지는 그러나, 리어왕과 고리오 영감보다도 더 행복하고 더 축복을 받은 아버지이다. 또한, 그의 아버지는 심봉사와 아가멤논 대왕보다도 더 행복하고, 더 축복을 받은 아버지이다. 왜냐하면 리어왕과 고리오 영감은 그의 두 딸들의 불효 때문에 더욱더 비참해졌고, 심봉사는 효녀 심청이를 잃었고, 아가멤논 대왕은 그의 부인에 의해서 더욱더 비참하게 살해되었기 때문이다. 따라서 그는 그의 아버지의 은혜를 생각하면서 "근처 구멍가게에서 막걸리 세 통을 구해 회화나무

할베 발등에 부어주고 달빛 미끄러지는 덕수궁 돌담길을 걸어 내려” 오게 된다. 그리고 그의 걸음 걸이에는 “울퉁불퉁한 세상살이가 끝내 염려스러워 실루엣으로 한없이 내 발자국을 따라오는 아버지 긴 그림자”가 있게 되고, 그리고, 그의 아버지의 그림자가 그의 미래의 운명을 지켜주게 된다. 아버지는 아버지의 아버지이며, 그 아버지는 또한, 그 아버지의 아버지이다. 아버지는 할아버지가 되고, 그 할아버지는 머나먼 최초의 종족창시자가 된다. 막걸리 세 통은 그 조상에 대한 숭배의 제물이며, 그 노거수의 생명을 촉진시켜주는 영양제이다. 그 '천사적 사랑' 앞에, 그 아버지의 천사적인 사랑이 얹혀지고, 이「회화나무 평전」은 그 대미를 장식하게 된다.

늙은 회화나무 한 그루, 굽은 허리를 쇠기둥에 기대어 쉬고 있다 가슴 한켠 시멘트로 채워진 무거운 노구 이끌고 남쪽으로만 길을 내는 곁가지들 건들기만 해도 툭- 부러진다.

절벽처럼 땜질한 저 늙은 가슴이 왠지 낯설지 않다.

항아리 속 같은 어둠 열어보면 위암 말기판정을 받은 내 아버지 부고장이 다시 와 있을 것 같다 열렸다 닫힌 몸 위로 스테이플러가 꾹꾹 밟고 지난 수술자국 따라 들어가면 아버지 손때 묻은 족보가 묻혀 있을 것 같다.

노거수老巨樹 아래 떨어진 나무토막을 집어 들었다 아버지가 쓰시

던 몽당연필 같고 부러진 안경다리 같은 나뭇가지를 호주머니에 넣었
다 애기가 애기를 낳았다며 내 볼 쓰다듬어주시던 까칠한 그 손가락
이 만져진다.

　　근처 구멍가게에서 막걸리 세 통을 구해 회화나무 할베 발등에 부
어주고 달빛 미끄러지는 덕수궁 돌담길 걸어 내려온다 울퉁불퉁한 세
상살이가 끝내 염려스러워 실루엣으로 한없이 내 발자국을 따라오는
아버지 긴 그림자,

이 세상에서 가장 어렵고 힘든 것은 우리 인간들의 삶인 것이다.
도처에 언덕이 있고, 도처에 함정이 있으며, 도처에 벼랑이 있다. 또
한, 도처에 약육강탈이 있고, 도처에 엉망진창이 있으며, 도처에 권
모술수가 있다. 그 울퉁불퉁한 이 세상의 험로險路가 염려스럽지 않
은 이 세상의 아버지가 어디 있겠으며, 그 삶의 고비 고비마다 아버
지인 신에게 의지하지 않는 자식이 어디에 있겠는가? '실루엣'은 본
디 초상화를 검은 빛으로 그렸다는 데서 온 말이고, 그 구체적인 뜻
은 다음과도 같다.

　　1. 윤곽안을 검은 빛으로만 그린 그림자;
　　2. 그림자 그림으로만 표현한 영화;
　　3. 복식服飾에서 옷의 전체적인 외형을 이르는 말;

　　윤영숙 시인의 「회화나무 평전」은 '실루엣 기법'을 잘 살린—또는

'우의적 기법'을 잘 살린—'흑백시화黑白詩畫'이며, 이 세상에서 가장 아름다운 부녀간의 사랑의 드라마라고 하지 않을 수가 없다.

아버지는 전지전능한 신이고, 태양이며, 그 모든 것이다.

나는 마지막으로 이 세상에서 부자간의 가장 아름다운 명장면을 연출해놓은 셰익스피어의 「헨리 6세」의 한 대목을 소개하고자 한다.

> **탤버트** 아, 너 존 탤버트, 내가 너를 부른 것은 너에게 전술을 가르쳐 주고, 설사 너의 애비가 노령으로 수족도 못 쓰고 맥없이 앉아서 죽음만을 기다리게 되더라도 탤버트의 이름이 너 안에 소생하기를 바라서였다. 허나 아, 이 무슨 나쁜 운성運星의 장난이냐! 네가 찾아든 곳은 죽음의 향연 속, 무서운 위험을 피할 수 없게 됐다. 그러니 애야, 나의 제일 빠른 말에 올라 타라. 그러면 단숨에 달려서 이곳을 빠져나갈 길을 가르쳐 주겠다.
>
> **존** 그럼 제가 머물러 있겠으니, 아버님이 도망치십시오. 아버님의 죽음은 국가의 중대사입니다. 그러니 목숨을 소중히 하십시오. 아무런 값어치도 없는 저는 죽어도 괜찮습니다. 저 같은 걸 죽여봐야 프랑스군은 자랑도 될 수 없지만, 아버님이 죽으면 적의 자랑이 될 뿐 아니라 모든 희망이 죽음입니다. 여기서 도망치셔도 아버님의 지금까지의 명예가 더럽혀질 리가 없지만, 아직 아무런 공적도 없는 저의 경우는 큰 치욕이 됩니다. 아버님이 도망치면 기회를 기다리기 위해서일 거라고 사람들은 말하겠지만, 제가 도망치면 겁이 나서 그런 거라고 틀림없이 모두 말할 것입니다. 첫 싸움에서 겁을 먹고 도망친대서야 제게는 영원히 싸움에 이겨 볼 가망은 없습니다. 이렇게 무릎을 꿇고 부

탁합니다. 저를 명예스럽게 죽게 해 주십시오. 치욕을 짊어지고 살아 있기는 싫습니다.

탤버트 네 어머니의 희망을 한 무덤 속에 묻어 버리겠다는 거냐?

존 네, 어머니에게 몹쓸 자식을 낳았다는 소리를 듣게 하는 것보다는 낫습니다.

탤버트 그러냐, 그럼 여기서 작별해 두자. 꽃같은 너의 생명이 오늘 오후 지고 말아야 하는구나. 자 가자, 생사를 같이 하자. 그리고 죽으면 이 프랑스에서 하늘로 두 영혼이 나란히 날아가자.

명
시
·
70

유종인
염색

나보다 앞서 세는 아내의 머리를
새벽에 염색해준다

안개가 피어오르듯
검은 머리카락 사이에
모래톱의 흰 왜가리들처럼 외발로 서서 졸고 있는
흰 머리카락들, 고개를 들기 전에
깜장 물 들여 검은머리물떼새로 바꿔놓는다

잠시 잠깐 그렇게 속여두어야 한다
흰 왜가리 떼가 눈을 뜨고 제 몸빛을 찾아 두리번거릴 때까지
검은머리물떼새를 머리에 얹고
저 거리와 시장을 젊은 피로 누빌 아내를 위해

새벽에 하는 아내의 염색은
하느님도 눈감아주어야 한다
부처님이 머리 기른 제자를 두지 않듯이
박박 삭발해버린 미련은 늘 머리카락으로 치렁치렁해지는 것
깨닫는 머리와 흐느끼는 머리카락 사이에
써레질하듯 염색약을 비벼대는 빗 하나 들고

창밖을 보면
허공을 잘 빗으며 내리는 빗줄기,
늙지 않게 물들이지 않아도 될 머리카락이
참 길게도 끊어 내린다

— 『염색』, 창비, 2007년

유종인 시인은 1968년 인천에서 태어났고, 1996년 『문예중앙』으로 등단했다. 2003년 《동아일보》 신춘문예에 시조가 당선되었고, 시집으로는 『아껴먹는 슬픔』과 『교우록』 등이 있다. 그의 「염색」은 실존주의적인 토대 위에서 '인생의 무상함'을 노래하고 있는 시이면서도, 그러나 그 인생의 무상함을 넘어서서, 아름답고 풍요로운 삶을 길어 내려는 안간힘의 소산이라고 해도 과언이 아니다. 염색이란 무엇인가? 이때의 염색은 옷감 등에 대한 염색이 아니라, 머리털을 염색하는 것을 뜻한다. 머리털의 염색이 왜 필요한 것인가? 머리털의 염색은 고대 이집트에서 로마시대까지, 아니, 고대 로마시대로부터 이 21세기까지 있어 왔고, 우리 한국인들의 입장에서 바라보면 그것은 노화의 현상과 관련이 있다. 오늘날은 영상매체의 시대이고, 그 노화의 현상과는 상관없이 머리털을 다양하게 형형색색으로 염색하는 것이 유행이기는 하지만, 유종인 시인의 염색은 흰머리카락을 검게 물들이는 것과 관련이 있는 것이다. 검은 머리카락이 하얗게 세는 현상은 "모발로부터 멜라닌 세포"가 사라지는 현상 때문이며, 그것의 원인으로는 노인성과 장년성과 선천성과 함께, 그리고 마지막으로 후천성과 약물 및 화학물질에 의한 반응 때문이라고 한다. 『두산 백과사전』에는 그 머리카락이 하얗게 세는 현상을 다음과 같이 설명해놓고 있다.

① 노인성 : 모근의 멜라닌 세포에 존재하는 티로시나제tyrosinase라는 효소의 활성도가 점차 줄어들면서 나타난다. 대개 40~50대에 나타나기 시작하지만 20대나 30대 초반에 나타날 수도 있으며, 머리카락에 제일 먼저 나타나고 이어 코털·눈썹·속눈썹 순서로 나타난다. 탈모현상과 밀접한 관계는 없고 특별한 치료법도 없다.

② 장년성 : 흔히 '새치'라고 하며 뒷머리나 옆머리에 드문드문 나타난다. 상염색체 우성으로 유전일 수도 있고 조로증과 같은 조발연령증후군과 연관되어 나타날 수도 있지만 원인은 잘 알려져 있지 않다.

③ 선천성 : 태어나면서부터 온몸의 색소가 부족해 나타난다.

④ 후천성 : 피부에 흰반점이 생기는 심상성 백반이 머리에 발생하면 해당 부위의 모발은 흰머리가 될 수 있는데 백반증 환자의 약 10~50% 정도에서 나타난다. 치료법은 심상성 백반증과 같다. 그밖에 철분이나 아연 등의 영양결핍, 악성빈혈, 궤양성대장염, 괴사성장염 등의 질환이 있는 경우에도 나타날 수 있다. 또 원형탈모증의 한 증세로 모발의 색이 갑작스레 빠져 생길 수도 있다.

⑤ 약물 및 화학물질에 의한 경우: 클로로킨chloroquin이나 하이드록시클로로킨hydroxychloroquin 등이 흰머리를 유발할 수 있으며, 트리파

라놀triparanol 같은 약물에 의해서도 생기는 것으로 알려져 있다.

다시 말해서, 검은 머리가 하얗게 세는 현상은 부모와 조부모에서 비롯된 유전적 요인과 20대에 접어들어 멜라닌 색소의 생산이 완전히 정지되기 때문일 수도 있고, 그밖의 질병과 정신적 충격, 약물과 화학물질에 의한 반응일 수도 있다. 유종인 시인의 나이가 만 39세이니까, 그의 아내 역시도 40대 전후의 나이로 짐작이 된다. 그 아내는 일상생활의 전선에서 "저 거리와 시장을 젊은 피로" 누비고 다니는 아내이며, "나보다 앞서 세는" 머리카락을 지닌 아내이다. 그 아내의 흰머리카락은 장년성의 '새치'이며, 어렵고 힘든 삶에 의한 조로현상일 수도 있는 것이다. 시인은 "나보다 앞서 세는 아내의 머리를/ 새벽에 염색해"주고 있으면서도, 애써 그 안타깝고 짠한 마음을 진정시켜나간다. "안개가 피어오르듯/ 검은 머리카락 사이에/ 모래톱의 흰 왜가리들처럼 외발로 서서 졸고 있는/ 흰 머리카락들, 고개를 들기 전에/ 깜장 물 들여 검은머리물떼새로 바꿔놓는다"라는 시구가 바로 그것이다. 얼마나 마음이 안타깝고 짠했으면 "안개가 피어오르듯/ 검은 머리카락 사이에/ 모래톱의 흰 왜가리들처럼 외발로 서서 졸고 있는/ 흰 머리카락들"이라고 노래했겠으며, 또한 얼마나 마음이 안타깝고 짠했으면 그 흰 머리카락들이 "고개를 들기 전에/ 깜장 물 들여 검은머리물떼새로 바꿔놓는다"라고 노래했겠는가! 왜가리는 황새목 왜가리과의 새이며, 우리나라의 못, 습지, 강, 하구 등에서 단독자로 살거나 2~3마리씩 작은 무리를 지어서 사는 새이다. 등은 회색이고 아랫면은 흰색, 가슴과 옆구리에는 흰색 세로줄무늬가 있다. 검은머리물떼새는 도요목 검은머리물떼새과이며, 강의 하구나 바닷가에서 사는 겨울 철새이다. 이마와 목이 검정색이며 부리와 다리는 붉은 새이다. 유종인 시인의 「염색」에서 흰 왜가리와 검은머리물떼새는 그 흰색과 검은색의 선명한 대비 이외에도, 노화의 현상인 '새치'를 넘어서서, 검은머리물떼새가 지시하고 있는 비상의 날갯짓을 위해서 동원된 이미지들이라고 할 수가 있다. 흰 왜가리는 은폐의 대상이고, 검은머리물떼새는 드러냄의 대상이다.

  유종인 시인은 그의 아내의 머리를 이른 새벽에 염색을 해주면서, 흰 왜가리에 대한 기억은 지워버리고 검은머리물떼새만을 떠올려 본다. 왜냐하면 흰왜가리는 노화의 상징이지만, 검은머리물떼새는 젊음의 상징이기 때문이다. 하지만, 그러나, 자연의 입장에서 바라보면 흰 머리카락은 자연스러운 일이고, 검은머리카락은 인위적인 것에 지나지 않는다. 한 개인의 탄생과 성장과 늙음과 죽어감은 자연스러운 순리이지만, 그 흰 머리카락을 검게 염색하는 것은 인위적이며 부자연스러운 일에 지나지 않는다. 하지만, 그러나, 그 개인의 나이와 시대와 환경, 그리고 그가 맡은 역할과 능력에 따라서, 때로는 그 인위적인 일이 더욱더 자연스러운 일이 될 수도 있고, 그 자연스러운 일이 더욱더 부자연스러운 일이 될 수도 있는 것이다. 만일, 그렇다면, 유종인 시인의 아내는 어떠한 아내일까? 그는 신새벽부터 "저 거리와 시장을 젊은 피로 누빌 아내"이며, 무능한 시인(남편)을 대신해서 온 가족의 생계를 다 담당해야만 하는 아내이다. 만일, 그렇다면, 그의 때 이른 노화 현상에 의하여 모든 손님들이 다 떨어져나가고, 그리고, 그의 가족들의 삶의 근거가 송두리째 뿌리가 뽑혀버린다면 어떻게 할 것이란 말인가? 그러니까 유종인 시인과 그의 아내는 "잠시 잠깐 그렇게 속여두어야 한다/ 흰 왜가리 떼가 눈을 뜨고 제 몸빛을 찾아 두리번거릴 때까지/ 검은머리물떼새를 머리에 얹고/ 저 거리와 시장을 젊은 피로 누빌 아내를 위해"라고 절규하고 있는 것이며, 또한 "새벽에 하는 아내의 염색은/ 하느님도 눈감아주어야 한다/ 부처님이 머리 기른 제자를 두지 않듯이/ 박박 삭발해버린 미련은 늘 머리카락으로 치렁치렁해지는 것/ 깨닫는 머리와 흐느끼는 머리카락 사이에/ 써레질하듯 염색약을 비벼대는 빗 하나 들고"라고 절규하고 있는 것이다. 열흘을 굶어서 도둑질을 하지 않을 사람은 하나도 없고, 두 눈을 시퍼렇게 뜨고 자기 밥그릇을 빼앗기거나 잃어버릴 바보도 없다. "잠시 잠깐 그렇게 속여두어야 한다"라는 시구와 "새벽에 하는 아내의 염색은/ 하느님도 눈감아주어야 한다"라는 시구는 생존의 위기에 내몰린 자의 벼랑끝의 전술이며, 이 벼랑끝의 전술은 도덕 너머에 있는 것이다. 도덕은 삶을 질식시키고, 도덕은 그 주체자들을 생존의 위기로 내몰아 버린다. 하지만 그 도덕을 넘어서면 흰 머리카락이 검은 머리카락으로 변모되고, 백색의 왜가리가 그 종적을 감춘 채, 검은머리물떼새가 그 비상의 날갯짓을 가장 아름답고 찬란하게 펼쳐나갈 수도 있는 것이다.

　하지만 유종인 시인은 그 도덕에서 결코 자유롭지 못하고, 그 도덕으로 인하여 양심의 가책을 갖게 된다. 왜냐하면 이른 새벽에, 그 어느 누구도 모르게 하는 아내의 염색은 타인을 속이고, 심지어는 하나님도 속이는 일에 해당되기 때문이다. 아내는 이제 어쩔 수 없는 중년의 여성이며, 모든 세인들의 관심으로부터 멀어질 그런 중년의 여성에 지나지 않는다. "잠시 잠깐 그렇게 속여두어야 한다"라는 시구와 "새벽에 하는 아내의 염색은/ 하느님도 눈감아주어야 한다"라는 시구는 공동체 사회의 구성원으로서 그 양심의 가책의 소산이기도 한 것이다. 거기에는 아내에 대한 안타깝고 짠한 마음도 들어 있고, 무능한 시인으로서의 한없는 부끄러움과 자괴감도 들어 있다. 또한, 거기에는 그의 가족들의 생존과 생계의 정당성도 들어 있고, 타인을 속인다는 것에 대한 양심의 가책도 들어 있다. 만일, 그렇다면 "부처님이 머리 기른 제자를 두지 않듯이/ 박박 삭발해버린 미련은 늘 머리카락으로 치렁치렁해지는 것"이라는 시구는 무엇을 뜻하고 있는 것이며, "깨닫는 머리와 흐느끼는 머리카락 사이에/ 써레 질하듯 염색약을 비벼대는 빗 하나 들고"라는 시구는 또한, 무엇을 뜻하고 있는 것이란 말인가? "부처님이 머리 기른 제자를 두지 않듯이/ 박박 삭발해버린 미련은 늘 머리카락으로 치렁치렁해지는 것"이라는 시구는 부처님의 제자처럼 입산속리하여 구도자의 길을 가고 있으면서도 이 세상의 삶에 대한 미련이 남아 있다는 뜻일 것이다. 입산속리와 구도자의 길 사이에는 그러나 보통 사람들과 함께 하는 세속적인 욕망이 남아 있는 것이고, 우리는 그것을 '미련'이라고 부르고 있는 것이다. '깨닫는 머리'는 구도자의 삶을 살아가지 못하는 것에 대한 심리적인 반응이고, '흐느끼는 머리카락'은 자연의 삶을 살아가지 못하는 것에 대한 심리적인 반응—절망감의 표현—이라고 할 수가 있다. 왜, 그는 아내의 염색을 해주며 성속의 문제를 따지고, 또, 그것을 구도자의 삶과 관련시켜 보는 것일까? 왜냐하면 머리카락이 세는 것은 자연스러운 일이며, 그것을 염색하는 것은 인위적인 일이기 때문이다. 머리카락이 세는 것은 정상적인 사회인의 삶이고, 머리카락을 염색하는 것은 비정상적인 구도자의 길과도 같은 것이다. 머리카락을 삭발하거나 염색하는 것은 구도자의 길―왜냐하면 그것이 인위적이기 때문이다―이고, 머리카락을 기르거나 하얗게 세는 것은 이 세상의 일상인의 삶―왜냐하면 그것이 자연스러운 일이기 때문이다―이다. 도덕적인 삶은 인위적인 삶이며, 세속적인 삶은 자연스러운 삶이다. 이 싸움은 성과 속의 싸움이며, 출가수도자와 재가수도자의 싸움이라고 하지 않을 수가 없는 것이다.

유종인 시인은 「염색」이라는 가장 아름답고 뛰어난 시를 통해서, 성속의 문제와 도덕의 문제를 매우 깊이 있게 따져보며, '인생의 무상함'을 극복하고자 이처럼, 흐느끼고 있는 것인지도 모른다. 이 세상의 모든 욕망을 비우고 입산속리를 할 것인가, 그렇지 않으면 이 세상의 욕망 속에서 구도자의 삶 따위는 아예 거들떠 보지도 않을 것인가? 또한, 때 이르게 세어버린 머리카락을 염색을 할 것인가, 그렇지 않다면, 그것을 자연의 순리로 받아들이고 하얗게 센 머리카락으로 살아갈 것인가? 유종인 시인의 "깨닫는 머리와 흐느끼는 머리카락 사이"에는 바로 그러한 고통이 진하게 배어 있는 것이며, 우리는 유종인 시인의 「염색」의 시적 위대성이 바로 그 고민의 깊이에서 솟아나온다고 생각한다. 자연은 인간을 야만인으로 만들고, 문화는 인간을 그 인간 자체의 진정성으로부터 격리시킨다. 유종인 시인의 「염색」은 심정적으로는 자연의 삶에 침윤되어 있고, 현실적으로는 문화의 삶에 침윤되어 있다.

창밖을 보면

허공을 잘 빗으며 내리는 빗줄기,

늙지 않게 물들이지 않아도 될 머리카락이

참 길게도 끊어 내린다

유종인 시인의 "창밖을 보면/ 허공을 잘 빗으며 내리는 빗줄기/ 늙지 않게 물들이지 않아도 될 머리카락이/ 참 길게도 끊어 내린다"라는 마지막 시구는 자연 그 자체의 삶에 대한 경이이며, 생사를 초월하고 싶은 그의 소망이 깊이 있게 각인되어 있다고 하지 않을 수가 없는 것이다. 인생은 덧없고 무상하다. 그러나, 그러나, 때 이르게 아내의 머리카락이 하얗게 세게 되면, "흰 머리카락들, 고개를 들기 전에/ 깜장 물 들여 검은머리물떼새로 바꿔"놓지 않으면 안 된다. 또, 그리고, "새벽에 하는 아내의 염색은/ 하느님도 눈감아" 주지 않으면 안 된다.

| 명
| 시
| ·
| 71

조영심
목련

목련 한 그루
올해도 한 상 걸게 차려 놓고 있다

땅기운 채 풀리기도 전에
크고 작은 하얀 접시들을 챙기더니
남쪽 끝에서 올라온 냉이
살짝 데쳐 된장에 버무려 놓고
새콤하게 묻힌 고들빼기
참취, 곰취, 개미취 어린잎도 데쳐 무치고
끓는 물에 살짝 데친 두릅 옆에 초고추장
생으로 무치고, 데친 미나리나물
쌉쏘름한 달래 버무림
돌나물을 넣어 시원한 물김치
머루 잎자루를 삶아, 볶음, 조림, 짱아찌며

그릇마다 쌀밥 소복하게 담아놓고
맑은 된장국 쑥향이 가득하다

풀은 아무 것이나 뜯어 먹어도
약이 된다는 이른 봄날
남녘에서 올라온 햇살이며 바람이며
데치고 버무려,
한 상 가득 차려놓고 있다

— 『애지』, 2007년, 겨울호

시의 세계는 진정성의 세계이고, 진정성의 세계는 발가벗음의 세계이며, 진실이 진실 그 자체로 살아 움직이는 세계이다. 그 세계는 무기교의 기교의 세계이며, 그 삶의 진정성에 의하여 만인의 심금을 울릴 수 있는 감동의 메아리가 울려 퍼지게 된다. 왜냐하면 우리가 우리들의 인생을 재주나 기교로 살아가는 것이 아니듯이, 시는 삶 자체가 되지 않으면 안 되기 때문이다. 시인은 자기 자신에세 가장 정직해야 하고, 자기 자신에게 가장 소중한 것, 가장 하고 싶은 것, 그리고 가장 아프고 쓰라린 것 등을 한 줌의 숨김도 없이 사실 그대로 드러내지 않으면 안 된다. '잃은 것은 삶의 진실이요, 얻은 것은 공허한 말장난이다'의 세계가 시적 기교의 세계라면, '얻은 것은 삶의 진실이요, 아낌없이 버린 것은 공허한 말장난이다'의 세계는 무기교의 기교의 세계라고 할 수가 있다. 무기교의 기교의 세계는 진정성의 세계이며, 모든 기교를 터득하고, 그 기교의 한계를 뛰어넘은 세계라고 할 수가 있다. 그는 자기 자신의 알몸과 치부마저도 드러내 보임으로써 자기 자신을 해방시킨 자유인이며, 이 세상을 더욱 더 아름답고 풍요롭게 살아가는 예술적 인간이다.

그대는 삶의 풍요의 상태에서 시를 쓰는가? 아니, 이와는 정반대 방향에서 삶의 빈곤의 상태에서 시를 쓰는가? 전자의 시인은 이 세상의 고통과 슬픔마저도 더욱더 아름답게 미화시키며 그 고통과 슬픔의 공간마저도 더욱더 아름답고 풍요롭게 살아가는 자유인이며, 그렇지 못한 시인은 고통과 슬픔 속에 갇혀서 이 세상의 삶을 더욱 더 고통스럽고 슬프게 살아가는 수형인受刑人에 지나지 않는다.

조영심 시인은 전라북도 전주에서 출생했고, 전주대학교 영어영문학과를 졸업했다. 2007년도에, 계간시전문지『애지』를 통해서 등단했고, 현재 여수정보과학고등학교의 영어교사로 재직 중이다. 그는 언어를 자유 자재롭게 구사하는 능력과 그 언어로써 시적 이야기를 구성할 수 있는 능력을 지닌 시인이라고 할 수가 있다. 상상력이 새로우면 새로운 세계가 펼쳐지게 되고, 상상력이 새롭지 못하면 진부한 세계가 펼쳐지게 된다. 그의「목련」은 아름답고 멋진 상상력의 세계이며, 그 상상력이 새로운 봄을 창조해놓고 있는 세계라고 할 수가 있다. 그는 언어에 구속되어 있지 않고 그 언어의 자유를 살고 있다. 봄은 희극의 계절이고, 가을은 비극의 계절이다. 여름은 로만스의 계절이고, 겨울은 아이러니와 풍자의 계절이다. 희극의 세계는 조화의 세계이며, 따라서 만물이 소생하는 봄이 그 희극의 성격에 더 어울리는 무대라고 할 수가 있다. 비극의 세계는 부조화의 세계이며, 따라서 고귀하고 위대한 인간의 죽음을 뜻하는 가을이 그 비극의 성격에 더 어울리는 무대라고 할 수가 있다. 로만스의 세계는 이상의 세계이며, 따라서 푸르디 푸른 여름이 그 로만스의 성격에 더 어울리는 무대라고 할 수가 있다. 아이러니와 풍자는 기괴하고 음산한 세계이며, 모든 만물들의 죽음을 뜻하는 겨울이 그 아이러니와 풍자의 성격에 더 어울리는 무대라고 할 수가 있다. '봄은 희극의 계절이고, 가을은 비극의 계절이다. 여름은 로만스의 계절이고, 겨울은 아이러니와 풍자의 계절이다'라는 노드롭 프라이의 말을 전폭적으로 지지해줄 수는 없지만, 어쨌든 봄은 희극의 계절이라는 그의 말에 나는 나의 입을 맞추어 본다. 하지만, 그러나, 이때의 희극은 거짓 화해나 가짜 화해의 세계에 맞닿아 있지 않은데, 왜냐하면 나는 그 희극의 통속적인 천박성을 뛰어넘어서, 만물이 소생하는 봄에 그 초점을 맞추고 있기 때문이다.

  봄의 여성은 계절이고, 가을은 남성의 계절이다. 봄은 꽃의 계절이며, 가을은 수확의 계절이다. 사나운 눈보라와 사나운 추위가 한풀 꺾이고 보면, 잎보다 먼저 피는 개나리와 진달래와 매화와 목련이 그 봄소식을 알리게 된다. 개나리, 진달래, 매화, 목련 중에서 목련이 가장 아름답고 눈 부시며, 나는 이곳 대전의 연구단지에서 그 목련꽃길을 해마다 걸어보는 기쁨과 즐거움을 만끽하면서 살아가고 있다. 이제 목련은 이상기온 현상 때문인지 삼월 이십일 경이면 그 하얀꽃을 피우고, 10m 내외의 그 목련나무들은 마치, 백의의 천사들처럼 이 세상에서 가장 빨리 봄소식을 전해주고 있는 것이다. 목련의 꽃잎은 6~9개이며 긴 타원형이고, 기부는 연한 홍색이며 진한 향기가 있다. 3개의 꽃받침 조각은 선형으로 꽃잎보다 짧으며 일찍 떨어지게 된다. 조영심 시인은 그 목련꽃을 보고, "목련 한 그루/ 올

해도 한 상 걸게 차려 놓고 있다"라고 노래하고, "땅기운 채 풀리기도 전에/ 크고 작은 하얀 접시들을 챙기더니"라고 노래한다. 목련꽃은 하얀 접시가 되고, 목련나무는 진수성찬의 밥상이 된다. 왜냐하면 긴 타원형의 목련꽃은 접시와도 유사하고, 한 그루의 목련나무는 진수성찬의 밥상과도 유사하기 때문이다. 왜, 목련 한 그루는 온갖 봄나물들로 진수성찬을 차려놓고 있는 것이며, 그 목련나무는 어느 누구를 초대해놓고 있는 것일까? 그 진수성찬의 세목들은 무엇이며, 그 밥상의 궁극적인 의미는 무엇일까? 목련은 모든 병을 치유해주는 백의의 천사이며, 우리 인간들을 멋진 신세계로 인도해주는 봄의 전령사이다. 사나운 눈보라와 사나운 추위 속의 겨울은 죽음의 계절이며, 그 죽음의 계절을 빠져나온 우리 인간들은 모두들 지치고 나약해질 대로 나약해져 있었던 것인지도 모른다. 따라서 목련 한 그루는 "땅기운 채 풀리기도 전에/ 크고 작은 하얀 접시들을" 챙겨서, "올해도 한 상 걸게 차려 놓고" 있을 수밖에 없었던 것이다. "땅 기운 채 풀리기도 전에"라는 시구는 가장 이른 봄을 뜻하고, "올해도 한 상 걸게 차려 놓고 있다"라는 시구는 온갖 봄나물들의 진수성찬을 의미한다. 그 진수성찬은 죽음의 계절을 빠져나온 모든 인간들을 위한 밥상인데, 왜냐하면 봄은 만물이 소생하는 조화의 계절이기 때문이다. 봄은 삶의 계절이며, 모든 만물들의 삶에의 의지를 북돋아주고, 그 구체적인 '의지의 꽃'을 터뜨리는 계절이다. 봄은 새들이 노래하고, 모든 만물들이 꽃을 피우고, 벌과 나비들이 춤을 추고, 기나긴 동면기에 접어들었던 인간들이 밭을 갈고 씨앗을 뿌리는 희극의 계절이다. 목련은 백의의 천사이며, 봄의 전령사이다. 그 목련은 나약하고 병든 인간들을 위하여 진수성찬을 차려놓고, 그 인간들의 삶에의 의지를 북돋아주며, 그 인간들을 새롭고 멋진 신세계로 인도해주고 있는 것이다. 그 진수성찬의 세목들은,

> 땅기운 채 풀리기도 전에
> 크고 작은 하얀 접시들을 챙기더니
> 남쪽 끝에서 올라온 냉이
> 살짝 데쳐 된장에 버무려 놓고
> 새콤하게 묻힌 고들빼기
> 참취, 곰취, 개미취 어린잎도 데쳐 무치고
> 끓는 물에 살짝 데친 두릅 옆에 초고추장
> 생으로 무치고, 데친 미나리나물
> 쌉쏘름한 달래 버무림
> 돌나물을 넣어 시원한 물김치
> 머루 잎자루를 삶아, 볶음, 조림, 짱아찌며
> 그릇마다 쌀밥 소복하게 담아놓고
> 맑은 된장국 쑥 향이 가득하다

라는 시구에 나타나 있으며, 그 밥상의 궁극적인 의미는 그 구성원들의 동체성 보존 이외에도 삶에의 의지의 구체적인 발현이라고 할 수가 있는 것이다. 만일 그렇다면, 식욕이 먼저인가, 아니, 그렇지 않다면 성욕이 먼저란 말인가? 자기 자신의 동체성의 보존이라는 점에서는 식욕이 먼저이고, 종의 보존이라는 점에서는 성욕이 먼저이

다. 하지만, 그러나, 식욕과 성욕은 둘이 아닌 하나이며, 그 식욕 속에는 성욕도 들어 있다고 보지 않으면 안 된다. 왜냐하면 자기 자신의 동체성의 보존이 곧바로 종의 보존이기도 하기 때문이다. 식욕과 성욕은 다같이 구체적인 삶에의 의지이며, 그 욕망(본능)들로 인하여 우리 인간들의 종의 보존과 그 역사가 전개되고 있기 때문이다. 식욕은 성욕이고, 성욕은 식욕이다. 음식물은 단순히 우리 인간들에게 영양분만을 제공해주는 것이 아니라, 우리 인간들을 살아 움직이게 하고, 사색과 사유를 하게 하며, 또, 그리고, 인간의 역사를 가능하게 하는 근본적인 에너지이기도 한 것이다. 조영심 시인의 밥상은 시골밥상이며, 자연의 밥상이고, 그 이름만 들어도 저절로 군침이 도는 밥상이라고 하지 않을 수가 없다. "남쪽 끝에서 올라온 냉이"는 흔히들 '나생이', '나숭게'라고 부르기도 하지만, 그 어린 순과 잎은 그 뿌리와 함께, 이른 봄을 장식하는 대표적인 봄나물이라고 할 수가 있다. 냉잇국은 그 어린 순과 잎과, 또, 그리고 그 뿌리도 함께 넣어야 제맛이 나고, 비타민 B1과 C가 풍부하다고 한다. 한의학에서 냉이는 모든 부분을 약재―제채薺菜라고 한다―로 쓰이기도 하며, 이뇨, 지혈, 해독 등에 그 효능이 있다고 한다. "새콤하게 묻힌 고들빼기"는 무엇이며, "참취, 곰취, 개미취"는 무엇인가? 고들빼기는 국화과의 두해살이풀이며, "참취, 곰취, 개미취"는 국화과에 속하는 산나물이다. 고들빼기의 어린 잎과 뿌리는 김치를 담그거나 나물로 먹으며, 취나물은 단백질, 칼슘, 인, 철분, 비타민 B1, B2, 니아신 등이 함유되어 있는 알칼리성 식품으로 그 맛과 향이 뛰어난 것이 그 특징이라고 할 수가 있다. 두릅은 무엇이며, 미나리나물은 무엇이고, 달래는 무엇인가? 두릅은 '목말채', '모두채'라고 하며 독특한 맛과 향이 있는 산나물이며, 미나리는 독특한 풍미가 있는 알칼리성 식품으로 습지에서 자라고 논에서 재배하는 나물이고, 달래는 '소산小蒜', '야산野蒜', '산산山蒜' 등이라고 하며, 알리신이 들어 있어 약간 매운 맛이 난다. 돌나물은 무엇이고, 머루 잎자루는 무엇이며, 쑥은 무엇인가? 돌나물은 장미목 돌나물과의 여러해살이풀이며, 잎은 육질이고, 봄철에 물김치를 담거나 겉절이를 해먹는 나물이고, 머루 잎자루는 포도과의 덩굴식물이며, 아마도 전라도 지방에서는 "볶음, 조림, 장아찌"를 해먹는 나물인 모양이고, 쑥은 국화과의 다년초로서 우리나라의 산과 들에서 가장 흔한 봄나물 중의 하나이다. 냉이, 고들빼기, 취, 두릅, 미나리, 달래, 돌나물, 머루 잎자루, 쑥향 등은 대한민국의 대표적인 봄나물들이며, 그 이름들만으로도 우리 한국인들의 입맛을 돋구게 된다. 그 봄나물들에다가 된장과 초고추장이 어우러지고, 또한 물김치와 하얀 쌀밥만이 있으면 우리 한국인들은 언제, 어디서나 금강산의 풍광을 즐길 수가 있는 것이다. '금강산의 구경도 식후경'이라는 말이 있지만, 목련 한 그루, 혹은 조영심 시인이 차려놓은 자연의 밥상은 그 자체가 보약이 되고, 삶에의 의지가 되고 있는 것이다. 진수성찬의 자연의 밥상은 삶에의 의지의 구체적인 발현이며, 우리 인간들의 역사를 가능하게 하는 근본적인 에너지이기도 한 것이다. 목련 한 그루의 밥상은 가장 아름답고 멋진 밥상이며, 너와 내가 아름답고 정겨운 이야기를 나눌 수 있는 자연의 밥상이기도 한 것이다. 거기에는 남쪽 끝에서 올라온 냉이도 있고, 새콤하게 무친 고들빼기도 있고,

참취, 곰취, 개미취도 있다. 또한 살짝 데친 두릅과 미나리나물도 있고, 쌉쏘름한 달래버무림과 돌나물도 있다. 또, 그리고 머루 잎자루를 삶은 볶음과 조림과 장아찌도 있고, 맑은 된장국의 쑥향도 있고, 우리 한국인들의 주식主食인 쌀밥도 있다. 자연의 밥상은 진정성의 밥상이며, 만인 평등의 밥상이다. 자연의 밥상 앞에서는 만인이 평등하고, 자연의 밥상 앞에서는 모든 인간의 갈등이 해소되고, 너와 내가 손에 손을 맞잡고, 아름답고 멋진 지상낙원을 살아가게 된다. 봄은 희극의 계절이며, 조화의 계절이다. 조화는 만물의 아버지이며, 우리 인간들은 그 조화를 통해서 아름답고 행복한 삶을 살아가게 되어 있는 것이다.

> 풀은 아무 것이나 뜯어 먹어도
> 약이 된다는 이른 봄날
> 남녘에서 올라온 햇살이며 바람이며
> 데치고 버무려,
> 한 상 가득 차려놓고 있다

  조영심 시인의 「목련」은 그의 인문주의가 피워낸 꽃이며, 그의 진정성이 피워낸 꽃(시)이라고 하지 않을 수가 없다. 그의 「목련」은 바슐라르의 말대로, '세계의 열림이며 세계의 초대'인 것이다.
  목련꽃에서 크고 작은 하얀 접시들을 상상해내고, 봄나물들의 진수성찬을 차려놓은 조영심 시인에게는 늘, 항상, 시신詩神의 은총이 깃들게 될 것이다.

자연의 밥상은 그 자체가 보약이며, 우리 인간들의 종의 보존과 그 건강이 약속되어 있는 것이다. 모든 문명과 문화는 이 자연의 밥상에 의해서 꽃 피어난다고 해도 과언이 아니다.
아아, 새로운 상상력이여, 아름답고 멋진 신세계여!

명시 · 72

이영식
낙타사파리

낙타의 몸속에는 지도가 숨어있다
어미젖 떼고 마신 첫물 냄새로 시작하여
사막 곳곳 샘터의 기억을 새겨 넣는다
肉峰
깊숙이 내장된 물의 지도,
낙타의 숫生 출렁이며 발굽을 끌고
모래바다 위 좌표를 찍는다

낙타는 발자국을 지우지 않는다
풀 한 포기 없는 타클라마칸 황사협곡
목숨처럼 찾아 마신 물의 유전자가
골수에 스며들 때쯤
쌍봉낙타 고개 들어 입 거품을 뿜어 날린다
사막의 정령은 그제야 생각난 듯 바람 놓아

발자국을 쓸어 덮는다

낙타는 알라에게 목을 꺾지 않는다
무릎 높고 보폭 좁은 걸음 도도하기 짝이 없다
인간이 세워놓은 아흔아홉 神宮 너머
카멜의 누각, 그 높은
정신을 향해 긴 눈썹이 열린다
깃털 같은 마지막 짐 하나에 넘어지면서도
그들의 별자리에 神聖을 모셔놓았다

낙타사파리를 떠나자
일상의 갈고리에 걸려 비루먹던 나날들
뚝, 떼어 던지고 사막으로 가자
낙타가 길 없는 길을 어떻게 제 몸피 속에 그려 넣는지
그리움 깊으면 십리 밖 물 냄새도 맡을 수 있는지
오래전 우리 꿈에서 빠져나간 몽고반점 같은
물의 지도를 따라가 보자

한입 베어 물고 싶은 날고기 같은 하늘 아래
사막의 시간은 산 채로 씹힐 것이다
날 것 그대로의, 나를 만날 것이다.

─『현대시학』, 2007년, 11월호

현대 민주주의 사회에서 모든 인간들은 대중으로서만 떳떳하며, 사적인 개인으로서는 거짓말을 하고 자기 자신마저도 속이고 다닌다. 그들은 언제나 익명인이며, 그 익명인이라는 달팽이 껍질 속에다가 자기 자신을 숨기고 다닌다. 대중들은 불쾌하고 위험한 일을 싫어하며, 자기 자신보다는 타인들에게 책임전가하기를 더 좋아한다. 돈 많은 부자도 나쁜 사람이며, 명예와 명성이 하늘을 찌를듯이 드높은 유명 인사도 나쁜 사람이고, 모든 시민들 위에 군림하는 절대 권력자도 나쁜 사람이다. 자유와 평등과 사랑은 만물의 척도이며, 그 민주주의 이상을 통하여 그들의 이익을 옹호하고 그 모든 사람들을 단죄하게 된다.
　하지만 한 사람의 자유는 타인들의 자유를 짓밟게 되고, 만인평등은 최소한도의 위계질서마저도 무너뜨리며, 집단과 집단, 가정과 가정, 직장과 직장, 민족과 민족, 특정 종파와 종파 사이에서의 사랑은 그 반대 집단에게는 '밤의 척도'가 되기 쉬우며, 그 무엇보다도 증오와 분노를 불러 일으키게 된다. 자유와 평등과 사랑은 하나의 환상에 지나지 않으며, 현대사회의 대중들은 그 이념의 노예들에 지나지 않게 된다. 그들은 부자와 유명 인사와 지배계급의 인사들 앞에서는 만인평등을 요구하지만, 자기 자신의 호주머니 돈을 털어서 타인들을 돕는 일을 지독하게도 싫어하고, 그가 소속된 국가와 직장과 가정, 즉, 그 사회적 명령 앞에서는 언제나 한 사람의 자유인임을 강조하게 된다. 때때로 대중들은 그들의 공동이익을 위하여 떼거지적인 사고법으로 불법 시위와 파업을 일삼고 있지만, 그러나 그들의 사생활은 완벽한 범죄와 완벽한 허위로 이루어져 있다고 하지 않을 수가 없다. 그들은 기초생활질서를 하나도 지키지 않으며, 분식회계와 탈세를 일삼으며, 그리고 모든 인간관계를 파탄으로 몰아넣는 사행심과 통음난무를 즐기게 된다. 자유와 평등과 사랑이라는 가짜의 이념이 있기 때문에 그 모든 것이 허용되고 있는 것인지도 모른다. 자유란 너무나도 무서운 말인데, 왜냐하면 그 자유에는 책임이 따르게 되어 있기 때문이다. 책임은 도덕적 명령이며, 그 도덕적 명령에는 사회적인 강제의 힘이 내포되어 있는 것이다. 만인평등이란 말도 너무나도 무서운 말인데, 왜냐하면 만등평등 속에는 최소한도의 위계질서마저도 부정하고 있기 때문이다. 무리를 짓는 동물들, 즉, 사회적 동물들의 국가는 이 모든 것이 위계서열적이며, 이 위계서열을 전면적으로 부정을 하게 되면 어떠한 사회구성체도 그 조직의 힘(기능)을 잃어버릴 수밖에 없게 된다. 사랑이란 말도 너무나도 무서운 말인데, 왜냐하면 사랑이라는 말 속에는 만인평등이 내포되어 있기 때문이다. 그러나 인간 차별이 없는 사랑이란 존재할 수가 없고, 그 사랑에 의해서 인간에 대한 혐오가 싹이 트고, 그 혐오에 의해서 크고 작은 다툼과 그토록 잔인한 전쟁이 일어나게 된다.

자유와 평등과 사랑, 이 현대 민주주의 사회의 이념은 완벽한 환상이며, 가짜 진리에 지나지 않는다. 절대적인 것은 병적인 것이고, 따라서 그 이념들을 넘어서는 것이 오늘날 우리 인간들의 영원한 난제라고 하지 않을 수가 없다. 현대 민주주의 사회의 대중들은 그 이념의 노예들이며, 그들은 인간의 자유를 역설하면서도 타인들의 자유를 짓밟고, 만인평등을 주창하면서도 자기 자신만의 특별한 권리와 특별한 특전을 요구하고, 또한, 전인류애적인 사랑을 역설하면서도 그가 소속된 가정과 학교와 정당과 민족만의 배타적인 사랑을 강조하게 된다. 그들은 흐느끼면서도 서로를 속이고, 사랑을 하면서도 서로를 속인다. 섹스를 하면서도 서로를 속이고, 낚시를 하면서도 서로를 속인다. 시민운동을 하면서도, 동업을 하면서도, 함께, 배를 타고 있으면서도, 서로를 속이고, 동일한 정당에서도, 학교에서도, 병원에서도 서로를 속인다. 이 서로가 서로를 속이는 기만적인 관계는 가정에서도, 회사에서도, 국회에서도, 청와대에서도, 군대에서도 변함이 없는 것이다. 모든 인간들은 익명인에 불과하며, 그들은 언제, 어디서나 자기 자신의 얼굴을 숨기고 다닌다. 아니, 어쩌면 우리 인간들은 모두가 다같이 자기 자신의 진짜 얼굴(본질)이 없는 익명인(현상)에 지나지 않는 것인지도 모른다. 완벽한 범죄와 완벽한 허위가 자라나는 이 세상은 불모지대의 사막에 지나지 않으며, 따라서 이 세상의 삶은 언제나 만족이 없는 삶에 지나지 않는다. 사막에서의 삶은 정답이 없는 삶이며, 우리 인간들은 그 끊임없는 갈증 때문에 그처럼 오아시스(지상낙원)를 찾아 헤매고 있는 것인지도 모른다.

이영식 시인은 2000년, 『문학사상』으로 등단한 이후, 『공갈빵이 먹고 싶다』와 『희망 온도』라는 시집을 출간한 시인이기는 하지만, 그러나 그는 대쪽같은 장인 정신으로 무장을 하고, 우리 한국어와 우리 한국인들의 영광을 위하여 쾌속 진군 중이라고 할 수가 있다. 이 「낙타사파리」는 그의 장인 정신의 걸작품이며, 그 장인 정신을 통하여 자기 자신의 정체성을 찾고 아름답고 풍요로운 삶, 즉, 지상낙원의 삶을 연출해내겠다는 의지의 산물이라고 하지 않을 수가 없다. 그의 역설적인 어법에 따른다면 문명인의 삶은 사막 속의 삶에 지나지 않으며, 따라서 자연인의 삶은 오아시스(지상낙원)의 삶이 되고 있다고 하지 않을 수가 없다. 왜냐하면 문명인의 삶은 완벽한 범죄와 완벽한 허위의 삶이기 때문이고, 자연인의 삶은 자연 그대로의 삶이기 때문이다. 문명인의 삶이 사막 속의 삶이고, 사막 속의 삶이 자연인의 삶이다. 사막이란 무엇이고, 오아시스란 무엇인가? 사막이란 다양한 동식물들이 살아가기가 매우 힘든 지역이고, 모든 육지의 10분의 1을 차지하고 있는 지역을 말한다. 사막으로는 한랭사막과 중위도 사막, 그리고 열대사막이 있다. 한랭사막은 그 추위 때문에 식물들이 자라나지 못하는 지역으로 연평균 강우량이 125mm 이하인 지역을 말하고, 중위도 사막과 열대사막은 연평균 강우량이 250mm의 등우량선等雨量線과 일치하는 지역을 말한다. 사막의 종류로는 암석사막과 모래사막과 자갈사막이 있지만, 사막이란 기껏해야 아주 적은 풀과 작은 관목들이 드문 드문 자라나는 불모지대를 가리키게 된다. 오아시스란 사막과도 같은 건조한 지역에서 아주 드물게 물 공급이 지속적으로 이루어져, 우리 인간들과 동식물들의 삶이 가능한 지역을 가리킨다. 넓은 의미에서의 오아시스는 샘 오아시스, 하천 오아시스, 신록 오아시스, 인공 오아시스, 그리고 한대지방에서나 볼 수 있는 온난 오아시스 등을 가리키지만, 좁은 의미에서의 오아시스는 샘 오아시스를 가리키며, 이 샘 오아시스는 지하수가 솟아나와 웅덩이에 괸 것으로 그 규모가 매우 다양하다고 한다. 아무튼 오아시스는 지표면 아래의 풍부한 지하수가 분출되는 곳을 말하고, 이 오아시스를 중심으로 베두인족과도 같은 유목민이 정착을 하게 되고, 이 오아시스를 둘러싸고 수많은 정치적, 군사적인 충돌이 일어나게 되었던 것이다. 오아시스는 사막 속의 지상낙원이며, 이 오아시스가 있기 때문에 아름답고 풍요로운 사막 속의 삶이 가능해지고 있는 것이다.

　이영식 시인의 「낙타사파리」는 문명인의 탈을 벗어던지고, 이 자연인의 삶을 찾아 떠나가는 시라고 할 수가 있다. 사파리란 무엇인가? 사파리란 주로 아프리카 동부에서 성행했던 수렵여행이었지만, 그러나 오늘날에는 자연의 공원에서 차를 타고 다니며 다양한 동물들을 구경하는 것을 말한다. 그러나 이영식 시인의 「낙타사파리」는 그 구경꾼의 입장에서 낙타를 타고 다니며 낙타를 구경하거나 사막을 여행하는 것이 아니라, 그 낙타와 한몸이 된 인간을 그의 이상적인 인간형으로 제시해놓고 있는 것이다. 그 '낙타 인간'은 문명인의 탈을 벗어던진 인간이며, 우리 인간들의 미래의 이상형이라고 하지 않을 수가 없다. 그 미래의 인간은 '낙타 인간'이며, 그는 언제, 어디서나 오아시스를 찾아낼 수 있는 몸속의 지도를 간직하고 있다. 왜냐하면 "어미젖 떼고 마신 첫물 냄새로 시작하여/ 사막 곳곳 샘터의 기억을 새겨" 넣고 있기 때문이다. 낙타는 천부적인 사막 속의 동물인데, 왜냐하면 그 "肉峰" 속에는 "깊숙이 내장된 물의 지도"를 간직하고 있기 때문이다. 낙타는 낙타과 낙타속의 동물이며, 몸길이는 약 3m, 어깨높이는 1.8m에서 2m가 된다고 한다. 낙타는 단봉낙타와 쌍봉낙타의 두 종류가 있으며, 그 등의 봉우리에는 물이 아닌 지방이 저장되어 있고, 여러 개로 나누어진 위장의 벽 속에는 몇 주일 동안이나 견딜 수 있는 물이 저장되어 있다고 한다. 낙타는 사막지대의 기후와 환경에 매우 잘 적응되어 있는 동물이며, 이 훌륭한 신체적 조건 때문에, 그 사막의 열기와 갈증에도 불구하고, 단 한 방울의 물도 마시지 않고 320km나 되는 사막을 거뜬히 횡단할 수가 있다고 한다. 낙타의 발바닥은 접지면적이 넓기 때문에 모래땅을 걸어 다니기에 알맞고, 언제, 어느 때나 콧구멍을 막을 수가 있고, 귀 주위의 긴 털들이 모래 먼지를 막아준다. 또한 등의 혹은 때때로 비상시에는 영양분을 공급해주고, 수많은 위장의 벽 속의 물은 그의 갈증을 해소시켜 준다. 낙타는 사막 속의 주인공이며, 그의 후각은 수 킬로미터의 샘물도 정확하게 찾아낸다. 언제, 어디서나 물과 영양공급이 가능하고, 또한, 언제, 어디서나 오아시스를 찾아낼 수 있는 낙타에게는 불모지대의 사막이 바로 지상낙원이라고 하지 않을 수가 없다. 사막은 더 이상 불모지대가 아니며, 아름답고 풍요로운 삶이 언제, 어느 때나 가능해지고 있는 곳이다.

낙타는 발자국을 지우지 않는다
풀 한 포기 없는 타클라마칸 황사협곡
목숨처럼 찾아 마신 물의 유전자가
골수에 스며들 때쯤
쌍봉낙타 고개 들어 입 거품을 뿜어 날린다
사막의 정령은 그제야 생각난 듯 바람 놓아
발자국을 쓸어 덮는다

이영식 시인의 낙타는 "풀 한 포기 없는 타클라마칸 황사협곡"도 전혀 두려워하지 않고, "목숨처럼 찾아 마신 물의 유전자가/ 골수에 스며"들어도 전혀 걱정을 하지도 않는다. "사막의 정령"이 그의 발자국을 쓸어 덮어도 전혀 두렵지가 않고, 오히려, 거꾸로, 그의 몸속의 지도를 통하여 "길 없는 길"을 마치, 사통팔달의 대로처럼 도도하게 걸어가게 된다. 낙타는 알라신에게도 또한 목을 꺾지 않는다. 알라신은 전지전능한 유일신이며, 세계의 창조주이지만, 그러나 그는 그 알라신을 발밑으로 내려다 보며, "무릎 높고 보폭 좁은 걸음"을 도도하기 짝이 없게 옮겨 놓게 된다. 이 세상에서 가장 무거운 짐을 짊어지고, 그 불모지대의 사막 속을 당당히 걸어갈 수 있는 낙타는 이 세상에서 가장 위대한 동물이며, 그의 지혜와 용기와 성실함은 천하무적의 유일신의 그것이라고 하지 않을 수가 없다. 이제는 만인들 위에 군림하는 알라신이 그의 종이 되고, "인간이 세워놓은 아흔아홉 神宮"은 그 "카멜의 누각" 속에서 그 위풍당당함을 잃어버리게 된다. 알라신이 우리 인간들에게 밥과 물을 가져다가 주는 것도 아니고, 또한 알라신이 사막을 횡단하는 비법과 오아시스를 찾는 법을 가르쳐 주는 것도 아니다. 낙타는 알라신이라는 그의 종을 거느리고, "아흔아홉 神宮 너머", 그 "카멜의 누각"에서 자기 자신을 가장 위대한 유일신으로 성화시켜 놓는다. 비록, 낙타는 그 유한성 때문에, "깃털 같은 마지막 짐 하나에 넘어"지고 있을지라도, 천하무적의 그 불굴의 정신을 통하여 낙타의 별자리에 그들의 "神聖을" 모셔 놓고 있는 것이다.

 오늘날 그대들은 자기 자신의 삶을 살아가고 있는가? 만일, 그렇지 않다면, 언제, 어느 때나 자기 자신을 숨기고 다니면서 그 익명인의 삶을 살아가고 있는 것인가? 타인들과 이야기를 하면서도 자기 자신을 숨기고 다니는 그대들, 언제나 반갑게 악수를 나누면서도 자기 자신을 숨기고 다니는 그대들, 상가집에서도, 결혼식장에서도, 자기 자신을 숨기고 다니는 그대들, 책을 읽고 글을 쓰면서도 자기 자신을 숨기고 다니는 그대들, 법정에서도, 학교에서도, 회사에서도, 군대에서도, 병원에서도, 자기 자신을 숨기고 다니는 그대들, 그 기만적인 삶에 지나치게 익숙해져 있으면서도 자기 자신과 타인들이 너무나도 무서워서 벌벌벌 떨고 있는 그대들, 명예와 명성은 어떠한 불의와도 타협하지 않는 것이라는 사실을 너무나도 잘 알고 있으면서도 자기 자신의 사소한 이익 때문에 전체의 이익을 훼손하고, 끝끝내는 모든 인간들로부터 손가락질을 당하는 그대들—, 바로 그대들의 삶이 온갖 사기와 절도와 배임과 횡령과 치정과 강간과 강도와 약탈의 삶으로 이루어진 것이 아니라면 무엇이란 말인가? 그대들의 삶은 익명인의 삶이며, 문명인의 화려한 독버섯과도 같은 삶

이다. 니체는 그의 『서광』에서,

> 내가 나의 자기라는 샘으로부터 물이 나타나는 것은 언제나 늦어진다. 그래서 인내하기보다는 자주 오랫동안의 갈증으로 괴로워하지 않으면 안 된다. 그 때문에 나는 나의 고독 속으로 들어간다. 만인을 위한 물통으로부터는 마시지 않기 위하여. 많은 사람들 사이에서 나는 많은 사람들처럼 생활하지, 나 나름대로 생활하지 않는다. 그때로부터 언제나 조금 지나면, 그들이 나를 나 자신으로부터 추방하고 나로부터 나의 혼을 빼앗으려는 것이 아닌가 하는 기분이 든다. 그래서 나는 만인에게 악의를 품으며 만인을 두려워한다. 사막은 그때 내가 다시 건강해지기 위해서 필요한 것이다.

라고 역설한 바가 있고, 생 떽쥐베리는 그의 『어린 왕자』에서,

> "사막이 아름다운 것은 어딘가에 우물을 숨기고 있기 때문이야" 하고 어린 왕자가 말했습니다. 돌연 나는 모래가 어째서 그토록 신비스럽게 빛나고 있는지를 깨닫고 깜짝 놀랐습니다. 내가 아주 어렸을 때, 나는 무척 오래된 집에서 살았습니다. 그 집에는 어딘가에 보물이 묻혀 있다는 이야기가 전해져 내려 오고 있었습니다. 물론 아무도 아직 그 보물을 발견한 일도 없고 그것을 찾으려 했던 사람도 없었습니다. 하지만 집안 전체가 그 보물로 아름다운 마법에 걸려 있는 듯 했습니다.

라고 역설한 바도 있다. 시는, 예술은 자기 자신의 참된 자아를 찾

아가는 예술이며, 그 참된 자아를 통하여, 이 세상의 삶을 아름답고 행복하게 살아갈 수 있는 삶의 비법을 전해주는 예술이라고 하지 않을 수가 없다. 이영식 시인이 "낙타사파리를 떠나자"라고, 역설하고 있는 까닭이 바로 여기에 있는 것이다. "낙타사파리를 떠난다"는 것은 "일상의 갈고리에 걸려 비루먹던 나날들"을 "뚝, 떼어 던지고 사막"으로 간다는 것이며, 그 사막으로 간다는 것은 "낙타가 길 없는 길을 어떻게 제 몸피 속에 그려 넣는지/ 그리움 깊으면 십리 밖 물 냄새도 맡을 수 있는지/ 오래 전 우리 꿈에서 빠져나간 몽고반점 같은/ 물의 지도를 따라가" 본다는 것이다. '비루먹다'라는 말은 개와 나귀와 말 따위의 짐승들의 피부가 헐고 털이 빠지는 것을 말하지만, 이 시에서 '비루먹은' 것은 그 짐승들이 아니라, 우리 인간들이라고 하지 않을 수가 없는 것이다. 문명인의 병은 익명인의 병이며, 그 익명인의 병은 완벽한 범죄와 완벽한 허위 속에 자기 자신을 잃어버리는 병이다. 문명사회는 병든 사회이고, 자연, 혹은 낙타의 삶은 건강한 삶이다. 인간은 아름답고 풍요로운 삶을 모르고, 낙타는 아름답고 풍요로운 삶을 향유한다. 제 몸 속에다가 물의 지도를 그리고 '길 없는 길'의 지도를 갖고 있는 낙타는 전지전능한 신이며, 이 지상낙원의 창조주이기도 한 것이다. 그는 먹고 살아갈 걱정이 없는 동물이며, 알라신이나 모래폭풍마저도 두려울 것이 없는 동물이며, 이 모든 것을 다 갖추고 있는 동물이라고 하지 않을 수가 없다. 언제, 어디서나 인간과 알라신 따위는 거들떠 보지 않는 낙타가 왜 전지전능한 신이 아니겠으며, 또한 언제, 어디서나 자기 자신의 정체성과 오아시스를 짊어지고 다니고 있는 낙타가 왜 전지전능한 신이 아니겠는가? 이영식 시인의 「낙타사파리」는 낙타의 지혜와 용기와 성실함을 배우고, 익명인이 아닌 자기 자신을 되찾자는 노래이며, 우리 인간들의 아름답고 행복한 삶이 사막 속에 있다는 것을 아주 뛰어나고 아름답게 노래하고 있는 시라고 할 수가 있다. 만인들의 물통으로부터 물을 마시지 않고 자기 자신이라는 샘물로부터 물을 마신다는 것, 어딘가에 숨어 있는 오아시스를 찾아서 낙타처럼 지혜와 용기와 성실한 삶을 살아간다는 것, 바로 이것이 그의 궁극적인 목표인 것이다.

> 한입 베어 물고 싶은 날고기 같은 하늘 아래
> 사막의 시간은 산 채로 씹힐 것이다
> 날 것 그대로의, 나를 만날 것이다.

사막은 그 '낙타 인간'이 살아가기에 가장 알맞은 곳이다. 사막은 그 모든 것이 다 갖추어져 있는 아름답고 풍요로운 곳이다. 이영식 시인은 낙타 인간이며, 그의 「낙타사파리」는 그 어렵고 힘든 대모험 끝에 '낙타 인간'이라는 미래의 이상적인 인간형을 탄생시켜 놓고 있는 것이다. 문명사회가 불모지대의 사막이고, 불모지대의 사막이 지상낙원이다. 이영식 시인의 「낙타사파리」는 '낙타사파리'가 아니라, '문명인에서 자연인'으로, '익명인에서 인간'으로, 그 '인간'에서 '낙타 인간'으로 변신을 꾀하고 있는 시이며, 끝끝내는 자기 자신을 '낙타 인간'으로 창조해놓고 있는 시라고 할 수가 있다. 낙타 인간은 제 몸 속의 지도를 통하여 '길 없는 길'을 갈 수 있는 인간이고, 또한 언제,

어디서나 오아시스를 찾아내고, 자기 자신이 자기 자신의 오아시스를 늘, 항상, 짊어지고 다니는 인간이다. '낙타 인간'의 삶의 비법은 불모지대인 사막을 아름답고 행복하게 향유하는 비법이며, 언제, 어디서나 이 세계에서 가장 아름답고 풍요로운 지상낙원을 연출해놓을 수 있는 삶의 비법이다.

아아, 이 세상의 모든 시인들이여, 부디 그 익명인이라는 탈을 벗어던지고 자기 자신의 삶을 살아가거라!

사막이 아름다운 것은 어딘가에 오아시스를 숨겨놓고 있기 때문이 아니라, 그 오아시스를 짊어지고 다니는 낙타 인간이 있기 때문인 것이다.

혹독한 추위와 혹독한 모래폭풍이 불어와도 행복하고, 혹독한 더위와 타는듯한 갈증이 있어도 행복하다.

풀 한 포기, 나무 한 그루가 없어도 행복하고, 길이 없고 신기루만 있어도 행복하다.

'낙타 인간', 자기 자신의 지상낙원을 언제, 어느 때나 짊어지고 다니는 인간, 그 아름답고 행복한 인간—.

오오, 낙타 인간이여, 낙타 인간이여!

명시 · 73

이종진
슬픈 年代

　한 사내가 내 방의 중심을 차지한 것은 그리 오래된 일이 아니다. 나보다 몇 살 아래인 그 사내.
　신문을 보며 나의 아내를 불러 커피를 시키고, 아내는 상냥한 대답으로 시중을 든다. 내가 방에 있는데도 아내나 그 사내는 아무런 거리낌 없이 키스를 하고 섹스를 한다. 나는 들키지 않으려고 방구석 피아노 뒤에 숨어 처음부터 끝까지 지켜만 보고 있다.
　아이들이 학원에서 돌아와 그 사내에게 아빠라고 부르는 것이, 나는 지금 이 방에 있으되 나의 不在에 대하여 고민을 한다. 저녁을 먹고 소파에 앉아 사내는 아내의 어깨에 손을 걸치고 TV를 보고 있다. 나도 그 옆에서 아내가 깎아 놓은 사과를 깨물며 TV를 곁눈으로 보고 있다. 아이들이 각자 자기 방으로 들어가자 그 사내는 아내와 깊은 섹스를 한다.
　다시 나의 방에서 나의 不在를 알리는 괘종시계가 바쁘게 타종을 한다. 꽈아앙, 꽝꽝. 이제 나는 내 방의 한 구석에 나를 버려둔 채, 중년의 슬픈 연대를 쓰기 시작한다.
　운다고 옛사랑이 다시 오련만 뭐, 이렇게 시작하는.

게오르그 트라클(1887~1914)은 찰스부르그의 철물상의 아들로 태어나 빈에서 제약학을 공부한 이후, 1912년 인스부르크에서 군의관(약제사)을 지냈다고 한다. 그는 코카인을 복용한 바가 있으며, 마침내 갈라시아 전쟁의 비참함에 충격을 받고 크라카우에 있는 야전병원에서 자살을 했다고 한다. 트라클은 동시대의 가장 위대한 표현주의의 시인이었으며, 실존주의 철학자인 하이데거가 그토록 사랑했던 시인이기도 했던 것이다. 지금 이 글을 쓰고 있는 나의 머리 속에는 "그렇다. 영혼은 지구 위의 이방인이다"라는 그의 시구가 떠나지를 않고 있다. 그는 영혼과 육체가 분리된 심신이원론자로서, 그 영혼의 부재 때문에 그토록 괴로워했던 것인지도 모른다. "그렇다. 영혼은 지구 위의 이방인이다"라는 시구는 그의 단말마의 비명이며, 절규이며, 피 맺힌 울음 소리일지도 모른다. 왜 그의 영혼은 지구 위의 이방인이 되었던 것이며, 그 영혼은 어떠한 의미를 띠고 있는 것일까? 첫 번째는 성부聖父와 성자聖子와 성신聖神이라는 삼위일체의 사상이 무너졌기 때문일 것이며, 두 번째는 그 신의 부재로 인하여 영혼과 육체의 분리를 겪게 되었기 때문일 것이다. 인간은 나약하고 불완전한 존재이며, 신들의 보살핌을 필요로 하는 존재이다. 하지만 신은 죽었고, 그 신의 부재로 인하여, 존재의 완전성(의존성)을 상실하게 되었던 것이다. 그의 영혼은 그의 육체로부터 추방되었고, 그의 육체는 그의 영혼으로부터 추방되었다. 그는 존재자 없는 존재이며, 오직, 자기 자신을 잃어버린 텅 빈 껍데기와도 같은 존재에 지나지 않는다. 요컨대 그의 존재의 근거는 '무'이며, 자기 자신의 존재의 정당성마저도 상실해버린 떠돌이—나그네와도 같은 존재에 지나지 않는다. 자기 자신의 영혼으로부터 추방된 육체, 자기 자신의 육체로부터 추방된 영혼, 이 세상의 삶의 의미와 그 삶의 정당성마저도 잃어버린 존재, 끊임없이 '나는 내가 아니고, 너도 내가 아니다'라고 앵무새처럼, 되풀이 되뇌이면서, 끊임없이 이 세상을 떠돌아 다니고 있는 존재가 오늘날의 우리 인간들인지도 모른다.

이종진 시인은 충남 부여에서 태어났고, 목원대학교 불어불문학과를 졸업했다. 1985년, 『현대문학』으로 등단했으며, 첫 시집, 『밤열 시 이후의 우울, 그리고 폭설이 내리는』을 출간한 바가 있다. 시인으로서의 그의 위상은 향토 시인에 지나지 않지만, 그러나 그의 시를 읽는다는 것은 그 철학적 깊이 때문에 너무나도 쓰디쓴 고뇌를 동반하게 된다. 그는 실존주의자로서 그의 존재의 근거를 송두리째 부정을 하고, 그 부정의 심연, 혹은 그 밑바닥에서, 존재의 근거와 그 정당성을 잃어버린 자기 자신을 또다시 사유하기 시작한다. 그는 그의 「슬픈 年代」에서 "한 사내가 내 방의 중심을 차지한 것은 그리 오래된 일이 아니다. 나보다 몇 살 아래인 그 사내"라고 중얼거리고, "신문을 보며 나의 아내를 불러 커피를 시키고, 아내는 상냥한 대답으로 시중을 든다"라고 중얼거린다. 이때의 중얼거림은 혼잣말의 독백이며, 그는 그의 감정을 극도로 절제하며, 이 모든 것을 객관적으로 묘사를 하기 시작한다. 나는 나보다 몇 살 아래인 그 사내에게 내 방의 중심을 빼앗겼고, "나는 들키지 않으려고 방구석 피아노 뒤에 숨어 처음부터 끝까지 지켜만 보고" 있는 것이다. "아이들은 학원에서 돌아와 그 사내를 아빠라고" 부르게 되고, 나는 "나의 不在에 대하여 고민을" 시작하게 된다.

만일, 그렇다면 도대체 '나'란 누구이고, 나의 '아내'란 누구이며, 또, 그리고, 그 아이들이란 누구란 말인가? 나는 나의 아내의 남편이고, 그 아이들의 아버지이다. 나의 아내는 나의 아내이며 아이들의 어머니이고, 아이들은 나와 나의 아내 사이에서 태어난 자식들이다. 나는 가장으로서 아내와 아이들을 사랑하고 그 가정을 이끌어 나갈 사람이며, 나의 아내는 나와 아이들을 사랑하고 그 가정의 살림을 떠맡아서 이끌어 나갈 사람이다. 아이들은 아버지와 어머니의 사랑을 받으며, 아버지와 어머니의 가르침에 따라서 고귀하고 위대한 인물로 자라날 미래의 운명의 주인공들이기도 한 것이다. 그러나 이종진 시인의 「슬픈 年代」를 읽다보면, 거기에서는 바로 남편과 아내와 아이들은 다만, 명목뿐인 구성원들일 뿐, 영원한 타인들처럼 겉돌고 있을 뿐인 것이다. 왜 그렇게 된 것일까? 도대체, 무엇이, 어떻게 되어서, 아내는 그 사내와 아무런 거리낌도 없이 키스를 하고 섹스를 하게 되었던 것일까? 이 의문문들은 너무나도 당연하고 자연스러운 의문문인데, 왜냐하면 인간의 상식과 도덕으로는 도저히 있어서는 안 되는 일이 벌어지고 있었기 때문이다. 나보다도 몇 살 아래인 그 사내가 나의 아내의 남편이라면 나는 도대체 누구이며, 또한 나보다도 몇 살 아래인 그 사내가 나의 아이들의 아버지라면 나는 도대체 누구이란 말인가? 나는 존재하면서도 부재하고 있었던 것이고, 또한 나는 부재하는 채로 존재하고 있었던 것이다. 나의 부재는 대사건이며, 대방화이고, 대연소인 것이다. 왜냐하면 나는 나의 두근거리는 심장에 불을 붙이고, 나의 존재를 불살라 버리고 있기 때문이다. 따라서 내가 부재하는 채로 존재하고 있다면, 그 사내가 나의 아내의 남편이고, 또한 그 사내가 나의 아이들의 아버지라고 해도 조금도 이상할 것이 없는 것이다. 이제 그 사내는 저녁을 먹고 아내의 어깨에 손을 걸치고, TV를 보고 있다. 나 역시도 어느덧 그 옆에서 아내가 깎아놓은 사과를 깨물며 TV를 곁눈으로 보고 있다. 또, 그리고, "아이들이 각자 자기 방으로 들어가자 그 사내는 아내와 깊은 섹스를" 하기 시작한다. 바로 이 지점에서 나보다도 몇 살 아래인 그 사내와 내가 동일한 인물임이 드러나고 있는데, 왜냐하면 "방구석 피아노 뒤에 숨어 있던" 내가 어느덧 그 사내와 아내 곁에서 사과를 먹고 TV를 보고 있기 때문이다. 요컨대 방 속에 숨어 있던 내가 거실로 나와서 그 사내와 아내 곁에서 사과를 먹고 TV를 보고 있는데도 전혀 아무런 거리낌도 없이 외간 남자와 섹스를 즐길 아내는 없는 것이다.

  만일, 그렇다면, 나보다 몇 살 아래인 그 사내는 비교적 가까운 과거 속의 '나'이며, 자기 자신을 방구석 피아노 뒤로 은닉시키고 자기 자신의 부재를 깊이 있게 고뇌하는 '나'는 현실 속의 '나'라고 하지 않을 수가 없는 것이다. 과거 속의 '나'는 이상적인 '나'이며, 현재의 '나'는 소외된 '나'이다. 과거의 '나'는 아내와 아이들과 행복하게 살아가고 있는 가장이고, 현재의 '나'는 아내와 아이들과 함께, 행복한 생활을 하고 있기는커녕, 그 가정과 자기 자신으로부터 소외된 이방인(타인)일 뿐이다. 왜 무엇 때문에 나는 나의 영혼과 육체의 분리를 경험하게 되었던 것이고, 또한, 무엇 때문에, 사랑하는 아내와 아이들로부터 소외(추방)된 것일까? 첫 번째는 가장으로서의 무능함 때문일 수도 있고, 두 번째는 인생 전체에 대한 회의와 함께 자기 자신의 존재의 정당성을 잃어버렸기 때문일 수도 있다. 무능한 가장으로서의 '나'는 신용불량자일 수도 있고 실직자일 수도 있다. 신용불량자는 사회로부터 소외된 존재이며, 실직자는 가장으로서의 권위를 상실하고 그 가족들로부터 소외된 존재이다. 소외된 존재는 이방인에 불과하며, 그 이방인은 비참, 고독, 슬픔, 불안, 공포의 주인공으로서 더 어울리는 이방인에 불과하다. 그는 돈도 없고, 명예도 없고, 권력과 권위도 없는 이방인에 지나지 않으며, 육체와 영혼이 분리된 존재에 지나지 않는다. 그러니까 그는 나보다 몇 살 아래인 그 사내에게 가장으로서의 권위를 빼앗기고, 사랑하는 아내와 그 아이들마저도 빼앗기게 된 것이다. 나보다 몇 살 아래인 그 사내는 행복한 인간이고, 그 사내보다 몇 살 더 위인 나는 불행한 인간이다. 또한 나는 신용불량자와 실직자를 떠나서, '인간이 인간에게 늑대'가 되는 이 세상과 근본적으로 부조리한 삶의 바다 위에서 표류하고 있는 존재일 수도 있고, 성부聖父와 성자聖子와 성신聖神이라는 삼위

일체의 사상이 무너져버린 세계 속에서, 도대체 삶의 의미와 존재의 정당성을 잃어버린 사내일 수도 있다. 아내와 언제, 어느 때나 키스와 섹스를 즐긴다는 것도 무의미하고, 또, 그리고, 아이들을 낳고 그 아이들이 자라나는 것을 바라보는 것도 무의미하다. 아내도 영원한 타인이고, 아이들도 영원한 타인이며, 그리고, 또한, 자기 자신마저도 영원한 타인에 불과하다. 정신분열증의 환자는 광기를 드러내지만, 이 세상의 삶의 의미를 거부하고 그 모든 것을 체념한 자는 너무나도 조용하고 담담할 수가 있는 것이다. 그러니까 그는 비교적 무덤덤하고 객관적으로 그 영원한 타인들, 즉, 그 사내와 아내와 아이들의 이상야릇한 불륜을 바라볼 수가 있었던 것이다.

 이종진 시인의 「슬픈 年代」의 '나'는 슬프고, 또, 슬픈 존재이다. 그는 과거라는 이상세계를 지나와서, '인생무상'을 간절하게 깨닫고 있는 자이며, 그 소외된 자로서 그 이상세계로 되돌아가고 싶어하는 자이다. 그러나 그는 영원한 이방인으로서 그 과거 속의 시간으로 되돌아 갈 수가 없다. 사랑도 조종弔鐘을 울렸고, 평화도 조종을 울렸고, 나의 아내와 아이들의 관계도 조종을 울렸다. 아내와 키스를 하고, 섹스를 해도 나는 내가 아니고, 아이들과 뽀뽀를 하고 장난을 해도 나는 내가 아니다. 프란츠 카프카의 K처럼, 유형지의 장교처럼, 또는 굶는 광대처럼, 그는 소외된 자이며, 또한, 알베르 까뮈의 이방인처럼, 영원한 타인에 지나지 않는다. "다시 나의 방에서 나의 不在를 알리는 괘종시계가 바쁘게 타종을 한다. 꽈아앙, 꽝꽝." 그렇다. 그의 시계는 그의 사랑과 평화와 행복에 대한 조종을 그렇게 울리고 있는 것이다. 시계는 이방인의 운명이고 조종 소리인 것이다.

"운다고 옛사랑이 다시 오련만 뭐, 이렇게 시작하는."

　이종진 시인의 「슬픈 年代」는 실존주의적인 측면에서 너무나도 슬프고 아름다운 시라고 하지 않을 수가 없다. '나도 내가 아니고 너도 내가 아니다.' 가족이라는 삼각형의 구도 속에서 자기 자신의 부재를 이처럼 깊이 있게 고뇌를 할 수 있는 시인이 왜, 제일급의 시인이 아닐 수가 있겠으며, 자기 자신의 사랑과 평화와 행복에 대해서 이처럼 슬프고도 아름답게 조종을 울릴 수가 있는 시인이 왜, 또한, 제일급의 시인이 아닐 수가 있겠는가?

　　다시 나의 방에서 나의 不在를 알리는 괘종시계가 바쁘게 타종을 한다. 꽈아앙, 꽝꽝. 이제 나는 내 방의 한 구석에 나를 버려둔 채, 중년의 슬픈 연대를 쓰기 시작한다.
　　운다고 옛사랑이 다시 오련만 뭐, 이렇게 시작하는.

　시인은 참으로 위대하고 또 위대한 존재이다. 시인은 자기 자신의 고뇌마저도 아름답게 미화시키고, 또한, 그 시인은 자기 자신의 슬픔마저도 아름답게 미화시킨다. 그는 더러운 것과 추한 것을 참지 못하며, 따라서, 그 더러운 것과 추한 것마저도 그의 언어의 손길이 닿으면 고귀하고 아름다운 어떤 것으로 변모를 하게 된다. 그는 언어의 마술사이며, 언어의 사제이다. 이종진 시인의 「슬픈 年代」가 그토록 신성한 충격과 감동을 불러 일으키고 있는 것은, 자기 자신의 부재를 이처럼 깊이 있게 고뇌하면서도, 그의 아내와 아이들과 자기 자신마저도 영원한 타인들처럼 바라보고만 있기 때문이다. 아아, "운다고 옛사랑이 다시 오련만 뭐, 이렇게 시작하는" 시구 속에는 얼마만한 그의 슬픔이 내재해 있는 것이며, 또한 그 시구 속에는 자기 자신의 부재 때문에 깊이 있게 고뇌하는 현대인들의 얼마만한 슬픔이 내재되어 있는 것이란 말인가?

이종진 시인의 「슬픈 年代」는 존재론적 측면에서 '우울한 사고법의 청량제'이며, 삼류 유행가의 가사를 제일급의 시구로 수직 상승시키는 '절차탁마의 기적'에 가까운 시라고 하지 않을 수가 없다.

"다시 나의 방에서 나의 不在를 알리는 괘종시계가 바쁘게 타종을 한다. 꽈아앙, 꽝꽝."

명
시
·
74

황학주
자음 이전

한밤중 아파트 뒤안길에서 남자가 울부짖는다
처음부터 끝까지 모음으로 이루어진 비명—
나는 골목을 돌아 들어가다 멈칫한다
남자는 이마를 전봇대에 걸어놓은 듯 붙이고 서서 후들대었다
아픈 것이 터져 생기는 소리를
이렇게 둥근 모음으로만 만들 수 있다니
으우어어아아아
둥근 모음들의 낯선 비애가 뾰족한 칼끝에 몸을 싣는다

몸을 떠는 골목, 갈라진 동굴 바닥 균열에서
몇 만 년의 석순이 자음처럼 자라지만
찢어진 자음을 발음하기엔 우리 몸은 너무 둥글지 않은가
둥근 눈동자 둥근 배 둥글게 다듬질된 부드러운 관절들
둥근 폐와 심장과 콩팥의 다정함으로

치욕을 견디는 모음의 존재들이 전봇대마다 하나씩 서 있다
오므리거나 퍼지는 발성을 배워야 살아남는
오오흐흐에에— 생존을 위한 응급처치, 추운 밤 입 벌리고

자음의 세계로 진입하면서
영악한 영장류가 되거나 자폐증을 품게 된
지친 고독들이 피크닉을 와 서성인다 칼끝을 합치고 쌓은
아파트 빌딩 우거진 동굴들의 원시림에서

골목 담벼락에 매달려 검은 그림자가 울부짖는다 나도 저
울부짖음과 함께 울부짖음으로 동무해주며
수수만 년 전 동굴에 버려진 늑대의 아이가 그러했듯이
멀리 떨어진 부족의 전사들이 동시에 그러했듯이
모음의 발성으로 자음을 애도하며
나도 칼끝 위에서

— 『애지』, 2011년 가을호

우리 인간들의 언어는 모음과 자음의 세계로 구성되어 있다. 모음(ㅏ, ㅑ, ㅓ, ㅕ 등)이란 성대의 진동(발음소리)이 목과 입과 코를 거쳐 나오면서 어떠한 장애를 받지 않는 소리를 말하고, 자음(ㄱ, ㄴ, ㄷ, ㄹ 등)이란 목과 입과 혀 등의 발음기관에 의해서 여러 장애를 받으면서 나는 소리를 말한다. 이 모음과 자음의 결합에 의해서 우리 인간들의 언어는 비로소 제 기능을 다하게 되었고, 우리 인간들은 이 언어를 통해서 만물의 영장이 되었다고 해도 과언이 아니다. 언어는 우리 인간들의 생명이며, 피 자체이고, 우리 인간들은 이 언어를 사용할 수 있는 능력에 따라서 그 수직적인 서열관계를 맺지 않을 수가 없었던 것이다. 농부의 언어와 상인의 언어가 다르고, 장군의 언어와 병사의 언어가 다르다. 아들의 언어와 아버지의 언어가 다르고, 말단 사원의 언어와 부장의 언어가 다르다. 중역의 언어와 회장의 언어가 다르고, 비서관의 언어와 국회의원의 언어가 다르다. 장관의 언어와 대통령의 언어가 다르고, 딸의 언어와 어머니의 언어가 다르다. 언어는 피비린내 나는 생존경쟁의 무기가 되고, 이 언어를 사용할 수 있는 권리에 따라서, 우리 인간들은 수직적인 서열관계를 맺지 않을 수가 없었던 것이다. 최종심급은 경제가 아니라 언어이며, 우리 인간들은 이 언어를 소유하기 위하여 그토록 처절하고 오랜 시간 동안의 교육과정을 거쳐왔던 것이다.

황학주 시인은 1954년 광주에서 태어났고, 1987년 시집 『사람』으로 등단했다. 시집으로는 『사람』, 『내가 드디어 하나님보다』, 『너무나도 얇은 생의 담요』, 『저녁의 연인들』, 『모월모일의 별자리』 등이 있고, 산문집으로는 『땅의 연인들』, 『인디언 마을로 가는 달』, 『아카시아』, 『고향』, 『당신, 이라는 여행』, 『아프리카』 등이 있으며, '서울문학대상', '서정시학작품상', '애지문학상' 등을 수상한 바가 있다. 황학주 시인의 「자음 이전」은 제9회 애지문학상을 수상한 작품이며, "모음의 발성으로 자음을 애도"하는 어머니의 세계를 가장 아름답고 탁월하게 구현해낸 명시라고 하지 않을 수가 없다. 모음의 세계는 어머니의 세계이며, 둥긂의 세계이다. 자음의 세계는 아들의 세계이며, 균열의 세계이다. 어머니의 세계는 사랑과 평화의 세계이며, "둥근 눈동자 둥근 배 둥글게 다듬질된 부드러운 관절들/ 둥근 폐와 심장과 콩팥의 다정함"으로 그 모든 것을 다 감싸안아 주는 포용의 세계이다. 아들의 세계는 증오와 불화의 세계이며, "몸을 떠는 골목, 갈라진 동굴 바다 균열"이라는 시구에서처럼, '만인 대 만인의 투쟁'이 일어나고 있는 투쟁의 세계이다.

농부는 쌀값이 비싸야 하고, 노동자는 임금이 비싸야 한다. 상인은 값싼 제품을 비싸게 팔아야 하고, 변호사는 고수익을 올릴 수 있는 대형사건을 맡아야 한다. 판사와 검사는 대형사건들이 터질 때마다 두 손을 들고 환영을 해야 하고, 의사는 산소호흡기에 의존하는 식물인간들이 더욱더 늘어나야만 한다. 금융자본가는 값싼 주식들이 최고의 우량주로 둔갑을 해야만 하고, 최고위층의 관리들은 그들의 봉급보다는 고수익을 올릴 수 있는 이권부서들을 더욱더 좋아한다. 현대문명사회는 완벽한 허위와 완벽한 범죄가 판을 치는 사회이며, 눈앞의 이익이 최고의 상전이 되는 사회라고 하지 않을 수가 없다. 배신이 사랑의 뒤통수를 치면, 형사고발이 배신의 뒤통수를 친다. 조직폭력배가 형사고발의 뒤통수를 치면, 또다른 칼부림이 조직폭력배의 뒤통수를 친다. 자음의 세계, 즉, 아들의 세계는 '만인 대 만인의 투쟁'의 세계이며, 이 궁극적인 원인은 '이기주의'라고 하지 않을 수가 없다.

황학주 시인은 어느 날 밤, "아파트 뒤안길"에서 울부짖는 남자를 발견하고, "처음부터 끝까지 모음으로만 이루어진" 그 남자의 비명을 주목하게 된다. "한밤중 아파트 뒤안길에서 남자가 울부짖는다/ 처음부터 끝까지 모음으로 이루어진 비명/ 나는 골목을 돌아 들어가다 멈칫한다"라는 시구와 "아픈 것이 터져 생기는 소리를/ 이렇게 둥근 모음으로만 만들 수 있다니/ 으우어어아아아/ 둥근 모음들의 낯선 비애가 뾰족한 칼끝에 몸을 싣는다"라는 시구가 바로 그것이다. 왜, 그 남자는 그처럼 치명적인 상처를 입게 된 것이고, 왜, 그 남자는 그처럼 짐승같은 모음의 울음 소리를 울어야만 되었던 것일까? 모음의 세계란 무엇이며, 자음의 세계란 무엇인가? 어느 날 갑자기 해고를 당한 남자일 수도 있고, 어느 날 갑자기 사랑하는 아내와 아들을 잃어버린 남자일 수도 있다. 어느 날 갑자기 어머니와 사별한 남자일 수도 있고, 어느 날 갑자기 사랑하는 친구들로부터 소위 '왕따'를 당한 남자일 수도 있다. 어느 날 갑자기 전혀 뜻밖의 흑자부도를 맞은 남자일 수도 있고, 어느 날 갑자기 전재산을 다 날려버린 남자일 수도 있다. 그 남자의 비명은 수많은 물음표와 물음표들의 집합체이며, 그 모든 것이라고 할 수가 있다. 그 남자의 한 마디의 말과 그 남자의 눈짓과 손짓 등이 모두가 다 거짓일 수도 있지만, 그러나 그의 "으우어어아아아"와 "오오흐흐에에"라는 비명 소리는 거짓일 수가 없다. 왜냐하면 모음의 세계는 어머니의 세계이며, 그 어떤 균열과 불화도 모르는 세계이기 때문이다. 자음의 세계는 둥긂의 세계를 빠져나와서, 존재론적 투쟁의 장소가 되는 세계이며, '인간이 인간에게 늑대'가 되는 균열의 세계이다. 자음의 세계로 진입하면서부터 우리 인간들은 "영악한 영장류가 되거나 자폐증"을 앓게 되지만, 그러나 이 투쟁의 세계는 '제로섬게임'과도 같은 것에 지나지 않는다. 불치의 질병들을 극복했다고 떠들어대는 순간 또다른 질병들이 나타나고, 아름답고 풍요로운 문명사회를 건설했다고 떠들어대는 순간, 이상기온과 함께, 폭발적인 인구의 증가라는 대재앙이 밀려오게 된다. 투쟁 속의 조화는 없고, 상호 적대적인 공멸만이 있다. 자음의 세계는 투쟁의 세계이며, 상호 적대적인 세계이다.

「자음 이전」의 그 남자는 현대문명사회의 최후의 인간이며, '인간이라는 종'의 소멸을 뜻하는 인간일 수도 있다. 북경의 나비 한 마리가 미대륙의 허리케인의 진원지가 될 수가 있듯이, 황학주 시인은 그 남자의 비명 소리에서 현대문명사회의 위험성을 깨닫고 "생존을 위한 응급처치"로서 이 「자음 이전」을 쓰게 되었는지도 모른다. 모음의 세계는 어머니의 뱃속의 세계이며, 둥긂의 세계이다. 모음의 세계는 다툼이 없는 세계이며, 사랑과 평화의 세계이다. 너와 내가 하나가 되고, 너와 내가 영원불멸의 노래를 부르게 된다. 따라서, 이 「자음 이전」의 세계로 되돌아가기 위해서는 모든 이기심을 다 버리고 티없이 맑고 순수해지지 않으면 안 된다.

영악한 영장류도 괴물이고, 자폐증의 인간도 괴물이다. 실패를 한 인간도 괴물이고, 성공을 한 인간도 괴물이다. 이 괴물들에게 괴물의 탈(이기심의 탈)을 벗기면 진정한 인간의 얼굴이 나타나게 될 것이다. "으우어어아아아"와 "오오흐흐에에"는 최후의 인간의 비명이며, 그 이기심을 떨쳐버리고 어머니의 세계로 돌아가고 싶은 우리 인간들의 최후의 비명 소리에 지나지 않는다.

시는 인간을 구원할 수가 있고, 시인은 구원자가 될 수도 있다. 황학주 시인은 "모음의 발성으로 자음을 애도하며", 우리 인간들의 "생존을 위한 응급처치"로서 이 「자음 이전」을 선사하게 되었던 것이다.

"으우어어아아아—"
"오오흐흐에에—"

당신은, 당신은 일본 동북지방의 쓰나미와 후쿠시마의 원전의 대폭발을 보았는가?
당신은, 당신은 세계적인 자원의 부족과 그 경제상황을 보았는가?

아직도 당신은, 당신의 이득을 당신의 상전이라고 생각하고 있는가?

* 나는 2013년 1월 6일 아침, 황학주의 「자음 이전」을 반경환 문학전집 제8권, 즉, 나의 명시감상 제2권에 수록하기로 마음을 먹었고, 3시간에 걸쳐서 이 글을 쓰게 되었다.

반경환 명시감상 2 (개정판)

초 판 1쇄 발행 2008년 2월 18일
개정판 1쇄 발행 2013년 2월 18일

지은이 반경환
펴낸이 반송림
펴낸곳 도서출판 지혜
편집디자인 김지호
주　　소 300-812 대전광역시 동구 삼성1동 273-6
전　　화 042-625-1140
팩　　스 042-627-1140
전자우편 ejisarang@hanmail.net
애지카페 cafe.daum.net/ejiliterature

ISBN : 978-89-97386-46-8 04810
ISBN : 978-89-97386-44-4 04810(세트)
값 15,000원

저자와의 협의에 의해 인지를 생략합니다.
이 책의 판권은 지은이와 도서출판 지혜에 있습니다.
양측의 서면 동의 없는 무단 전제 및 복제를 금합니다.